河南省"十四五"普通高等教育规划教材
高等院校应用型人才培养"十四五"规划旅游管理类系列教材

餐饮管理实务

主　编 ◎ 彭荣胜　张宏丽

Canyin Guanli Shiwu

华中科技大学出版社
http://press.hust.edu.cn
中国·武汉

内 容 提 要

本教材是高等院校应用型人才培养"十四五"规划旅游管理类系列教材,河南省"十四五"普通高等教育规划教材。

本教材系统阐述了新时代餐饮管理的基本理论与实际操作规程。本教材共11章,内容包括餐饮管理基本原理、餐饮市场营销、餐饮企业道德与社会责任、餐饮组织管理、餐饮人力资源管理、菜单管理、餐饮原材料的采购供应管理、餐饮产品生产管理、餐饮服务管理、餐饮成本管理以及餐饮卫生安全管理。

本教材具有较高的应用价值,可作为高等院校旅游管理、酒店管理等相关专业的教材,也可作为旅游管理部门、餐饮企业相关从业人员的参考书。

图书在版编目(CIP)数据

餐饮管理实务/彭荣胜,张宏丽主编.—武汉:华中科技大学出版社,2022.11
ISBN 978-7-5680-8810-7

Ⅰ.①餐… Ⅱ.①彭… ②张… Ⅲ.①饮食业-商业管理 Ⅳ.①F719.3

中国版本图书馆 CIP 数据核字(2022)第 195749 号

餐饮管理实务 彭荣胜 张宏丽 主编
Canyin Guanli Shiwu

策划编辑:胡弘扬 李 欢
责任编辑:张 琳
封面设计:原色设计
责任校对:李 琴
责任监印:周治超

出版发行:华中科技大学出版社(中国·武汉)　　电话:(027)81321913
　　　　　武汉市东湖新技术开发区华工科技园　　邮编:430223
录　　排:华中科技大学惠友文印中心
印　　刷:武汉市籍缘印刷厂
开　　本:787mm×1092mm　1/16
印　　张:17.5　插页:2
字　　数:425 千字
版　　次:2022 年 11 月第 1 版第 1 次印刷
定　　价:49.80 元

本书若有印装质量问题,请向出版社营销中心调换
全国免费服务热线:400-6679-118　竭诚为您服务
版权所有　侵权必究

出版说明

Introduction

党的十九届五中全会确立了到 2035 年建成文化强国的远景目标，明确提出发展文化事业和文化产业。"十四五"期间，我国将继续推进文旅融合、实施创新发展，不断推动文化和旅游发展迈上新台阶。国家于 2019 年和 2021 年先后颁布的《教育部关于深化本科教育教学改革 全面提高人才培养质量的意见》《国家职业教育改革实施方案》《本科层次职业教育专业设置管理办法（试行）》，强调进一步推动高等教育应用型人才培养模式改革，对接产业需求，服务经济社会发展。

基于此，建设高水平的旅游管理类专业应用型人才培养教材，将助力旅游高等教育结构优化，促进旅游类应用型人才的能力培养与素质提升，进而为中国旅游业在"十四五"期间深化文旅融合、持续迈向高质量发展提供有力支撑。

华中科技大学出版社一向以服务高校教学、科研为己任，重视高品质专业教材出版，"十三五"期间，在教育部高等学校旅游管理类专业教学指导委员会和全国高校旅游应用型本科院校联盟的大力支持和指导下，在全国范围内特邀中组部国家"万人计划"教学名师、近百所应用型院校旅游管理专业学科带头人、一线骨干"双师双能型"教师，以及旅游行业界精英等担任顾问和编者，组织编纂出版"高等院校应用型人才培养'十三五'规划旅游管理类系列教材"。该系列教材自出版发行以来，被全国近百所开设旅游管理类专业的院校选用，并多次再版。

为积极响应"十四五"期间我国文旅行业发展及旅游高等教育发展的新趋势，"高等院校应用型人才培养'十四五'规划旅游管理类系列教材"项目应运而生。本项目依据文旅行业最新发展和学术研究最新进展，立足旅游管理应用型人才培养特征进行整体规划，将高水平的"十三五"规划教材修订、丰富、再版，同时开发出一批教学紧缺、业界急需的教材。本项目在以下三个方面做出了创新：

一是紧扣旅游学科特色，创新教材编写理念。本套教材基于旅游高等教育发展新形势，结合新版旅游管理专业人才培养方案，遵循应用型人才培养的内在逻辑，在编写团队、编写内容与编写体例上充分彰显旅游管理应用型专业的学科优势，全面提升旅游管理专业学生的实践能力与创新能力。

二是遵循理实并重原则，构建多元化知识结构。在产教融合思想的指导下，坚持以案例为引领，同步案例与知识链接贯穿全书，增设学习目标、实训项目、本章小结、关键概念、案例分析、实训操练和相关链接等个性化模块。

三是依托资源服务平台，打造新形态立体教材。华中科技大学出版社紧抓"互联网+"时代教育需求，自主研发并上线的华中出版资源服务平台，可为本套系教材作立体化教学配套服务，

既为教师教学提供便捷,提供教学计划书、教学课件、习题库、案例库、参考答案、教学视频等系列配套教学资源,又为教学管理提供便捷,构建课程开发、习题管理、学生评论、班级管理等于一体的教学生态链,真正打造了线上线下、课堂课外的新形态立体化互动教材。

本项目编委会力求通过出版一套兼具理论与实践、传承与创新、基础与前沿的精品教材,为我国加快实现旅游高等教育内涵式发展、建成世界旅游强国贡献一份力量,并诚挚邀请更多致力于中国旅游高等教育的专家学者加入我们!

华中科技大学出版社

前 言

进入新时代,我国社会主要矛盾已经转化为人民日益增长的美好生活需要和不平衡不充分的发展之间的矛盾。顺应市场需求、提高餐饮业发展质量,是创造美好生活的必然要求。新冠肺炎疫情给我国餐饮业带来了前所未有的冲击,人们的消费观念、消费方式发生了很大改变,对餐饮企业的经营管理提出了更高的要求。在此背景下,如何在挑战中谋机遇、在危机中育新机、于变局中开新局,从而获得更高质量的发展,就成为我国餐饮业面临的主要任务。

为此,教材编写组在多年餐饮管理教学的基础上,广泛吸取餐饮从业人员管理实践经验,归纳并总结国内外现有餐饮管理同类教材的最新成果,进行了多方面的拓展与创新。

(1)全方位拓展知识学习途径。为方便学习,本教材大都以"知识活页"导入章节内容,从餐饮管理实际问题入手,增加学习与阅读趣味性,以问题与任务驱动为逻辑主线,以解决实际问题为准则展开理论探讨。

(2)润物无声的思想政治教育。教材编写组坚持为党育才、为国育人的理念,顺应时代呼声,构建了全面、务实的专业知识结构,将思想政治工作和社会主义核心价值观贯穿其中,引导学生在专业知识学习的同时持续提高职业道德素质,学会运用相关理论指导实践、发现与解决问题,反思问题产生的根源,从而不断增强科学管理理念。

(3)突出企业道德与社会责任。随着经济全球化和市场机制的日益完善,企业道德和社会责任竞争力正在成为未来竞争力的战略核心,它是关系企业生死存亡的关键所在。为此,本教材适时提供了企业道德与社会责任的基本理论与社会责任形象塑造的主要途径等相关内容,为餐饮企业的健康成长和产业升级换代提供了重要参考。

(4)重视餐饮卫生安全管理。卫生安全是食品消费的基本要求,关乎人民群众的生命健康,因而是餐饮经营者的第一要务。为此,本教材专章讲述餐饮卫生安全管理,旨在使学生掌握餐饮从业者的卫生安全管理要求、基本原则与内容,明确餐饮企业应当坚守的职业道德与社会责任,培养具有职业道德与操守的高层次餐饮管理人员与从业人员。

全教材由彭荣胜、张宏丽提出写作思路、拟定框架结构,并负责统稿和组织编写。全书共分为11章,由张宏丽完成各章的主体部分,再由其他编写人员对内容进行补充、完善与校对,具体分工如下:第一章、第十章由张宏丽、李丽编写,第二章由彭荣胜、常亚南编写,第三章由李明伟、彭荣胜编写,第四章由张宏丽、康俊编写,第五章由彭荣胜、徐志芬编写,第六章由张宏丽、钟明星编写,第七章、第九章由张宏丽、罗艳玲编写,第八章由李明伟、彭荣胜编

写,第十一章由张宏丽编写。

  本书在编写与出版过程中,得到了信阳师范学院教务处张武雁老师以及旅游学院、商学院相关老师的大力支持,也得到了华中科技大学出版社的支持与帮助,同时开元酒店集团等业界专家给予了具体指导并提供相关资料,同时,参编人员在写作过程中参阅了大量同类教材,并引用了诸多国内外学者的相关研究成果,在此一并向大家表示衷心感谢。

  由于受到时间等方面的约束,以及编者自身水平的限制,书中难免存在疏漏之处,希望读者不吝赐教,以便再版时修订完善。

编 者
2022 年 10 月 10 日

Contents 目 录

1　第一章　餐饮管理基本原理

　　第一节　餐饮业概述　　　　　　　　　　　　　　　　　　　/1
　　第二节　餐饮管理的内容与任务　　　　　　　　　　　　　　/5
　　第三节　餐饮管理的经营方式和经营战略　　　　　　　　　　/8

19　第二章　餐饮市场营销

　　第一节　餐饮市场细分与市场定位　　　　　　　　　　　　　/20
　　第二节　餐饮消费者分析　　　　　　　　　　　　　　　　　/28
　　第三节　餐饮管理的市场营销　　　　　　　　　　　　　　　/33
　　第四节　餐饮品牌营销　　　　　　　　　　　　　　　　　　/41

50　第三章　餐饮企业道德与社会责任

　　第一节　企业管理道德　　　　　　　　　　　　　　　　　　/51
　　第二节　提升餐饮企业管理道德的途径　　　　　　　　　　　/60
　　第三节　企业社会责任　　　　　　　　　　　　　　　　　　/63
　　第四节　餐饮企业社会责任形象的塑造　　　　　　　　　　　/71

77　第四章　餐饮组织管理

　　第一节　餐饮企业组织结构设计　　　　　　　　　　　　　　/77
　　第二节　餐饮业组织结构的一般模式和设置方法　　　　　　　/82
　　第三节　餐饮管理的人员编制　　　　　　　　　　　　　　　/91

101　第五章　餐饮人力资源管理

　　第一节　餐饮企业的员工招聘　　　　　　　　　　　　　　　/102
　　第二节　餐饮企业的员工培训　　　　　　　　　　　　　　　/107

　　　　第三节　工作绩效评估　　　　　　　　　　　　　　　　/113
　　　　第四节　员工激励　　　　　　　　　　　　　　　　　　/117

第六章　菜单管理

　　　　第一节　菜单的概述与功能　　　　　　　　　　　　　　/126
　　　　第二节　菜单设计　　　　　　　　　　　　　　　　　　/132
　　　　第三节　餐饮产品定价　　　　　　　　　　　　　　　　/141

第七章　餐饮原材料的采购供应管理

　　　　第一节　餐饮采购管理　　　　　　　　　　　　　　　　/151
　　　　第二节　餐饮原料验收管理　　　　　　　　　　　　　　/161
　　　　第三节　餐饮原材储存管理　　　　　　　　　　　　　　/164
　　　　第四节　餐饮原料发放管理　　　　　　　　　　　　　　/170
　　　　第五节　餐饮原料盘存管理　　　　　　　　　　　　　　/172

第八章　餐饮产品生产管理

　　　　第一节　餐饮产品生产过程及特点　　　　　　　　　　　/181
　　　　第二节　餐饮产品生产加工过程管理　　　　　　　　　　/185
　　　　第三节　厨房餐饮产品生产任务管理　　　　　　　　　　/194
　　　　第四节　餐饮厨房卫生安全管理　　　　　　　　　　　　/198

第九章　餐饮服务管理

　　　　第一节　餐饮服务流程管理　　　　　　　　　　　　　　/205
　　　　第二节　宴会服务管理　　　　　　　　　　　　　　　　/216
　　　　第三节　餐饮服务质量管理　　　　　　　　　　　　　　/222

第十章　餐饮成本管理

　　　　第一节　餐饮成本的构成、类型与管理特征　　　　　　　/229
　　　　第二节　餐饮成本控制与分析　　　　　　　　　　　　　/233
　　　　第三节　餐饮成本核算　　　　　　　　　　　　　　　　/240

第十一章　餐饮卫生安全管理

　　　　第一节　餐饮从业者的卫生安全管理　　　　　　　　　　/253

第二节　餐饮安全卫生管理原则　　　　　　　　　　　　/255
　　第三节　餐饮卫生管理　　　　　　　　　　　　　　　　/256
　　第四节　餐饮安全管理　　　　　　　　　　　　　　　　/258

265　参考文献

第一章

餐饮管理基本原理

学习导引

改革开放四十多年来,中国社会与经济取得了长足的发展。中国餐饮业从一个 50 亿元规模的传统服务业跨越发展成为超过 4 万亿产业收入的生活服务消费产业,超过 2000 万就业人口的社会民生产业和传承五千年中华文明的民族文化事业,走出了一条中国特色的餐饮业发展之路。分析中国餐饮业发展的现状及取得的成就,需要了解餐饮管理的相关理论,如餐饮经营的方式及餐饮管理的经营战略等。

学习重点

通过本章学习,重点掌握以下知识点:
(1)餐饮业的概念、基本特征与作用;
(2)餐饮管理的内容与职能;
(3)餐饮经营管理的经营方式;
(4)餐饮管理的经营战略。

第一节 餐饮业概述

"民以食为天",食物是人类赖以生存的重要的物质条件。餐饮业是为满足人们的饮食需求而成长和发展起来的,是一个历久弥新、富有活力的行业。

一、餐饮业的概念及分类

餐饮业是指利用餐饮设备、固定场所和餐饮原料,从事饮食烹饪加工,为顾客提供社会生活服务产品的生产经营性服务行业。

餐饮业的经营范围十分广泛,社会大众都是餐饮经营者的目标顾客。与此相适应,餐饮业的经营类型也十分丰富,饭店、餐馆、酒家、饭庄、快餐店及各种类型的宾馆等都可以从事餐饮经营。

餐饮业按照经营目的及产品定位可以划分为以下三大类。

1. 酒店餐饮

餐饮作为酒店产品的一个重要组成部分,在餐饮经营理念、产品定位及资产管理等重要环节服从酒店整体经营的需要。例如,商务酒店、度假酒店、长住酒店、汽车酒店、会议酒店、机场酒店、休闲酒店及培训中心等酒店企业内部的餐饮经营部门属于酒店餐饮。酒店餐饮是上述经营场所内部设置的餐饮系统,表现为各种风味的中西式餐厅、酒吧、咖啡厅和茶座等。

2. 社会餐饮

从事独立经营的餐饮机构在经营战略和管理决策上具有独立性。这类独立经营的、以营利为目的的餐饮机构就是社会餐饮。例如,各种风味餐厅、独立餐馆、酒楼、餐饮店、快餐店、小吃店、茶馆、酒吧和咖啡屋等独立经营的餐饮机构属于社会餐饮。我们大部分人的日常餐饮需求,基本由社会餐饮提供。

3. 公益餐饮

公益餐饮是指各类企事业单位及社会机构提供的餐饮服务,其经营不以营利为目的。此类餐饮机构主要包括:企事业单位的食堂、餐厅;学校、幼儿园的食堂、餐厅;监狱、军队的食堂、餐厅;医院的食堂、餐厅等。

二、餐饮业的基本特征

餐饮业是国民经济中为民众提供社会生活服务的基本产业。随着国民经济的发展,人均国民收入水平迅速提高,我国餐饮业已经发展成为国民经济的重要支柱产业。与其他行业比较,餐饮业具有以下基本特征。

第一,餐饮消费市场的大众性与多元性。

餐饮消费市场的大众性,是指只要是社会生活中的人,必然成为餐饮消费者。餐饮业消费者十分广泛,凡外出就餐者,不管他们的地位、身份、职业、宗教信仰、性别、年龄如何,都可以成为餐饮企业的顾客。但是,由于顾客的国籍、民族、宗教信仰、生活习惯、饮食爱好、收入水平、支付能力等各方面的差别很大,餐饮业的顾客需求又是多元化、多层次的。

第二,餐饮生产与服务的劳动密集性。

餐饮业是劳动密集型产业,主要体现在用工多,且主要以手工劳作为主。餐饮企业生产一般从原料加工、厨房生产到对客服务、餐具洗涤等每个工作环节、每个岗位都需要大量的人手才能保证正常运转。

如今虽然出现了很多服务机器人代替服务员来满足一些同质化、统一性的服务需求,但仍然无法替代人工,这主要是因为机器人在上菜时和在对客服务的诸多环节中,无法及时有效地满足顾客即时的、多样化的消费需求。

第三,餐饮品牌创建的艰巨性和专利保护的困难性。

餐饮业的经营活动是将食品原材料加工烹制成产品供顾客享用,主要加工过程以手工操作为主,技术含量较低,且容易模仿,品牌专利的认证、界定比较困难,因而造成了餐饮行业专利保护困难重重。

同时,餐饮业客源市场广泛受"吃新店""吃新品"的"随新赶潮消费"心理的影响,形成了餐饮业产品的模仿性、类同性,即一旦市场出现较成功的新菜品,同一产品就会在短期内迅速加入市场大部分餐厅的菜单中,且口味在一般消费者来看,几乎没有区别,这也是餐饮市场经营同质化严重的根源。

要想改变这种现象,需要市场经济的深入发展、专利技术保护方面的政策和法律法规不断完善。在餐饮经营过程中,要想创造市场知名度和美誉度都很高的品牌,包括企业品牌和菜点品牌,即名牌菜点,都比较困难,往往需要较长的时间,投入较多的资金、人力和物力。

三、餐饮产品的基本特征

餐饮市场与餐饮产品是不同的。餐饮企业生产、销售餐饮产品的系列活动共同构成餐饮市场,而餐饮产品既不同于工农业生产的物质性产品,又不同于其他服务行业提供的服务性产品。其特征主要体现在如下几个方面。

1. 产品生产质量的不稳定性

在餐饮产品的制作、服务过程中,随时随地会出现影响产品质量的因素。例如,原材料的采购产地因地域不同而质量不同,运输过程的长短、加工过程,以及厨师的加工方法都会影响餐饮产品的质量,连服务人员的服务水平也会影响菜品质量,因此,餐饮产品质量因生产过程等诸多影响因素而变得极为不稳定。

2. 产品质量评价的主观性

无论餐饮产品生产、加工与服务过程如何,最终产品质量的评价都需要消费者来评价,但消费者千差万别,众口难调,更何况,消费者的即时评价又受很多因素(如个人爱好、心情及服务过程)影响,导致最终评价产生差异。因此在对菜品的评价方面,很多企业都充分考虑评价主体的主观性,而多采用大样本统计结果或者从大部分消费者的消费行为中对每一种餐饮产品进行客观评价。

餐饮产品质量评价的主观性,启示餐饮经营、管理要注意以下几个方面的问题。

(1)餐饮产品质量由顾客主观认定,这难免失之偏颇。顾客的感觉器官灵敏程度、个人审美尺度标准、价值取向,以及生活习惯、特殊时期爱好、禁忌等,都有可能导致其对同一产品做出不尽相同的判断、评价,有时甚至有失公允。

(2)在餐饮经营管理过程中,要关注顾客,发现需求,满足需求,建立并完善客史档案,跟踪、研究顾客,设计、提供有针对性的产品,这是满足顾客个性化需求的有效措施。

(3)在餐饮销售管理过程中,在提供规范化服务的同时,增强服务的灵活性。针对顾客的需求或顾客用餐反应,要在第一时间尽可能加以满足或反馈,以便顾客不因一时、一事的疑虑和不满而做出影响酒店总体的评价。

3. 产品生产与消费的同步性

餐饮产品的厨房加工、烹调(餐饮的生产)与餐厅的售卖,几乎都是同步进行并完成的。厨房烹饪(烹饪是指包括原料的加工、洗涤、刀工处理、配份、烹调,直至装盘全过程的厨房生产制作),尤其是配份、烹调,是在顾客光临餐厅,点菜后进行的,一旦菜肴制作完成,成品会

在很短的时间内由服务人员传递给顾客,这种相互依存、互为因果、前后联系十分紧密的特点,也是餐饮产品质量很难及时监控、消费者通过感官判断来进行主观质量评价的主要根源。

4. 产品构成的综合性

餐饮产品主要由厨房出品和餐饮服务两个部分构成,而这两个部分的产品既包含有形的菜点食品,又包含无形的餐饮服务,这两者不便储存且始终相互依存。

美国著名营销学家科特勒认为,餐饮服务是一项活动或一种利益,由一方向另一方提供本质无形的物权转变。餐饮服务很难像其他工业产品一样可以陈列样品、展示产品,可以看样、试用。餐饮服务在顾客购买之前是看不见、摸不着的,即使在消费过程当中,顾客也只是靠观赏、感受,并没有实物形态的转移。因此,餐饮服务是无形的。餐饮服务的无形性给酒店的营销管理带来一定影响,如不便于宣传促销、不容易进行质量检测,这对餐饮管理提出了更高要求。

虽然餐饮服务是无形的,但无形的餐饮服务却附着在有形的菜品中,菜品本身的有形性,使菜品在销售过程中也有显而易见的位移和量的消耗,也存在常规商品的优势与劣势,例如,食品质量随成品销售时间的延长呈明显下降趋势,消费者对有形食品可以进行无限的挑剔,认可方才接受并买单,食品的有形性在客观上为同行模仿提供了便利性。菜点产品生产不像高科技产品,大多数菜点产品易被仿制,这对酒店保持领先竞争地位提出了不懈创新的高要求。

四、餐饮业的地位与作用

餐饮业是国民经济的重要组成部分。它主要为国民经济的发展提供社会生活服务。其地位和作用表现在以下四个方面。

1. 餐饮业是促进国内外经济文化交流、提供后勤服务的重要行业

随着我国与世界的政治、经济、文化交流日益频繁,大批外国政治家、科学家、实业家和文化界人士前来访问,从事经贸活动,进行科学考察和学术交流,他们都需要餐饮业为其提供就餐服务。国内各行各业的专家、学者、工程技术人员等在商务往来和学术交流过程中,也离不开提供后勤服务的餐饮业。对外交流越广泛,国内经济建设发展水平越高,人们对餐饮产品的需求量就越大。提供后勤服务的餐饮业无疑对加强国际、国内交流,促进经济发展起到积极的推动作用。

2. 餐饮业是旅游业的构成要素,是创造社会财富的重要服务行业

食、住、行、游、购、娱是旅游业的六大要素,随着我国旅游业的发展,国际、国内的经济、文化活动为餐饮业的发展提供了广阔的市场。同时,随着我国近几十年的发展,普通民众也有了更坚实的经济基础,有更多、更高层次的餐饮需求。餐饮业成为社会财富创造的重要行业,甚至在某些地区,餐饮业成为地方经济的支柱产业之一。

3. 餐饮业是活跃经济、繁荣市场、促进相关行业发展和提供就业机会的行业

餐饮业的发展规模、速度和水平,往往直接反映一个国家、一个地区的经济繁荣和市场活跃程度。同时,餐饮业也是一个产业关联度很高的产业,因此,其发展必然促进建筑、交

通、食品原材料和副食品生产等相关行业的发展,这为大批人员提供就业机会,包括在餐饮企业工作的直接就业和为餐饮业间接服务的食品原料、副食品供应及相关行业,促进了整个产业链的大发展。

4. 餐饮业是促进社会消费方式和消费结构变化、扩大劳动就业的重要行业

人们的饮食消费主要在家庭、工作单位和社会餐饮服务机构中进行。经济越发达,国民收入水平越高,人们的对外交流活动越频繁,家务劳动社会化程度越高,越能促进餐饮业的发展。餐饮业的迅速发展,为人们的社会饮食消费创造了条件,可以减轻人们的家务劳动,促进社会消费方式和消费结构的改变。这就会促进家务劳动社会化的发展,促使社会分工合理化,从而促进社会经济更好、更协调地发展。

第二节 餐饮管理的内容与任务

管理是组织内拥有权力的人,通过一系列手段,让组织内各种要素和各个环节有序运转,并实现目标的活动。餐饮管理就是餐饮经营者为了实现餐饮经营目标,通过计划、组织、指挥、协调和控制五项职能,合理配置有形与无形资源,实现经营利润的过程。

一、餐饮管理的主要内容

餐饮业是以有形产品为依托并结合无形服务为顾客提供餐饮服务的服务性行业,其管理活动环节众多、内容复杂,本教材从餐饮经营者的角度,考察餐饮经营活动中的主要环节及问题,将餐饮管理的主要内容归纳如下。

1. 餐饮组织管理

餐饮组织管理主要包括餐饮组织设计及人力资源管理。根据餐饮经营主体的规模和经营目标,应采取适宜的组织结构和人员岗位安排,并通过餐饮市场发展和餐饮产品经营情况确定部门和层级数量以及员工结构。在餐饮组织管理中,选拔管理人才、强化员工培训是管理工作的重点。

2. 餐饮营销管理

餐饮营销管理不同于传统的餐饮销售管理,它包括营销计划、产品生产、产品销售和服务营销等全过程的管理。餐饮营销必须以市场分析为前提,采取适宜的营销策略组合,并在餐饮市场不断变化的过程中强化品牌营销。因此,餐饮营销管理除了包括餐饮筹划与安排等餐饮管理的基础工作之外,更重要的是在餐饮管理的各个环节要体现创新营销的理念。

3. 菜单和酒单筹划管理

一份合格的菜单和酒单应反映餐厅和酒吧的经营特色、衬托餐厅环境和气氛、为餐饮经营者带来利润、给顾客留下美好印象。因此,菜单和酒单的筹划与设计已成为现代餐饮管理的关键内容。

4. 厨房生产管理

餐饮经营者提供的核心产品是餐食服务,因此餐饮管理的首要内容是厨房生产管理,菜

品是餐饮产品的核心部分,其开发与设计、生产与服务、质量与成本是餐饮管理的基础内容。此外,厨房原材料的采购与储备、厨房人员组织、设备布局、生产安全和卫生制度等都是厨房管理不可忽视的重要内容。

5. 餐厅服务管理

服务是餐饮产品中除了餐食以外的重要组成部分,尽管是无形产品,但却很容易被顾客识别或感受,服务质量的高低影响顾客的满意度,此外,餐饮服务还是餐饮产品产销的过程,关系到菜肴和酒水的销售量,关系到餐饮经营收入。因此,餐厅服务管理是餐饮管理的主要内容之一。

6. 酒水经营管理

酒水是必不可少的餐饮产品,酒水不仅为餐饮经营者带来高额的利润,还可为餐厅带来声誉。在餐饮经营中,酒水的品种非常多,不同种类的酒水有着不同的饮用温度、饮用时间及服务方法的要求,因此,酒水管理者需要具备专业知识和技能。此外,餐厅酒单的设计和筹划、酒水的开发、酒水的生产和配制、酒水服务技巧等都是餐饮管理的重要内容。

7. 餐饮质量管理

餐饮产品质量是建立在满足顾客的需求基础之上的,菜肴、酒水、设施、服务和环境总体上均要达到满足顾客需求的质量水平。现代餐饮产品质量不仅代表着经营管理水平,还展示和体现餐饮经营主体的形象和特色,因此,餐饮质量管理是餐饮经营管理的重要内容。

8. 餐饮创新管理

餐饮产品同质化竞争的倾向表明,餐饮经营者仅仅依靠等级评定、餐饮风味已不能充分实现经济效益。因此,餐饮管理必须寻求个性化的经营战略,不断创新餐饮管理职能。

9. 餐饮成本与价格控制管理

餐饮成本控制是餐饮经营管理的重要环节,需要专业化的管理工具和方法。由于餐饮成本制约着餐饮产品价格,而菜肴和酒水价格又影响餐饮需求及经营效果,因此餐饮成本与价格控制管理就成为餐饮经营管理的关键控制点。在餐饮经营中,餐饮产品价格控制可以通过多种定价策略来实现,这也是本教材关注的餐饮管理的重要内容之一。

二、餐饮管理的任务

餐饮管理的任务是指餐饮管理人员为开展业务经营活动而实施的一系列管理工作,主要包括以下内容。

1. 分析经营环境,设定管理目标

在餐饮管理中只有认真分析经营环境,结合内部实际,才能发现自己的长处和不足。分析经营环境的重点是展开市场调查,掌握市场动向,了解顾客需求变化,并注意国家的方针政策和有关法规等。设定管理目标是分析经营环境的继续和深入。餐饮管理的目标按时间划分有长期目标、中期目标、短期目标;按内容划分有市场目标、销售目标、质量目标和效益目标;按层次划分有企业目标、部门目标、基层目标等。

2. 制订具体计划,合理分配资源

计划和目标是相辅相成的。管理目标一经确定,就要根据目标管理的要求做好统一规划,以保证餐饮经营各部门、各环节的协调发展。餐饮管理发挥计划职能的重点包括以下三个方面。一是人员安排计划。要根据具体情况对采购、储藏、厨房生产和餐厅服务的管理人员、厨师和服务人员做好统一安排。二是服务项目计划。要根据顾客需求,对餐厅类型、服务内容、销售方式等做好统一规划,以满足顾客多层次的消费需求。三是业务活动计划。要对市场开发、客源组织、食品原材料供应以及厨房生产和餐厅、宴会服务等各项业务管理工作做好统一安排,形成互相联系、互相衔接的管理体系。合理分配资源是发挥计划功能的必然结果。餐饮管理的资源主要是人、财、物三种。人力资源分配要以管理目标和任务为基础,根据定额、定员来确定;财务资源分配以资金消耗为主,要确定采购成本、生产成本、各种费用消耗、资金占用、资金周转等指标;物资资源分配是资金分配的转化形式,要确定库房定额、产品消耗定额,同时,要注意综合平衡,合理安排各部门、各环节各种资源分配的比例结构,最终达到物资流、资金流、信息流畅通,为完成餐饮管理目标提供资源保证。

3. 协调不同部门,组织业务经营

餐饮管理目标一经确定,在合理分配资源的基础上主要根据管理目标和任务,逐级督导,检查各级人员的工作,以保证管理目标和计划任务的顺利完成。协调不同部门要以控制计划进度、纠正偏差为主。同时要将定性管理和定量分析结合起来。凡属于服务质量、服务态度等方面的问题,要深入实际去督导和检查;凡属于收入、成本、费用、库存量、周转量等方面的问题,要运用财务信息反馈去督导和检查,以便和实际结果比较,发现各级、各部门的问题,有针对性地提出改进措施。组织业务经营的重点是督导各级管理人员做好客源组织、采购和储藏业务组织、厨房生产组织和餐厅服务组织等各项管理工作,管理人员要深入实际,制定管理度,安排工作流程,充分发挥现场管理的作用。同时,要加强管理沟通,搞好内部协调工作,保证餐饮管理各项业务经营活动的顺利开展。

4. 激励员工士气,发挥领导职能

餐饮组织内部关系十分复杂,常常在资源分配、任务确定、人事交往、工作安排、利益分配等方面出现矛盾或摩擦。只有正确处理好这些关系,才能使各级管理人员和员工心情舒畅,形成向心力和凝聚力,发挥餐饮管理的集体效应。激励员工士气、协调内部关系,要理顺餐饮管理体制,明确规定各级管理人员的职权和领导隶属关系。管理过程中发生矛盾或摩擦,处理时要坚持沟通原则。团体气氛来源于员工对集体的热爱和关心,源于对前途和事业的执着追求。

5. 控制工作进展,检查完成情况

控制工作进展是保证餐饮管理各部门、各环节的工作朝着既定目标和计划任务顺利进行的重要条件。在餐饮业务管理过程中,客源数量、营业收入、成本消耗、经济效益等各项指标是通过逐日、逐月、逐季开展业务经营活动来完成的。控制工作进展要建立原始记录制度,做好统计分析,通过信息报表及时发现问题,纠正偏差,保证管理任务的顺利完成;检查完成结果要以计划目标为标准,利用信息反馈资料,将完成结果和计划标准进行比较。同时,要建立奖罚制度,根据各级、各部门完成任务的情况,奖优罚劣,这样才能调动员工的积极性,保证各项任务的顺利完成。

第三节 餐饮管理的经营方式和经营战略

良好的餐饮经营局面,一方面取决于餐饮管理人员职能的充分发挥,另一方面取决于正确的餐饮经营战略。餐饮经营活动不同于餐饮管理活动,餐饮经营在更高的层面关注与生存发展有关的重大战略和决策问题。

一、餐饮经营概述

(一)经营与管理的区别

法国著名管理学家法约尔认为,任何一个营利性组织都存在六种基本活动,即技术活动、商业活动、财务活动、安全活动、会计活动和管理活动,管理只是其中的一种。经营就是努力确保六种基本活动顺利运转,把组织拥有的资源变成最大的成果,从而实现组织目标。这一观点明确了管理与经营的关系。所谓经营,是指营利性组织为了自身的生存、发展和实现自己的战略目标所进行的决策,以及为实施这种决策所做的各方面的努力。经营能力的高低以及经营效果的好坏,主要取决于对市场需求及其变化能否正确认识与把握,企业内部优势是否得到充分发挥,以及企业内部条件与市场协调发展的程度。管理则是对一个组织内部计划、组织、指挥、控制和协调等一系列活动的总称,它是人们共同劳动和协作活动的客观要求,是社会化生产、交换等得以进行的必不可少的内在条件。经营与管理作为现代企业发展过程中两项不可分离的重要活动,其主要区别如下。

1. 功能不同

管理是由共同劳动所引起的一种组织、协调的职能,从有共同劳动开始就有了管理。随着共同劳动规模的扩大和内部分工越来越细,管理的内容和形式越来越复杂,管理的手段也越来越先进,但管理的职能并没有改变。经营则是由商品生产的发展而引起的一种"适应"的职能。在商品生产不太发达、产品不太丰富的时候,市场上的商品供不应求,企业生产的产品都能销售出去,企业只需要搞好内部管理,无须强调对外经营。随着商品生产的发展,商品日益增多,销售变得困难起来。在这种情况下,企业只搞好管理就不行了,还必须搞好经营。

2. 范围不同

管理由共同劳动引起,所以,凡是有共同劳动的组织,如机关、学校、文艺团体、医院、商店、工厂等,都需要管理。而经营的范围则没有管理的范围大,只有以营利为目的的组织才有经营。

3. 层次不同

一般来说,管理解决的是企业战术性问题,即在既定的目标和人、财、物等资源条件下,合理安排和组织生产,合理配置和使用各种生产要素,以提高产品质量、降低成本,使生产某种产品的时间(包括物化劳动时间)尽可能少于社会必要劳动时间;而经营所要解决的则是企业战略方面的一些问题,如企业的发展方向是什么,企业生产什么产品、生产多少、如何销售等。

4. 角度不同

管理解决的主要是企业内部的一些问题,如处理企业各部门之间的相互关系,建立和健全必要的规章制度,合理使用企业内部的人、财、物等。经营解决的则主要是企业外部的一些问题,以及协调企业内部活动与外部活动,以实现企业目标的一些综合性问题。综上所述,经营与管理的区别正如著名的企业家和管理学家法约尔、斯隆等概括的:经营是决策过程,确定目标,解决"为什么要这样干"的问题;管理是实现目标,解决"怎么干"的问题,因此,管理是经营的一部分。

(二) 餐饮经营的含义

所谓餐饮经营,是指餐饮经营主体为了实现长远发展所进行的战略决策过程,以及为实施决策目标所做的方案选择。

餐饮经营活动不同于餐饮管理活动,主要关注与生存发展有关的重大战略和决策,有其独特的功能。

1. 预测餐饮市场变化

国家或地区经济政策的调整、产品价格的变动、社会购买力的提高、技术的进步、季节的变化、社会风俗习惯的改变以及竞争的加剧等,都会影响餐饮市场的变化,使餐饮市场需求和供给永远处在不断变化之中。因此,作为一个子系统,餐饮经营主体要在社会经济环境这个大系统中生存发展,就必须具有预测餐饮市场变化的能力。

2. 协调餐饮管理活动

餐饮管理活动分为两部分。

一是内部的生产组织活动,包括按照自然规律和经济规律,对生产活动进行组织、指挥、监督、控制等,如采用先进的生产组织形式,合理地进行生产分工和组织协作,对生产、技术、设备、物资、资金等进行具体管理。

二是外部的与市场有关联的各种活动,包括筹集资金、购买各种原材料和设备、招收员工、开展市场调查和预测、产品销售、技术服务等。餐饮经营者只有把这两个部分的活动有机地结合起来,才能实现预定的目标,才能适应餐饮市场的变化。

3. 发现和利用餐饮市场机会

餐饮经营主体是在适应市场的变化中生存和发展的,因此,必须从餐饮市场的不断变化中发现有利于自己成长发展的各种机会,并善于利用这些机会发展壮大自己。上述餐饮经营的独特功能决定了餐饮经营活动主要包括以下四个方面的内容。

一是预测。包括进行餐饮市场调查,在调查研究的基础上,对餐饮市场需求和供给的现状及变化、技术的进步、资源的变化、竞争的发展、经营方式和经营战略的变化等,做出科学的预测。

二是决策。即在预测的基础上,依据有关信息对餐饮经营主体的发展方向、目标以及达到目标的重大方针政策等做出正确的决定。

三是计划。即将餐饮经营主体的发展方向与目标转化为具体的各种计划,以及实施这些计划的步骤和重要措施等。

四是执行。为实现餐饮经营主体的发展目标而展开的与市场活动有关的各种工作,如资金的筹集、原材料的采购、产品的销售、市场的开拓、新产品的研发、生产组织形式和管理机构的改革、发展同其他企业的协作关系等。

二、餐饮经营战略的选择

餐饮经营战略的选择要依据战略环境分析,包括外部环境、行业环境和企业内部环境。在此基础上餐饮经营者要进行基本战略、成长战略、防御战略等战略类型的选择,以确定餐饮经营发展的基本方向。餐饮经营者的竞争战略,就是针对不同的市场竞争力量,采取合适的竞争战略,构建竞争优势。

(一)餐饮经营战略的基本要素

1. 战略目标定位

餐饮经营战略目标定位是指餐饮经营者通过设定战略目标,确定业务领域,以在目标市场中占据一个特定的位置。只有确定了餐饮经营的发展方向,明确经营范围,才能使全体员工对未来发展达成一致性认识。

战略目标定位就是将一般企业定位思想与餐饮这个特殊行业相结合,思考餐饮经营战略定位的要素、条件、步骤及策略,使定位真正成为成功的第一步,并带来决定性的优势。餐饮经营者在确定战略目标时,必须以顾客的核心利益为出发点,满足顾客对餐饮产品的需求。战略目标定位的关键是确定餐饮经营者期望达成的战略目标,即餐饮经营活动所期望达到的成果。餐饮经营者建立目标体系是战略管理的重要阶段。在这一阶段,餐饮经营者要将发展方向转化为具体的、可考核的、可追溯的指标,即为战略目标设立战略标准与财务标准。

2. 战略路径选择

战略路径选择即如何选择正确的方法完成战略目标,也就是餐饮经营者如何实现战略目标的问题。战略目标定位完成以后,餐饮经营者就面临运作方式的选择问题。因此,确定战略方向之后,必须有明确的战略路径来保证战略目标的实施。战略路径选择是动态权变的,是多元的,而不是唯一确定的。它涉及餐饮经营战略全过程,既要考虑战略设计的方式,也要考虑优化战略实施、战略控制的方式。

3. 战略资源整合

战略资源整合考虑的是餐饮经营者如何有效配置资源达成战略目标的问题。战略资源是持续优势的来源,具有价值性、稀缺性、不完全模仿性和不可替代性等特征。餐饮经营发展战略的成功在很大程度上依托其本身的资源禀赋。

4. 战略措施设计

战略措施是指为贯彻战略思想、实现战略目标、完成战略重点而采取的重要对策,即餐饮经营者为实现战略使命目标而采取的重要措施和重要手段,它具有阶段性、具体性、针对性、灵活性等特征。战略措施是实现战略目标、突出战略重点与兼顾战略全局的重要保证,但由于外部环境的不确定性,战略措施应保持机动灵活,以适应不断变化的新环境。

(二)餐饮经营者竞争战略的选择

餐饮经营者的竞争战略,就是针对不同的市场竞争力量,采取合适的竞争战略,打造竞争优势。根据美国商业思想家迈克尔·波特的观点,基本竞争战略主要有成本领先战略、产品差异化战略与经营目标集聚战略三种。餐饮经营战略的选择取决于其发展目标、成本、产品或服务在顾客心目中的独特性。每种竞争战略都有各自的优势、条件与不同的实施途径。

1. 成本领先战略

成本领先战略是指企业通过内部加强成本控制,在研究开发、生产、销售、服务和广告等领域把成本降到最低,成为产业中的成本领先者的战略。成本领先战略强调以很低的单位成本为价格敏感的消费者提供标准化的产品与服务,所以这种战略也称为价格竞争战略或低成本竞争战略。

(1)成本领先战略的主要功能。

①渗透功能。成本领先战略可以帮助经营者获得超额利润。良好的经济效益可以使经营者有能力进一步扩大规模,并增加服务项目,从而形成新的成本优势,实现良性循环。

②壁垒功能。成本领先战略可以帮助经营者减轻竞争压力。与竞争对手相比,处在低成本的位置上,在价格竞争中就具有主动地位,并能在价格战中保护自己。同时,较低的成本与价格水平,可以防止新进入者侵占自身的市场份额。

(2)成本领先战略的适用条件。

餐饮经营者实施成本领先战略,需具备一些隐含条件。一是餐饮经营者所在的市场为完全竞争市场;二是在餐饮市场上,在顾客心目中,价格差别比产品或服务差别更重要;三是在餐饮业,经营者之间的产品几乎是同质或者替代程度很高,且大多数顾客的需求相似;四是随着经营规模的扩大、服务项目的增加,餐饮经营者可以迅速降低平均成本;五是餐饮经营者的产品需求弹性较大,降低价格就能有效刺激需求。

(3)成本领先战略的潜在风险。

尽管成本领先战略能给餐饮经营者带来巨大的经营优势,但在实施过程中也存在诸多风险:一是低成本战略可能会使竞争者效法,降低了成本领先的优势,继而压低了整个餐饮业的盈利水平;二是顾客的价格敏感性可能下降,大多数人一般不愿意反复消费缺乏特色的同种餐饮产品,转而寻求更新颖、更高质量的服务;三是为使成本降至最低而进行的投资,可能会使餐饮经营者局限于目前的战略计划而难以适应外部环境和顾客需求的变化。

(4)成本领先战略的实施途径。

一般而言,成本领先战略可以通过以下途径实施:在上游市场获得质优价廉的原材料或半成品;在生产或服务过程中通过有效的成本控制手段,尽可能地降低资源转化成本;在下游产品或者服务的销售过程中尽可能地降低销售成本、扩大销售规模,使总成本降到最低。

餐饮经营者实施成本领先战略的有效途径主要有以下方面。

一是获得全行业的成本领先优势。餐饮经营者要在较长时期内保持成本处于同行业中的领先水平,并根据这一目标采取一系列措施。

二是提升价值链的整体成本优势。餐饮经营者将向顾客提供的最终产品或服务的总成本降到最低,而不是使价值链条的某些环节的成本最低。因此,餐饮经营者应该注重规模效益,在努力发挥经验曲线效应的基础上降低成本,并关注相关成本与管理费用的控制。

三是将成本优势表现为价格优势。虽然成本领先战略并不等同于最低价格战略,但餐饮经营者必须让顾客认识到其价格具有非常明显的优势。

2.产品差异化战略

差异化战略是指经营者提供的差异化的产品或服务,在行业范围中形成了顾客认可的独特品质。这是一种标新立异的战略,指导思想是经营者采用区别于竞争者的方式,力求独树一帜,使得同行业的其他经营者难以与之竞争,其替代品也很难在这个特定的领域与之抗衡。

(1)差异化战略的主要功能。

市场竞争的重点就在于特色经营。经营者实施差异化战略可以有效防御来自各方面的竞争压力,获得市场竞争的主动权。其功能主要体现在以下几个方面。

①顾客忠诚功能。顾客对符合自己偏好的餐饮产品会形成一种忠诚心理,这种心理会有效降低顾客对价格的敏感性,在激烈的竞争中形成"隔离带",有效分解竞争对手的价格压力,跳出恶性竞争的陷阱。

②壁垒功能。顾客对餐饮产品或服务特色的忠诚,还会形成强大的市场进入壁垒,从而有效阻止潜在竞争者的进入。

③主动功能。差异化能缩小顾客的选择范围,这就削弱了顾客讨价还价的能力。餐饮经营者提供的餐饮产品越具有差别化,其讨价还价能力就越强。

④收益功能。成功的差异化战略能使经营者以更高的价格出售其产品或服务,所带来的较高收益可以用于支付供应商较高的特殊原材料要价。对于少数特殊资源,由于价格昂贵,容易形成价格优势与服务优势。

⑤优势功能。在替代品竞争中,有差别与特色的餐饮产品或服务无疑会比其他竞争者更有竞争力。

(2)差异化战略的适用条件。

差异化战略是非常有效的竞争战略,餐饮经营者在实施差异化战略的过程中要注意其实施的条件。

一是餐饮经营者对顾客行为有深层次的把握,了解不同顾客的需要,并能提供针对性的帮助与改进,使之既符合顾客需求又与竞争者的相区别。

二是差异化能最大限度地吸引更多的消费者,获得规模经济效益,以弥补为形成差异化而增加的成本。不能被顾客认同的差异化是毫无意义的,同样,顾客无法接受的特色也不能认为是特色。获得差异化优势要获得顾客认同,增加顾客感知到的差异化利益。

三是要有一定的知识技术含量,并通过相关的法律制度保护创新技术防止被侵权。对于餐饮经营者而言,餐饮产品的无专利性是其实施差异化战略的最大障碍。

(3)差异化战略的潜在风险。

一是认知风险。真正弄清自己的优势所在,抓住目标顾客群体的真实需求,从而创造性地将自身的优势与目标顾客群体的需求相结合,这并不是一件容易的事。因而,餐饮经营者在创造餐饮产品差异特色的过程中可能存在对顾客需求和顾客价值认知错误的风险。

二是模仿风险。竞争者模仿可能缩小顾客差异化感知。差异化基于创新能力,而创新是需要付出代价的,但竞争对手则可能会以很小的代价来模仿这些差异特征。当许多餐饮经营者的产品或服务都开始具有某种特色时,这种特色就失去了价值。

三是成本风险。餐饮经营者为使产品或服务具有特色所进行的投资会导致成本的增加,引起价格上升,从而使顾客转向低成本的竞争对手。虽然顾客愿意为有差异的产品或服务付出一定的费用,但要使目标顾客获得对差异化的认可往往并不容易。

四是顾客认知风险。顾客的需求会发生改变,顾客对餐饮产品差异化优势的认知受到竞争对手所提供的差异因素的影响,如果竞争对手通过产品、服务、营销创新等手段让顾客感觉到其产品和服务更好,顾客中的大部分就会流向竞争对手。

(4)差异化战略的实施途径。

差异化战略实施的关键在于提供与竞争对手不同的差异化产品或服务。餐饮经营者提供的产品是组合产品,包括有形产品部分(顾客实际消耗的有形产品,如食品、饮料等)、感官享受部分(顾客通过视觉、听觉、触觉、嗅觉等对设备设施、环境气氛、服务技术、服务质量的感官体验)、心理感受部分(顾客在心理上对产品的感觉,从而引起的舒适程度和满意程度)。

餐饮产品或服务可以在很多方面实现别具一格。

一是有形产品差异化。这一层面包含顾客在服务消费过程中接触或使用的环境和具体物品的差异化,如建筑风格、内部装饰、环境氛围、餐饮设施、员工形象、食物的色香味等。

二是无形服务差异化。标准化的服务可以使顾客得到期望的服务,但是差异化的服务对顾客意味着超值和更不容易忘记的服务。餐饮产品的差异化注意体现在独特风味、服务模式和主题文化及服务活动中。

三是营销策略差异化。营销策略差异化是指采取有别于其他经营者的营销手段。差异化的营销策略要借助整合营销,围绕某一差异点推进营销创新。餐饮产品差异化的营销策略,必须由独特和系统的营销主题及相应的活动加以体现。

3. 经营目标集聚战略

目标集聚战略以在行业中很小的竞争范围内做出选择为基础,将经营目标集中在特定的细分市场,并在这一细分市场上建立起自身的产品差别与价格优势。

(1)目标集聚战略的主要功能。

目标集聚战略的优点在于餐饮经营者能够控制一定的产品势力范围,在此势力范围内,其他竞争者不易与之竞争,所以其竞争优势地位较为稳定。具体来说,主要功能表现在以下几个方面。

一是防御功能。目标集聚战略可以使餐饮经营者有效抵御来自市场各个方面的压力与威胁。首先,以顾客偏好为基础所提供的专业化服务可以提高顾客满意度,降低顾客对价格的敏感性;其次,针对目标市场所设计的专业服务及经验会形成有效的进入壁垒,有效地降低竞争者的威胁;最后,专业化分工可以使服务效率大大提高,使经营者获得较高利润。

二是优势功能。目标集聚战略可以使资源与能力较为有限的餐饮经营者获得竞争优势。餐饮经营者能集中力量向某一特定市场提供最好的餐饮服务,而且经营目标集中,管理简单方便,可使经营成本有效降低,有利于集中使用资源,实现餐饮经营的专业化。

三是持续功能。目标集聚战略可以帮助餐饮经营者走上良性运行的轨道。专业化分工带来的餐饮服务特色与效率使餐饮经营者可以稳固自己的目标市场,由此得到较为理想的收益,进一步推动创新,形成自己在专一餐饮市场上的成本优势或鲜明特色,实现良性循环。

(2) 目标集聚战略的适用条件。

一是目标顾客。餐饮市场中的确有特殊餐饮需求的顾客存在，或在某一地区拥有特殊餐饮需求的顾客存在。

二是市场空间。现有餐饮经营者均有着各自的目标市场，且没有其他竞争对手试图在上述餐饮细分市场中采取目标集聚战略。

三是独特优势。餐饮经营者的经营实力较弱，不足以追求广泛的餐饮市场目标，但在某些特定的餐饮市场中具有一定的优势。

四是产品差别。餐饮经营者提供的产品或服务在各细分市场的规模、成长速度、获利能力、竞争强度等方面有较大的差别，因而使部分细分市场有一定的吸引力。

(3) 目标集聚战略的潜在风险。

餐饮经营者实施目标集聚战略，可以发挥独特的优势，但是也存在一定的风险，具体如下。

一是销售风险。市场细分使餐饮经营者的市场范围缩小，这就要求餐饮经营者通过提高自己在目标市场的份额来增加销售收入与利润。

二是适应风险。由于实施市场集中战略，经营的好坏直接与餐饮经营者的目标市场相联系，一损俱损、一荣俱荣，这种紧密的联系无疑会增加餐饮经营活动的风险。同时，餐饮经营者提供的专业化服务增加了其他竞争者替代的难度，一旦目标市场衰落或消费需求发生改变，进入其他细分市场的难度也同样增加。

三是替代风险。竞争者可能在较小的目标市场内分解出更小的市场群，并以此为目标来实施目标集聚战略，从而向餐饮经营者原有的部分顾客提供更具专业化与针对性的产品或服务，瓜分原有市场。

四是维护风险。餐饮顾客的偏好和需求经常会发生变化，而目标集聚战略则往往缺少随机应变的能力。如何将餐饮经营者提供的产品和服务的信息有效地传送给特定的顾客，通常是一件具有挑战性的任务。

(4) 目标集聚战略的实施途径。

实施目标集聚战略，关键要发挥自身的优势，通过比较优势分析，清楚自身的优势和不足，采取扬长避短的策略，合理地选择目标市场，在自己有相对优势的市场领域谋求发展。

一是设施设备的针对性。实施目标集聚战略的餐饮经营者，其所有的设施与功能设计都应该是基于特定目标顾客的需求和偏好，要突出独特的餐饮文化主题。

二是顾客价值的专一性。实施目标集聚战略的餐饮经营者，其利益诉求必须满足特定目标顾客的诉求，提供的顾客价值具有专一性、独特性。

三是服务标准的专门化。实施目标集聚战略的餐饮经营者，其服务标准必须为特定目标顾客的需求而设计，要通过专门化、个性化的服务策略，使目标顾客产生忠诚。

 本章小结

(1) 综合各种餐饮业定义观点，对餐饮业做出明确定义，并对现有餐饮企业进行分类，主要分为酒店餐饮、社会餐饮和公益餐饮三大类。

(2)归纳和总结了餐饮业的基本特征与餐饮产品的基本特征,餐饮业的基本特征是整个行业或产业特征,与餐饮产品的基本特征不同,餐饮产品与顾客的消费行为共同构成餐饮业的基本特征。

(3)餐饮管理的内容包括餐饮组织管理、餐饮营销管理、菜单和酒单筹划管理、厨房生产管理、餐厅服务管理、酒水经营管理、餐饮质量管理、餐饮创新管理、餐饮成本与价格控制管理。餐饮管理的任务是在实现餐饮经营利润的目标指引下进行的一系列管理工作,合理安排餐饮分工与协作,满足顾客需求。

(4)餐饮经营与餐饮管理是两个不同的概念,它们在功能、范围、层次和角度上都有所不同,餐饮经营的主要任务是确保餐饮经营利润,让餐饮企业生存并迅速成长,餐饮管理的主要任务是保障餐饮经营活动的正常进行。

思考与练习

1. 试述餐饮企业分类的依据及其表现。
2. 简述餐饮业与餐饮产品的特征及其二者的区别。
3. 试述餐饮管理的内容与任务。
4. 简述餐饮经营与餐饮管理的主要区别和联系。

案例分析

中国有望在 2023 年成为全球第一大餐饮市场

2019年7月13日,世界中餐业联合会、社会科学文献出版社、昆明学院在北京共同发布了《餐饮产业蓝皮书:中国餐饮产业发展报告(2019)》。

中国餐饮业从一个50亿元规模的传统服务业跨越发展成为超过4万亿产业收入的生活服务消费产业、超过2000万就业人口的社会民生产业和传承五千年中华文明的民族文化事业,走出了一条中国特色的餐饮业发展之路。

一、持续高速增长,产业规模跃居世界第二

从改革开放40多年的发展来看,餐饮业长期保持了快速、稳定增长。产业收入从1978年的54.8亿元开始,1983年突破百亿元,1994年突破千亿元,2006年突破万亿元,2011年超过2万亿元,2015年超过3万亿元,2018年超过4万亿元达到4.27万亿元,比1978年增长近780倍,复合增长率高达18.1%,已经成为世界第二大餐饮市场。以1978年中国餐饮产业收入为基点,餐饮收入突破1万亿元历时29年,从1万亿元到2万亿元历时5年,而从2万亿元到3万亿元仅用3年,也只经过3年,2018

年中国餐饮产业收入突破4万亿元,达到42716亿元,不断被刷新的产业规模和增速,是世界餐饮产业发展史上的奇迹。

二、满足消费需求,经济贡献稳居三产前列

餐饮业的稳定、持续、快速增长使其经济贡献稳居服务业前列。从消费来看,四十多年间,餐饮收入占社会消费品零售总额的比重从1978年的3.5%开始快速上升,到1992年超过了5%,到2001年超过10%,近几年稳定在10%~11%的水平,而且餐饮收入增速在较长时期内高于社会消费品零售增速。这反映了我国居民消费结构从改革开放初期的温饱阶段向小康、富足阶段发展,饮食消费从自我服务向社会化服务的转变。尽管烟酒食品类支出比重呈现下降趋势,恩格尔系数从改革开放初期的60%下降至2017年的29.3%,但居民对社会化餐饮服务需求呈现持续增长态势,外出就餐比例持续提高,人均餐饮消费支出从改革开放时的5.7元增加至2017年的约2850元,增长了近500倍,推动了餐饮消费支出持续稳定增长。

从投资来看,在景气预期下,餐饮业在增长期和成熟期中,持续成为民营资本、外资的活跃投资领域之一,特别是进入21世纪后和转型期前,餐饮业固定资产投资增速连续多年高于全社会固定资产投资增速。

从关联产业发展来看,餐饮业是紧密连接生产和消费的产业,具有较高的产业关联度,对包括农业、食品加工制造业、餐厨用品及设备制造业、生产性服务业等在内的上下游相关产业具有直接的带动作用,每年消耗农产品、食品调味品等原材料近2万亿元;同时,餐饮业作为基础消费产业与旅游、文化娱乐、批发零售业等产业都有较强的产业协同效应,特别是在电子商务爆发式增长的时期,餐饮业的体验经济属性使其成为跨界融合的焦点,已经成为旅游休闲产业、文化创意产业、批发零售业的重要协同产业;餐饮业态成为城市商圈、城市综合体、购物中心的重点业态。

三、稳定吸纳就业,民生保障作用日益凸显

餐饮业作为门槛较低的劳动密集型服务行业是中国吸纳技能劳动人口和农村转移人口就业的重要产业,就业贡献突出。四十多年间,餐饮业在吸纳国有企业下岗职工、农村进城务工人员方面都做出了重要贡献。1978年全行业从业人员约104.4万人,仅占全社会就业的0.26%。到2016年,住宿与餐饮业就业人口持续上升至2488.2万人,统计数据为住宿和餐饮业私营企业和个体就业人员与住宿和餐饮业城镇单位就业人员之和,占统计就业人口的5.1%,其中住宿与餐饮业私营企业和个体就业人员2218.5万人,占私营企业和个体就业人员的7.2%。考虑因餐饮业发展而带动的农业、制造业、旅游业等相关产业发展和地方经济发展带来的就业机会,其对就业的贡献更大。

四、加强行业监管,食品安全水平稳定提升

餐饮产业四十多年的发展离不开政府的行业监管和行业协会行业自律管理的不断完善,食品安全水平稳步提升。一方面,四十多年来,政府行业监管完成了在餐饮市场中从参与者向监管者的角色转变,当好市场"守夜人"的角色,监管方式从"九龙

治水式"监管向依法监管转换,特别是《中华人民共和国食品安全法》的出台进一步推动了行业依法监管的发展;另一方面,以世界中餐业联合会、中国烹饪协会为代表的社会组织以及各个地方行业协会在餐饮业安全、规范发展中起到了重要的行业自律和专业化服务作用,通过制定行业标准,开展行业研究、培训、展会、国际交流等行业服务,引导行业健康、规范发展。

五、坚持市场改革,成为民营经济的"晴雨表"

在改革开放进程中,餐饮业是较早进行市场化改革的行业之一,市场化改革激发了餐饮业市场主体的主观能动性,形成了以个体、民营企业为主体,国有控股企业、股份制企业、外资和合资企业并存的多元所有制结构,充分发挥了市场在资源配置中的决定性作用,推动了行业的快速发展。

六、勇于对外开放,成为国际化发展的"窗口"

中国餐饮业既是改革的先行者也是开放的开拓者,在改革开放四十多年中一直坚持开放包容式的发展,既欢迎外国餐饮企业来华投资发展,也鼓励中国餐饮企业"走出去",为国家发展开放型经济做出积极的贡献。一方面,中国积极吸引外国餐饮企业进入中国,外国烹饪大师来中国交流,推动了中西方餐饮技艺和文化的交流与学习,满足了中国消费者和在华外国友人的饮食和文化交流需求。另一方面,中国餐饮业鼓励中餐立足中华传统文化,"走出去"服务全球消费者。此外,中国多个城市也在通过建设国际美食之都,扩大城市国际影响力。经过多年发展,成都、顺德、澳门已经成为联合国教科文组织的国际美食创意城市;扬州、广州、西安、长沙等城市已经被世界中餐业联合会评为"国际美食之都"。

七、敢于融合创新,成为服务创新的"聚集地"

中国餐饮业在改革开放四十多年的发展进程中,敢于进行融合创新,已经成为服务创新的"聚集地"。科技进步推动餐饮管理创新和商业模式创新,主要体现在以下四个方面。

一是自动化生产和控制技术的发展推动了中国中央厨房的发展,变革了传统的餐饮供应链管理模式和门店生产模式,促进了中国餐饮品牌连锁模式的快速发展。

二是中国餐饮业的信息化水平、数字化能力随着信息技术应用成本、学习成本下降而不断提高,特别是基于云计算的 SaaS 软件的广泛应用和互联网餐饮平台的快速发展,餐饮业的管理和渠道正在快速数字化,加快了从传统服务业向数字化服务业转型的速度。

三是互联网推动餐饮产业平台经济蓬勃发展。互联网与餐饮的融合发展推动了餐饮外卖市场的飞速发展,互联网外卖平台的出现是餐饮外卖市场的重要商业模式创新,极大地推动了外卖市场的发展,同时也对餐饮门店、传统外卖企业乃至餐饮企业的经营模式发展带来了巨大影响。2018 年,中国在线外卖市场规模已经超过了 2500 亿元,是 2011 年的近 10 倍,发展势头强劲;在线外卖用户超过 4 亿人,比 2015 年增长 2.9 亿人,渗透率达到 49%。

四是随着人工智能的快速发展和技术逐渐成熟,在人口红利消失、劳动力成本压力日益提高的背景下,餐饮业智能化发展加速,以烹饪和服务机器人等科技应用为特色的智能餐厅、无人餐厅兴起。

八、传承文化,成为文化自信的"流行语"

中餐传承了中华民族几千年来的农业生产发展、生活习俗、烹饪技艺和饮食文化,是中华民族5000年悠久历史文化的凝结和典型代表。正是餐饮业这种鲜明的文化活化特征,使其越来越受到政府及社会各界的重视,成为非物质文化遗产传承和传播的重要产业;长期以来,中餐伴随着华人华侨的全球流动而广泛传播,拥有大量全球消费群体,随着中国经济、社会的全球影响力不断扩大,开放水平不断提高,中餐成为中西方文化交流的重要内容,成为中华民族文化自信的重要组成部分。饮食类非遗的申报和保护也越来越受到社会各界的关注和重视。

(资料来源:邢颖、黎素梅、于干千,《餐饮产业蓝皮书:中国餐饮产业发展报告(2019)》)

问题:

1. 结合案例分析中国餐饮业市场的新变化以及未来发展的趋势。

2. 请结合案例分析周边餐饮市场新趋势,撰写自己所在区域未来餐饮市场的分析报告。

第二章

餐饮市场营销

学习导引

餐饮市场营销是餐饮企业管理的必要组成部分,其核心目标是满足客户的合理需求,最终达到餐饮企业盈利的目的。成功的营销是餐饮企业在激烈的市场竞争中处于不败之地的有效保证,它具有以下一系列功能:负责调研细分消费需求、确定企业的目标市场,围绕目标消费者的欲望,设计、组合、创新企业的餐饮产品和服务,进而打造优质的餐饮企业品牌,有效促进其生存和发展。

学习重点

通过本章学习,重点掌握以下知识要点:
(1)餐饮市场细分的含义及意义;
(2)餐饮市场定位的依据和方法;
(3)餐饮消费者的需求与动机;
(4)餐饮消费者行为类型的划分;
(5)餐饮市场营销的特点和内容;
(6)餐饮企业品牌管理的意义及塑造策略。

知识活页　　海底捞的网络营销创新

第一节　餐饮市场细分与市场定位

餐饮市场有着庞大的消费群体,一个餐饮企业无法同时满足各种不同层次消费者的消费需求,因此,必须进行市场细分。所谓市场细分,是指按照消费者欲望与需求把一个总体市场划分成若干具有共同特征的子市场。分属于同一细分市场的消费者的需求和欲望极其相似。通过细分市场,有利于餐饮企业合理地选择目标市场,集中力量提供有特色的产品和服务。总之,市场细分是餐饮企业确定目标市场和制定市场营销策略的必要前提。

我国餐饮市场有着庞大的消费群体且上升空间巨大。餐饮业进入门槛低,从业人数众多,从2014年开始从业人数就超过了千万级,2016年从业者增长率已经高达31.17%(图2-1),虽然餐饮市场会受到客观环境的影响,例如2020年以来的新冠肺炎疫情,但是总体上可以通过就餐方式、购买方式、支付方式的创新,依旧保持餐饮市场的较大容量,如图2-2所示。近年来,中国餐饮业市场规模持续壮大,2015年突破3万亿,2018年更是突破4万亿,达到4.27万亿,占国民经济产值的4.67%。2019年餐饮业收入为4.67万亿,同比增长9.4%。

图 2-1　我国餐饮业从业人数继续保持增长状态

(数据来源:前瞻产业研究院数据)

图 2-2　我国餐饮市场2012—2021年收入规模及增速

(数据来源:前瞻产业研究院数据)

一、餐饮市场细分

经营实践中,餐饮企业的客户市场细分要从本企业所处的地理位置、经营环境等状况出发,在进行广泛市场调查分析的基础上,做出符合本企业的定位。也就是说,当企业所处环境中客户群特征相对集中时,餐饮企业市场定位应力争细致准确;当企业所处环境的客户群特征相对分散时,企业定位也应有相应层次,既要有主导性的定位,也要有非主导性的定位,企业在选择主要目标市场的同时,还要从实际出发,选择若干细分市场作为企业的可争夺市场,尽可能满足几个消费群体的需求。

(一)餐饮市场细分的标准

由于受消费者所在地理区域、年龄、性别、宗教信仰、收入水平和生活方式等多种因素的影响,消费者具有不同的需求特征。这些不同的需求特征是细分餐饮市场的重要依据,具体细分标准包括消费档次、菜系类别、消费场景、经营特色、商业模式等。

1. 根据消费档次细分

消费档次是当下影响餐饮市场结构的重要因素,在一定程度上反映了整体市场的就餐需求趋势。政策环境的变化、中产阶层的壮大、新生代消费者的崛起等一系列因素,促使我国餐饮市场的格局由以往的哑铃形向纺锤形演进,高端餐饮市场份额显著下滑,低端消费面临淘汰和升级,中端大众化消费蓬勃发展,预计未来 5 年,中端大众餐饮的市场份额将达到 85%。选择哪个消费档次、为哪个层次的消费者提供就餐服务,是餐饮企业首先需要谋划的问题。

2. 根据菜系类别细分

中国餐饮历史上形成了以八大菜系为主的烹饪体系,鲁菜、川菜、粤菜、淮扬菜等,还有种类繁多、各具特色的地方名小吃,加之近几年各种国外餐饮,诸如日餐、韩餐、东南亚餐、欧美西餐等纷纷涌入,同时西餐又可以细分更多菜系,比如法式、意式、德式、葡式等,这就使得消费者就餐选择范围越来越大,就餐内容越来越细分化。面对如此之多的产品类别,在众多菜系中甄选最有发展潜力的类别,是进入大市场分一杯羹、借势而上,还是进入小市场,做差异化的小而美,都需要餐饮企业谨慎考量。

3. 根据消费场景细分

餐饮消费的时间界限和空间界限越来越模糊,消费无时不在、无处不在。因此,我们根据就餐消费场景,可以把餐饮市场细分为家庭餐、聚会餐、商务餐、工作餐、休闲餐、宴席等。

4. 根据经营特色细分

从经营角度看,经营特色是餐饮企业的立身之本。"色"是餐饮企业区别于其他竞争者的特质和优势,更是餐饮企业经营的特有性和有别于其他餐厅的经营方式。例如,粤菜的卖点是"鲜活",正是依靠这一鲜明的特色,它牢牢抓住了餐饮市场的高档消费者。同粤菜相比,川菜的特点不是主要体现在原材料上,而是注重口味的变化,于是川菜依靠这一特色轻松占据了中低档餐饮消费市场。从我国传统菜系角度来看,中式餐厅的各特色菜系占比如图 2-3 和图 2-4 所示。人均消费 50~100 元的,川菜占比最大,其次是湘菜。而人均消费在

200元以上的中式餐厅中,粤菜成为占比最大的菜系,其次是浙菜。从整体来看,川菜、湘菜更大众化,粤菜、浙菜更高端,也就是说,不同消费层次的人对菜系的诉求不同,而中高端餐饮仍以粤菜为主导。同时,粤菜还展现出了自身的灵活性。

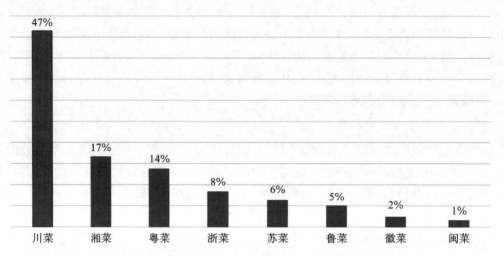

图2-3　人均消费在50～100元的中式餐厅中,川菜成为占比最大的菜系

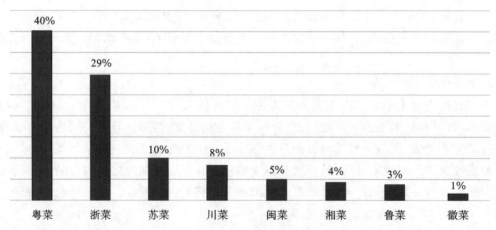

图2-4　人均消费在200元以上的中式餐厅中,粤菜成为占比最大的菜系

(数据来源:中商情报网数据)

5.根据商业模式细分

根据商业模式,餐饮市场可细分为B2C、B2B、C2B三类。B2C是我们提到最多的广阔消费者市场。B2B则是为众多餐饮企业提供配套支持的餐饮服务市场,如供应链服务、营销服务、技术服务、金融服务、管理服务等解决方案。餐饮B2B市场目前还处于起步阶段,恰恰是中国餐饮业的薄弱环节,很多服务还比较粗放和简单,存在很大的发展和提升空间。C2B是一种反向定制化的餐饮新形式。

（二）餐饮市场细分的步骤

餐饮市场细分的目的就是通过对餐饮市场消费者的归类，使得企业能更好地把握各个消费群体的特征，并在此基础上做出正确的决策。依据相应的细分标准，确保细分餐饮市场有效，必须遵循一定的步骤，这一过程可以分为以下三步。

1. 第一步：调查阶段

准确、充足的数据是正确决策的前提。在这一阶段，企业可以借助各种资料和各种调查手段获取下列信息。

(1)企业自身的资源及能力，先确定一个大致的商圈。

(2)列出该商圈内所有现存和潜在的消费者需求。

(3)针对不同消费群体的分析，结合自己的经验，判断、分析可能存在的市场。

(4)各类消费者对特定产品需求的特点和满足状况，他们对产品、价格、分销、促销等营销因素的敏感程度。

2. 第二步：分析阶段

在这一阶段，餐饮企业主要是对上一阶段所收集的数据进行分类、整理，重点在于分析各类消费者在需求上的共性、差异，对于某一特征上具有明显共性的消费者可以归并为一个子市场，依据不同的特征可以得到不同的市场划分。确定这些市场名称，并进一步了解各个细分市场的需求和购买行为。

3. 第三步：描述阶段

在调查、分析的基础上，餐饮企业得到了对餐饮市场的各种划分。为了使这些划分更加明确，有必要对各个子市场给出更为具体的描述。例如，按照本市区分，可分为外地客人和当地客人，当地客人又可分为住宅区、商业区、工业区等，除了地理细分标准的描述以外，还应当增加更深入的细分市场描述，具体包括年龄、性别、收入、文化程度、职业、价值观等因素。

二、餐饮市场定位

"定位"这个词是由广告经理艾尔·里思（Al. Ries）和杰克·特劳拉（Jack. Trout）的运用而逐步流行的。它被看成是对现有产品进行的一种创造性实验。二人对"定位"的解释如下：定位开始于一件产品，一件商品，一项服务，一个公司，一个机构，甚至是一个人……但定位并不是你对产品本身做什么，而是你在"有可能成为你的顾客的人"的心目中做些什么。也就是说，你为你的产品和服务在潜在的顾客的心目中安排一个适当的位置，定位本质上就是一个寻找差异化的过程。

餐饮市场定位是指餐饮经营者在一定经营条件下选择一定类型的客源，在合适的消费环境中用质价相符的产品和服务来开展业务，进行经营活动的市场营销手段。通常在市场细分的基础上，餐饮企业对市场、消费者的需求和竞争对手的特点、优势、劣势等进行综合考察，做出符合本企业可行的定位，做到企业产品、服务的定位与消费者的需求相吻合。做好餐饮市场定位，就是要选准目标市场，设计好产品结构，制定合理价格，创造优良环境，提供优质服务。

知识活页　　星巴克的"第三空间"定位

（一）餐饮市场定位的策略

餐饮市场定位是一种竞争性定位，它反映现代餐饮市场竞争各方的关系，是为现代餐饮企业有效参与市场竞争服务的。主要的餐饮市场定位策略有以下几种。

1. 避强定位

这是一种避开强有力的竞争对手进行市场定位的模式。现代餐饮企业不与对手直接对抗，将自己置于某个现代餐饮市场"空隙"，开发目前现代餐饮市场上没有的特色餐饮产品，拓展新的市场领域。这种定位的优点是能够迅速地在市场上站稳脚跟，并在顾客心目中尽快树立起一定形象。由于这种定位方式市场风险较小，成功率较高，常常为多数现代餐饮企业所采用。

2. 迎头定位

这是一种与在市场上居支配地位的竞争对手"对着干"的定位方式，即现代餐饮企业选择与竞争对手重合的市场位置，争取同样的目标顾客，彼此在产品、价格、分销、供给等方面少有差别。采用迎头定位，要求现代餐饮企业必须做到知己知彼，了解市场上是否可以容纳两个或两个以上的竞争者，自己是否拥有比竞争者更多的资源和能力，是不是可以比竞争对手做得更好。否则，迎头定位可能会成为一种非常危险的战术，将企业引入歧途。

3. 重新定位

重新定位，是指现代餐饮企业改变餐饮产品特色，改变目标顾客对其原有的印象，使目标顾客对其产品新形象有一个重新的认识过程。重新定位对于现代餐饮企业适应市场环境、调整市场营销战略是必不可少的，确保本企业达到动态的平衡。现代餐饮企业产品在市场上的定位即使很恰当，但在出现下列情况时也需考虑重新定位：一是竞争者推出的餐饮产品市场定位于本企业产品的附近，侵占了本企业产品的部分市场，使本企业产品的市场占有率有所下降；二是顾客偏好发生变化，从喜爱本企业某品牌产品转移到喜爱竞争对手的某品牌产品上。

现代餐饮企业在重新定位前，应当考虑两个主要因素。一是定位于新市场的收益潜力，定位于一个新市场的收益潜力受众多因素的影响，例如新市场的顾客数量、新市场上顾客的购买力水平、该市场上竞争者的数量和实力、本企业产品在该市场上可能得到的价值等。现代餐饮企业在重新定位之前，应根据以上因素仔细测算自己能够在新市场上获得的份额和总收入。二是重新定位需要的费用，餐饮产品重新定位的费用主要包括餐饮设施改造、重新装修和装饰、餐具炊具的更换和调整、服务人员服装、专项策划、广告和宣传等发生的费用。

总的来说,重新定位距离原定位越远,所需费用越高。

(二)餐饮市场定位的作用

1. 餐饮市场定位是选准目标市场、做好市场开发和客源组织的前提和基础

餐饮经营是以顾客前来就地消费而获得经济收入,而客源市场的范围十分广泛,任何一家餐饮企业,都不可能面向所有的餐饮市场。它们只有选择一定范围、一定地域、一定类型和一定层次的客源来开展市场营销和业务经营活动,才能集中自己的人、财、物资源满足其目标市场的顾客需求。因此,餐饮管理的市场定位首先是定客源。只有选好了客源市场的范围、类型、地域、层次,并形成细分市场和目标市场,建立起合理的市场结构,才能有针对性地做好市场开发和客源组织,源源不断地为餐饮业务经营创造顾客,从而提高餐厅上座率、扩大产品销售,获得良好的经济效益。所以,餐饮市场定位是选准目标市场与做好市场开发和客源组织的前提及基础,是组织市场营销和业务经营活动的首要条件。

2. 餐饮市场定位是设计企业产品结构、消费环境、服务档次和价格水平的客观依据

需求决定供给,供给必须与需求相适应。餐饮市场定位的目标市场和客源类型、层次一经确定,其目标市场的需求档次、产品类型、结构和价格水平等也就基本确定了。因此,餐饮管理的市场定位,特别是目标市场一经确定,就必须根据目标市场的顾客需求来设计、创造自己的产品结构和消费环境。其具体要求如下:①根据目标市场需求确定产品类型、产品风味和结构。②设计产品花色品种、质量标准,制定质量保证措施。③设计适合目标市场需求的消费环境,环境与需求相适应,同时追求更深层次的心理偏好与消费文化类型的匹配度。④根据目标市场的客人消费水平和支付能力制定产品价格层次,确定合理的价格结构。

所以,餐饮市场定位是企业设计产品结构和消费环境,决定企业档次和价格水平的客观依据。只有这方面的定位和工作做好了,才能吸引、刺激、留住企业目标市场的顾客,才能在一定程度上引导餐饮企业经营成功。餐饮市场定位与产品结构、消费档次的关系如图2-5所示。如市场定位在快餐便餐的餐饮企业,更加注重出餐快速和实惠;市场定位在宴请、聚餐约会的餐饮企业,则更加注重店面规格、服务及特色、口味、气氛等。

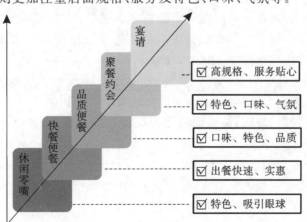

图2-5 餐饮市场定位与产品结构、消费档次的关系

(数据来源:职业餐饮网数据)

3. 餐饮市场定位是提升业务范围、优化产品和服务，以获得良好经济效益的重要条件

餐饮市场定位最终是为其业务经营活动的开展提供服务的。在市场定位已经确定目标市场的客人类型、地域、层次、范围，掌握其细分市场的具体需求的基础上，餐饮企业就必须按照目标市场的客人需求、消费水平和支付能力来组织业务经营，提供适合客源市场需求的优质产品和优良服务，从而更有效地获得经济效益。这里的优质产品、优良服务，包括硬件质量、产品质量、环境美化质量等都要与目标顾客的消费水平、支付能力相符，即质价相符。

（三）餐饮市场定位的内容

餐饮市场定位是一个复杂的过程，其工作内容和方法可大致概括如下。

1. 目标市场消费群体定位

餐饮市场定位是从目标市场消费群体，即客源对象和结构的选择和确定开始的。做好目标市场消费群体定位的基本方法如下。

（1）做好市场调查。掌握当地市场的客源数量、规模、类型、档次结构、消费水平、支付能力、市场竞争状况、程度等。

（2）分析市场可进入、可渗透的程度。包括可选目标市场规模大小、客户类型、客源层次、市场份额高低、发展潜力大小、企业能够争取到的接待人次、各种餐厅的上座率等。

（3）分析目标市场消费群体的市场需求。包括对餐饮企业的消费环境、产品风味、产品质量、产品价格、可以接受的价格波动幅度、人均消费和支付能力等。

（4）最终选择和确定目标市场的消费群体，完成市场客源定位。这一定位要最终落实到企业的不同餐厅的预测上座率和接待人次上，包括酒店餐饮的中餐厅、西餐厅、风味餐厅、宴会厅、咖啡厅、酒楼饭庄等独立餐饮企业的大众散座餐厅、各种包房、雅间餐厅等。

2. 餐饮企业的商标和形象定位

餐饮市场定位在选择确定其主要目标市场后，关键是确定并巩固企业的产品和服务在公众和目标市场顾客心目中的地位。要给公众和顾客在企业的名称、商标、可视的外观形象、室内装修环境、产品质量等方面都留下独特、深刻的印象，就必须做好餐饮企业的商标和形象定位工作。商标是此企业商品与彼企业商品区别的标志，而形象是由企业的知名度和美誉度在社会公众和目标市场消费群体中所形成的比较独特、稳定的印象。餐饮企业的商标和形象定位的工作内容包括以下几个方面。

（1）企业商标的名称要响亮、简洁、明快、好听易记。企业标志、标牌、企业标准字、标准色等要和企业名称、商标一起精心设计，共同塑造餐厅形象和声誉。

（2）企业外观建筑及其门脸装修要根据形象设计的要求，做到装饰美观大方，形象高雅独特，能给客人留下深刻印象。

（3）企业每一个餐厅的消费环境，要做到装修设计和装饰艺术处理主题鲜明，个性突出，对目标市场的客人产生强烈的吸引力，能给他们留下深刻印象和美好回忆。

（4）企业各个餐厅的产品质量和服务质量要能够吸引、刺激、留住目标市场的消费群体，能给他们留下美好印象，使他们成为回头客和老客户。

3. 菜单产品结构和价格定位

餐饮企业是以自己的产品来开拓市场的。菜单是餐饮市场定位的集中体现，菜单一经制定,餐饮企业所选择的客源对象、类型、层次、产品风味、花色品种、产品价格等就已经确定了。反过来说,合理制定菜单,即正确选择菜品结构、合理制定菜品价格,是现代餐饮市场定位的一项工作内容。做好菜单产品结构和价格定位的具体方法如下。

(1)区别不同目标市场的消费需求,制定不同类型的菜单。如零点菜单、宴会菜单、自助餐菜单、套餐菜单、循环菜单、团队菜单、会议菜单等。

(2)根据不同菜单,合理确定风味和花色品种,使菜单能激发顾客的消费需求,刺激顾客消费。为此,菜单要做到凉菜、热菜、面点、汤类齐全,蔬菜、肉类、海鲜、鱼类、禽蛋等各种菜品适当。高档、中档、低档菜点比例及其价格和毛利掌握合理,能够吸引、留住目标市场的消费群体。

(3)菜单的外观设计与餐厅类型和经营方式协调,有利于树立餐厅形象。

(4)各种餐厅的菜单根据目标市场顾客的需求变化、季节变化和市场竞争的需要,适时更新,及时调整,只有这样才能保持餐饮市场定位和市场需求变化的持续适应。

4.产品质量和服务质量的标准定位

产品质量和服务质量是留住目标市场消费群体、保持餐厅较高上座率和销售收入的关键。只有通过产品质量和服务质量的标准定位,使社会公众和目标市场的客人认可企业的质量标准,才能吸引和留住客人。做好产品质量和服务质量标准定位的工作内容和基本方法如下。

(1)产品质量标准定位方法。产品质量标准定位的具体方法是:①产品名称和花色品种清楚明确、结构合理,与目标市场顾客的消费需求相适应。②每份产品的主料、配料、调料的用料标准制定合理,原料质量优良。③每份产品的分量标准固定,不可短斤少两、克扣顾客。④产品加工过程质量控制手段健全,色、香、味、形标准明确,质量保证程度高。⑤每份产品价格和毛利掌握合理,与目标市场的顾客消费水平和支付能力适应性强,能留住顾客,从而使客源稳定。

(2)服务质量的标准定位方法。服务质量标准定位的具体方法是:①制定餐厅服务的通用质量标准,严格贯彻落实。具体包括服务态度、着装仪表、礼节礼貌、服务语言、职业道德、清洁卫生、形体动作、顾客投诉处理标准等。②制定各岗服务程序和操作标准,逐级督导贯彻实施。包括迎宾领位、桌面服务、传菜、酒水等各个岗位的操作标准。③逐级督导检查,及时纠正偏差,保证质量标准定位的具体落实,确保提供优质服务。

知识活页　　海底捞的"变态服务"再升级,餐饮营销更需要彰显人性关怀

第二节 餐饮消费者分析

餐饮经营管理者在市场细分之后,选定了一个或多个目标消费市场。接下来需要进一步研究目标消费者的需求特征、动机特征和行为特征,然后在分析目标餐饮消费者特征的基础上,采取适宜的营销策略组合,实现餐饮经营战略目标。

国家统计局 2018 年公布的数据显示,餐饮企业对于品类业态的划分越来越细致。随着消费者对餐饮的需求不再只满足于填饱肚子,下午茶、聚会等休闲场景的精神化餐饮需求逐渐兴起。在这种背景下,面包、甜品开始独占鳌头,这同时也意味着,对未来的餐饮企业发展而言,"好吃"只能是最底端的必要条件,只是满足目标消费人群的基本需求,人们开始更多地关心餐厅能带来的附加功能。餐饮企业品类业态划分趋于精细化(图 2-6),这也是最常用的一种餐饮企业品类业态划分的形式,即按照地域风味进行业态的细分。

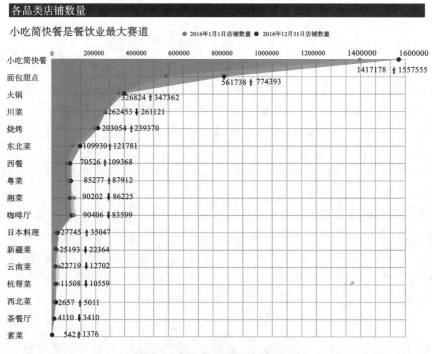

图 2-6 餐饮企业品类业态划分

(数据来源:前瞻产业研究院数据)

尤其需要关注的是,随着"网生代"年轻群体慢慢成为餐饮消费的主力,他们所关心的餐饮评价指标将会有更多的维度和考量标准。"网生代"这一名称起源于 2002 年 6 月开始在《电脑报》上刊登的四格漫画《网生代》,它就像每周一份的礼物,传递给五湖四海千千万万的读者。作者贝贝龙用一句老话——"网络改变生活"来形容"网生代"。与互联网一起成长,年轻一代的生活习惯、行为举止、消费观念、思维模式、社交方式等都与前人大不一样。因此,研究未来餐饮消费主体,要抓住年轻人的世界,要抓住餐饮发展新趋势,餐饮的数据化能够为餐饮企业提供发展方向,帮助餐饮经营者更清晰地面对未来的挑战,此外,与之对应的营销模式,诸如"网红""直播""网络文化""粉丝经济"等也正在改变这个世界。影响餐饮消费者满意度因素相关调查如图2-7所示。影响消费者对餐饮企业满意度评价的最高指标因素仍然是菜品口味好、性价比高、食材新鲜等;而有知名的特色菜、服务态度好、菜品多样化等对消费者满意度评价影响相对较弱。

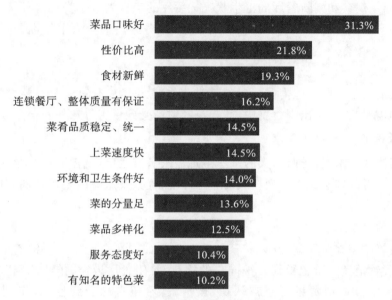

图 2-7 影响餐饮消费者满意度因素相关调查
(数据来源:产业调研网数据)

一、餐饮消费者的需求特征

美国著名的心理学家马斯洛指出,人的需求呈现不同层次,最基本的是生理需求。只有当人们的生理需求得到满足或部分满足之后,才会进一步产生更高层次的需求,包括安全需求、社会交往需求、尊重需求及自我实现需求。而且,需求的层次越高,表现在心理需求方面的成分也越多。餐饮市场的消费者需求包括两个方面:一是生理方面的基本需求;二是由于受到社会影响而产生的各种心理需求。

(一)餐饮消费者的生理需求

1. 营养需求

消费者基于对健康的关注,对食品的营养非常重视。营养能改善人们的正常生理功能,提高抵抗力;营养的好坏与搭配合理与否,直接影响着人们精力和工作效率,甚至影响人的外貌及个性。消费者的营养需求离不开每一天每一餐的饮食质量。消费者希望餐厅提供的菜肴能够科学地烹制,符合营养要求,并要求标明餐食的营养成分及其含量。

2. 风味需求

餐饮消费者光临餐厅的另一个主要需求是为了品尝菜肴的风味。风味是指消费者用餐时,对菜肴或其他食品产生的总的感觉印象。消费者的风味需求是消费者挑选食物的重要因素。风味取决于消费者利用眼、耳、鼻、舌等感觉器官感觉到的视、听、嗅、味等感觉,以及所品尝到的食物的口味、气味和质地等综合感觉效应。餐饮消费者对风味的期望和要求各不相同,对烹调的质量和技艺也极为敏感和挑剔。

3. 卫生需求

餐饮消费者非常关注食品、餐具及饮食环境的卫生。消费者进入餐厅的第一感觉就是环境的整洁与否,观察和判断餐厅的卫生状况。餐厅的工作人员本身也是环境的一部分,其卫生状况也会影响消费者的需求。在消费者眼里,服务人员的个人卫生也是餐厅卫生的一个重要标志。

4. 安全需求

安全是人的最基本的生理需求。餐饮消费者在满足其基本的饮食需要之外,较为关注的就是安全的需要,不希望出现食物中毒、人身或财产受到侵害等意外安全事故。

(二)餐饮消费者的心理需求

根据马斯洛的需求层次理论,人的基本生理需求满足之后,就需要满足更高层次的精神需求。餐饮消费者的精神需求体现在其对餐厅环境、气氛及服务的要求较高,其心理需求更为复杂。

1. 受欢迎的需求

餐饮消费者希望在餐厅就餐时"宾至如归",希望如同在自己家中一样不会感到陌生和拘束。同时,餐饮消费者希望得到一视同仁的接待,希望餐厅遵循"排队原则",即先来先服务,后来后服务。餐饮消费者愿意被认识、被了解,希望自己受到重视,得到无微不至的关怀。

2. 受尊重的需求

餐饮消费者希望餐厅遵循"顾客至上",将顾客放在最受尊重的位置上。尊重顾客是服务人员的天职,服务人员应该表现出真挚与热情。尊重具体包括语言尊重、宗教信仰尊重、习惯风俗尊重等,尤其是人格的尊重最为重要。

3. "值得"的需求

餐饮消费者期望餐厅提供的一切服务与其所期望的相吻合,甚至超出期望值。优良的产品、优质的服务、良好的环境等均将满足消费者的"值得"的需求。

4. 地位的需求

交际的成功是主人宴请的利益所在,其中包含着主人显示气派的需求。餐厅应该有足够显示气派的专用餐厅及宴会厅,配以高标准、高消费的美味佳肴,以及摆设十分讲究的银器餐具或精致的细瓷餐具以满足消费者对身份、地位炫耀的需求。

5. 方便的需求

餐饮消费者希望餐厅能提供各种方便,以减少消费成本。消费者对餐饮用具、各种设施、附加服务等的需求往往就是消费者对方便就餐的心理要求。

总之,在餐饮市场中,消费者有生理和心理的双重需求。当这些需求被主体意识到并转化为明确的行为动机后,就会促使消费者采取消费行动。

知识活页　中国咖啡消费需求和动机分析

二、餐饮消费者的动机特征

当餐饮消费者的某种需求被主体意识到后,就会转化为明确的行为动机,促使其采取具体的行动,寻找有效的途径去满足需求。餐饮消费动机是指为满足一定的需求而引起餐饮消费者购买餐饮产品和服务的愿望和动力。可见,餐饮消费动机是激励餐饮消费者产生餐饮消费行为的内在原因。餐饮消费者的消费行为总是受一定动机的支配,很少具有随机性和冲动性。但是,在不同的、甚至相同的消费环境中的消费行为,餐饮消费者的消费动机是不尽相同的。

（一）餐饮消费者的生理消费动机

餐饮消费者为了维持生命,保证其身体健康、精力充沛,满足正常的饮食和住行等生理需求,由这些生理需求而引起的消费动机,称为生理消费动机。生理消费动机支配下的消费行为具有经常性、重复性、习惯性和相对稳定性的特点。

生理消费动机在餐饮消费者的消费行为中所起作用的大小,与其收入水平及消费结构有直接的联系。在收入水平较低时,其消费活动首先是保证满足生理需求,消费时注重产品和服务的实际效用,而较少考虑其他因素。只有当消费水平达到一定的程度时,生理消费动机的作用才会逐渐减弱。

此外,在现代餐饮消费过程中,消费者的消费行为并不完全受生理消费动机的影响。如就餐时愿意选择卫生条件好、服务态度好、内部设施好、菜点质量好的餐厅。因为这样的消费场所不仅能满足其生理需求,还能得到良好的服务,并有一种安全感、信任感和自豪感,甚至能显示自己的品位、风度。由此可见,生理消费动机只是餐饮消费者动机体系中的一部分。

（二）餐饮消费者的心理消费动机

餐饮消费者的心理消费动机是由餐饮消费者的认知、情感、意志等心理活动过程引起的消费动机。餐饮消费者在决定就餐之前,常常伴随着复杂的心理活动,也就是说,他们的消费行为不仅受到生理消费动机的驱使,还会受到各种心理活动的支配。因此,心理活动的结果,往往能决定顾客消费什么、在哪里消费、何时消费等。在推动餐饮消费者的消费行为中,与心理消费动机相比,生理消费动机所起的作用有日益增强并逐渐占据主导地位的趋势。餐饮消费者的心理消费动机可以划分为以下几种。

1. 感情动机

感情动机是指由餐饮消费者的情绪和情感变化引起的心理消费动机,它包括情绪动机和情感动机。

(1)情绪动机是由餐饮消费者的喜、怒、哀、乐、惧等情绪触发的动机,餐饮消费者的情绪往往影响他们的消费行为,特别是在消费环境的刺激下,餐饮消费者可以在一瞬间就做出消费某菜品或放弃某菜品的决定。掌握了餐饮消费者的情绪动机,能为服务人员充分施展自己的推销才能提供了用武之地。

(2)情感动机是由餐饮消费者的道德感、理智感和美感等人类高级情感触发的心理性消费动机。情绪动机引起的消费行为往往带有冲动性、即时性和不稳定性的特点,它会随着餐饮消费者情绪的变化而变化,多表现在青年消费者身上。而由情感动机引起的消费行为,则具有相对的稳定性和深刻性,它往往反映出餐饮消费者的精神面貌。

2. 理智动机

理智动机是建立在餐饮消费者对餐厅服务工作的客观认识基础之上,经过分析、比较之后而产生的一种消费动机。在这种动机支配下的消费行为具有客观性、周密性和控制性的特点。

3. 信任动机

信任动机是餐饮消费者在以往消费经验的基础上,对某一饭店、餐厅或某一菜品产生了特殊的信赖和偏好,从而习惯性重复选择的一种消费动机。如果某餐厅具备良好的信誉、优质的服务、公平的价格和便利的地理位置等因素,餐饮消费者就会在以往消费经验的基础上,形成一种信任感,从而产生信任动机,成为忠实顾客。

三、餐饮消费者的行为特征

在餐饮消费活动中,由于消费者的消费动机不同,其消费行为也各具特征。可以按照餐饮消费者的不同需求将其概括为以下几种类型。

(一)便利型消费者

便利型消费者较注重服务场所和服务方式的便利,追求就餐的效率。这种类型的顾客希望就餐能方便、迅速、快捷,并讲求一定的质量。他们大都时间观念强,具有时间紧迫感,最怕的是排队、等候或服务员漫不经心、低效。因此,对于这类顾客,在餐厅经营中要处处以方便顾客为宗旨,提供便利、快捷、高效、质量上乘的服务。

(二)求廉型消费者

求廉型消费者十分注重饮食消费价格,这种类型的顾客都具有"精打细算"的节俭心理,在价格方面十分重视,通过比较推测得出自己的结论,对菜品和服务的质量不苛求,要求达到"物有所值"即可。这就要求餐饮经营者在菜品及服务上分开档次,并且档次配套要合理,中、低档的服务项目可满足求廉型顾客的需求。

(三)享乐型消费者

享乐型消费者注重物质和精神享受,这种类型的餐饮消费者一般都具有一定的社会地位和经济实力,在餐饮消费活动中,注重服务人员的服务态度,热衷追求物质生活的享受,休闲意识较强,不太计较服务收费标准的高低。为了满足休闲享乐型消费者的需要,餐厅不仅要为其提供高水平的菜品、现代化的设施设备,还要为其提供全面优质的服务,使其获得最大限度的物质与精神享受。

(四)求新型消费者

求新型消费者注重菜品或服务的新颖,好奇心较强。这类消费者以青年人为主,他们追求刺激及菜品或服务的新颖、别致,不过分计较价格。餐厅菜点和装修风格的新奇性、餐厅服务的与众不同等都对这类消费者具有莫大吸引力。

(五)保健型消费者

保健型消费者以滋补身体、延年益寿和食疗为主要消费动机。这种类型的餐饮消费者通常以中老年人居多,他们特别注重菜品的营养价值与滋养效果。一般来说,社会竞争压力下的中年人需要饮食调养;现代职业女性在紧张的生活节奏中,很注重个人形象,也需要健美食品的滋养;老年人更需要营养食疗以达到健康长寿的目的。

(六)信誉型消费者

信誉型消费者注重企业的信誉,以获得良好心理感受为主要消费动机。餐饮消费者在消费过程中,都希望餐饮经营者为其提供质价相符、形美色鲜的菜品和整洁、安全、舒适的消费环境。信誉型消费者,在消费的过程中,往往特别重视经营者的信誉,他们对态度热情、给人安全感和信任感的餐饮经营者,有特殊的偏好。因此,经营过程中,要重视建立良好的信誉,为餐饮消费者提供优质的服务。

以上对餐饮消费者的消费行为进行了归类分析,其目的在于使餐饮经营服务人员能系统快捷地掌握不同顾客的消费行为特点,以便迅速地采取有针对性的营销策略。需要注意的是,在现实的消费活动中,单一的消费行为类型是不存在的。

第三节 餐饮管理的市场营销

餐饮市场营销是餐饮市场的需求者(就餐客人)与供给者(餐饮产品提供者)所发生的各种交易行为和过程。它贯穿于餐饮产品供、产、销这一过程的始终,体现在餐饮业务经营活动的各个方面。餐饮市场营销起源于消费者需求,消费者之所以愿意支付消费资金,主动参与交易活动,是为了满足生活的需要,餐饮经营者则是为了赚取利润而提供产品和服务。于是便产生了市场营销活动,在这一过程中,双方各取所需,力图达到双赢状态。

随着餐饮业的竞争越来越激烈,餐饮产品同质化程度越来越高,在购买力相同的情况下,市场上符合消费者需求的餐饮产品往往不止一种。在消费者选择的过程中,餐饮业市场营销发挥了关键作用,能够直接影响消费者的最终选择。餐饮市场营销就是一个将餐饮企业文化精确而充分展现的过程,是提升餐饮企业竞争力的源动力。

一、餐饮市场营销的任务

餐饮市场营销活动是十分复杂的。从市场需求角度看,消费者类型多样,其消费层次不同,生活习惯各异,需求复杂多变;从市场供给角度看,产品风味林立,花色品种众多,技术要求各不相同,各级各类餐饮企业经营方式灵活,形成了激烈的市场竞争。于是,在供给和需求之间就产生了各种各样的交易行为,有直接销售、间接销售、零星销售、团体销售、宴请销售等,销售手段也从坐店经营变成了主动推销,以适应不同类型消费者的需要。因此,如何根据消费者需求,选择经营方式,提高产品质量和服务质量,将餐饮产品和劳务从经营者一方转化为消费者的现实消费,就成为餐饮管理市场营销的重要任务。

餐饮市场营销的基本任务是根据市场需求,确定营销目标,选择营销策略,运用市场细分手段,广泛组织客源,适应就餐消费者需求变化,提供优质服务,促进旅游业和餐饮业的长期发展,其具体内容如下。

(一)确定营销目标

餐饮市场营销目标是企业总体目标的一部分。应当以市场需求为中心,从长远来看,重点是确定企业经营风味、产品结构、花色品种和经营特色;从短期来看,重点是目标消费者的具体需求;从营销效果来看,重点是餐厅上座率、接待人次、消费者人均消费水平、消费结构及营业收入等。将这些内容综合起来,就成为餐饮经营的市场营销目标。

(二)选择营销策略

营销策略是实现营销目标的手段。餐饮企业等级规格不同,经营风味和产品结构不同,接待对象不同,营销策略也不完全一样。根据市场营销策略的工作方法,餐饮市场营销策略具体内容包括产品策略、价格策略、渠道策略、形象策略、市场细分策略、促销策略等。各种策略的运用都必须根据营销目标和市场需求变化而灵活选择和运用。

(三)做好客源组织

市场营销是供求双方之间的交易行为和过程,也是客源组织过程。做好客源组织要以突出产品风味和经营特色、确保产品质量和服务质量为基础,采用灵活多样的方式,将预订推销、外出联系、形象吸引、销售推广等各种方式结合起来,才能确保营销目标的最终完成。

(四)提供优质服务

餐饮营销目标的最终完成是以目标顾客前来就地消费为条件的。服务质量是市场营销的重要组成部分,因此,必须根据餐厅类型和销售方式,提供舒适、美观的就餐环境,做好餐厅布置,提供优质服务。

餐饮市场营销的任务还要根据就餐消费者需求状况的不同,采用灵活的方式。具体包括:当消费者对企业产品和服务不满意时,要创造条件改变消费者的看法和态度;当消费需求下降时,要开发新市场、增加新客源;当消费需求提高时,要根据消费者的需求和欲望,及时创新、调整产品和服务。总之,具体任务很多,必须根据消费者的需求变化而灵活掌握。

二、餐饮市场营销环境分析

餐饮市场营销环境是由供给和需求两个方面决定的。它们大多是供求关系中的运动参数和转移参数,同时也包括企业内外的客观条件。这些参数或条件大致可分为可控因素和不可控因素两大类。分析营销环境,就是要正确认识这些因素,根据各种不可控的环境因素,运用企业自身各种可控的因素,制定相应的餐饮企业营销战略目标并加以实现,通过各种符合环境的营销活动,最终完成营销任务。

餐饮市场营销环境因素中,第一层(最里层)是企业营销决策领域的可控因素,主要包括经营风味、产品结构、营销目标、营销组织、劳动力成本、技术设备、就餐环境、服务质量等;第二层是企业营销决策不可控的国内环境,主要包括政治因素、法律因素、经济因素、竞争因素、地理位置因素等;第三层是企业营销决策不可控的国外环境因素,主要包括政治因素、法律因素、经济因素、竞争因素、文化因素等。

餐饮市场营销环境的可控与不可控因素如图2-8所示。

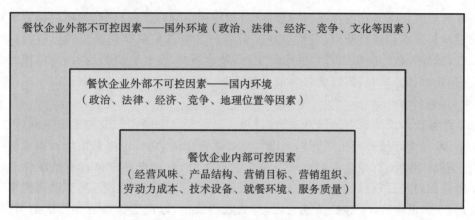

图2-8　餐饮市场营销环境的可控与不可控因素

(一)餐饮市场营销环境的可控因素分析

餐饮市场营销的可控因素主要来自经营者的市场供给方面,它是餐饮企业管理人员可以控制的,主要包括以下内容。

1. 经营风味和产品结构

经营风味和产品结构直接影响餐饮市场营销活动的开展,经营风味的选择要根据目标市场消费者的饮食习惯、客源数量、企业技术力量等来确定。所选风味必须突出特点,坚持继承和创新相结合,确保产品质量,形成本企业的经营特色。

2. 营销目标和营销组织

营销目标的重点是确定主要目标市场和接待对象,每家企业都应根据企业档次、设备条件、技术水平、地理位置等,确定自己的主要目标市场和接待服务对象,并和目标市场的有关客户建立稳定的业务联系。市场营销目标一经确定,就要建立对应的营销机构,配备推销、预订人员,做好公共关系服务,促进营销组织工作的顺利完成。

3. 劳动力成本和技术设备

劳动力成本主要取决于工资及福利水平和劳动组织的合理程度。目前,餐饮新时代从业人员和老一辈职工相比,在学历、思想和职业诉求上都发生了相当大的变化,除更高的收入外,还会考虑到社会保障、医疗福利等,以及工作之余的文化娱乐生活。这对餐饮企业来说,就意味着必须不断加大对劳动力成本的投入。同样的,随着时代的发展,餐饮企业的技术设备也要与时俱进,才能更好地应对不断发展的消费需求。

4. 就餐环境和服务质量

就餐环境和服务质量是消费者满足精神和物质需求的重要条件。根据企业等级规格和接待对象的需要,先进的设备、合理的餐厅布置、清洁卫生的环境、规范的接待程序和操作规程,以及高质量、高效率的服务,使消费者在舒适、典雅、美观的餐厅享受餐饮产品,可以增强餐厅形象,广泛吸引客源,改变消费者的消费结构,这本身就是餐饮市场营销活动的具体体现。

5. 原材料成本和流通费用

原材料成本和流通费用直接影响餐饮市场营销活动的竞争能力和营销目标的实现。为了降低原材料成本和流通费用,餐饮企业经营者应当制订采购计划,合理组织食品原材料,降低库存;做好餐饮产品加工过程的组织工作;制定领料、发料、投料、用料标准,控制成本消耗;加强企业水、电、燃料、餐饮食材等的经营管理。

6. 产品毛利和价格

价格是餐饮供求关系中的运动参数,价格通过毛利率来确定。合理确定毛利标准,控制产品价格,可以更好地进行市场营销活动。在餐饮营销活动中,价格是供给和需求的经济杠杆。由于餐饮毛利率有综合毛利率和分类毛利率之分,就使产品价格具有灵活性。具体产品价格要区别对象、原材料成本和市场供求关系,充分运用价格策略,调节市场需求。有的高进高出,有的低进高出,有的高进低出,有的随行就市,以适应消费者多层次的消费需求。同时,餐饮市场营销中的均衡价格永远是暂时的,因此,不断根据市场供求关系的变化,适时调整价格,是开展市场营销活动、扩大产品销售的重要任务。

(二)市场营销不可控因素分析

市场营销不可控因素主要来自国内外的市场需求。但是,利用可控因素去调节不可控因素,又能为餐饮市场营销活动的组织创造条件,其内容主要包括以下方面。

1. 地区消费者数量和收入

消费者数量主要取决于当地旅游发展水平、国民经济发展程度和政治、经济、文化、科技等社会交往程度。消费者收入主要取决于其档次结构、当地国民收入水平。但是,在市场竞争条件下,餐饮经营者选好目标市场,以自己的独特风味、产品质量、企业声誉和优质服务去调节市场需求,广泛组织客源,可以增加消费者数量,吸引现实消费者和潜在消费者,形成餐饮经营者的局部优势,实现企业营销目标。

2. 互补产品和替代餐饮产品的价格

这种价格只能在同类餐饮产品中进行比较,当本企业的价格过高,消费者难以接受,便会转而寻求替代产品和互补产品。从餐饮经营者的角度来看,降低原材料成本和流通费用,提高产品质量和服务质量,调整自己的产品价格,使其在同种风味和同类产品中处于竞争优势,可以防止消费者向互补产品和替代产品转移,从而避免客源的流失,保证餐饮市场营销活动向着有利于经营者的方向发展。

3. 企业地理位置和交通条件

企业所处地理位置及交通条件是客观存在的,对于餐饮企业而言,扩大企业的商圈范围和影响力,工作的重点就是加强广告宣传,搞好公共关系,与企业周围的机关、社团、企事业单位加强业务联系,逐步形成地域认同和市场声誉。特别是要打造经营特色,突出产品风味和质量,扬长避短,发挥优势,促使消费者大多成为回头客,同样可以做好餐饮市场营销活动的组织工作。

4. 客人饮食习惯和同类竞争对手的数量

企业在产品风味确定之后,针对不同消费者的具体要求,适当调整,仍然可以满足消费者品尝特有风味的需要。如果周围同类餐饮风味过多,需要分析这些同类企业的经营风味、技术力量、市场领域、产品质量、价格水平、服务质量、销售方式、销售策略、促销手段等,然后和企业内部客观条件结合起来,分析自己的长处和不足,调整自己的竞争策略,扬长避短,以优取胜,改变风味特点,增加服务项目,以调节市场需求,同样可以在餐饮市场营销活动中立于不败之地,形成新的竞争优势。

5. 政治经济环境和国家政策

遵守国家政策,在结合国家政策法规的基础上,制定企业的营销策略,并根据企业发展状况,旺季增加客源,淡季调整价格。如发生通货膨胀,应尽力降低成本;同时在遵守国家相关规定的前提下,增加服务项目,举办美食节、烧烤会、啤酒节等各种销售活动。

总之,要坚持灵活经营,利用企业可控因素调节不可控因素,搞好餐饮市场营销活动。

三、餐饮管理市场营销策略组合

餐饮市场营销策略是在餐饮市场供给和需求之间实现餐饮产品和服务交换所采取的各种措施和手段。它涉及餐饮市场供给和市场需求两个方面,反映在餐饮业务经营活动的全过程。其基本策略包括以下四个方面。

(一)餐饮产品策略

产品策略是餐饮市场营销的基础,是市场供给的本质表现。餐饮产品策略除产品本身外,还应包括提供产品的环境和条件。餐饮营销策略要正确运用产品策略,重点做好以下五个环节的工作。

1. 选好产品风味和花色品种

这是产品策略的本质内容,但又必须根据市场需求变化和竞争需要适时调整,从而获得良好的经济效益。

2. 配备专业技术水平的厨师队伍

产品策略的关键在于产品质量,而对于餐饮企业而言,优质产品只有具有专业技术水平的厨师才能烹制出来。

3. 保证优质食品原材料供应

巧妇难为无米之炊,有了优良的食品原料才能烹制出优良产品。因此,必须做好食材采购、库房管理的工作。

4. 做好厨房生产过程的组织

只有保证原料加工、配菜、烹制的质量,才能保证产品策略的最终落实。

5. 要加强销售管理,提供优质服务

优质产品只有销售出去,才能实现自身价值。只有加强餐厅销售和服务管理,才能增加客源、扩大销售。这也是餐饮产品策略的最终目的。

（二）餐饮价格策略

价格是联结市场供给和市场需求的纽带和桥梁，是影响餐饮市场营销的重要条件。在餐饮市场营销活动中，价格属于运动参数，它的变化既影响供给，又影响需求餐饮管理。正确运用价格策略，不仅仅是运用毛利标准简单地确定价格，关键是要根据市场供求关系的变化而变化，灵活调节价格，以刺激需求，扩大销售。因此，价格策略的运用，重点要区别不同情况，根据供求关系的变化，采用不同的定价策略。定价策略主要包括差别价格策略、声望价格策略等。

1. 差别定价策略

差别定价策略是指对同一产品针对不同的顾客、不同的市场制定不同价格的策略。其种类主要有以顾客为基础的差别定价策略、以产品为基础的差别定价策略、以产品部位为基础的差别定价策略和以销售时间为基础的差别定价策略。例如，餐饮企业对不同花色、品种、式样的产品制定不同的价格，但这个价格相对于它们各自的成本是不成比例的。也可以对于不同季节、不同时期甚至不同钟点的产品或服务分别制定不同的价格。

2. 声望定价策略

声望定价策略是心理定价的一种形式，是指企业利用消费者仰慕名牌商品的某种心理来制定商品的价格，故意把价格定成高价。对质量不易鉴别的商品，供应方适宜采取此法。因为，消费者有崇尚名牌的心理，往往以价格判断质量，认为高价代表高质量。但在声望定价策略的运用中，若制定的价格高得离谱，反而会使消费者不能接受，因此声望定价策略的价格水平不宜过高，应当考虑消费者的承受能力，否则消费者只能望而生叹，转而选购替代品。总之，具有较高声望的企业或产品才能适用声望定价。若品牌或产品没有名气，企业要想方设法创造名望，必须结合企业的广告宣传和公共关系，在创造"声望产品"时，要有自己的特色，不能一味模仿。

（三）餐饮销售渠道策略

销售渠道是指在市场营销中主要通过哪些方式、哪些途径向哪些类型的消费者推销。在我国，餐饮成为一门行业可以追溯到20世纪70年代，到如今餐饮业已经形成了相对完整的供销产业链。餐饮管理要正确运用销售渠道策略，应重点抓住三个环节：第一，选好主要目标市场。除酒店、宾馆以店客为主外，其他目标市场可根据企业自身条件，分别选择旅游客人、商业客人、企事业单位和零散客人等。第二，选择主要客户，包括旅行社、外交机构、当地社团、企事业单位等。第三，针对不同客户，运用不同推销策略以加强同客户的联系，提高客户的就餐率。

从2014年开始，社群的概念逐渐被带火，以弱关系、"病毒式"传播为特点的微博和以强关系、深社交为特点的微信朋友圈开始成为餐厅经营者的营销首选。通过微博上的KOL推荐来形成转发，进而引起二次传播，再加上微信集赞送礼促使消费者自发分享到自己的朋友圈，这样的做法不仅契合在互联网情境下成长起来的新一批"90后""00后"主要消费群体的生活方式，还能让消费者感知到品牌的活力。2016年网络直播的火速发展催生大量"网红"，一些餐饮企业也将"网红"直播列入自己的营销计划之中。另外，即时、快速、海量、碎片化的传播特点使得现代人越来越依赖通过手机来获得资讯,各餐企纷纷上线小程序,抢夺红利。

知识活页　希尔顿酒店的全面市场营销策略

(四)餐饮促销策略

促销策略是采用不同的促销手段去宣传产品,广泛组织客源,扩大产品销售。它是餐饮产品从经营者手中转化为就餐顾客实际消费的重要条件。如果不采取促销措施,只是坐店等客,就无法适应市场竞争的现实要求。

1.餐饮促销的含义

餐饮促销是指餐饮经营者为满足顾客需要,实现餐饮经营目标而展开的一系列有计划、有组织的完整的营销管理过程。也就是在发现顾客需要的基础上,利用宣传沟通手段将餐饮产品和服务信息传递给目标市场顾客,使其产生兴趣、关注和购买行为。

促销是一种连续不断的管理活动,不是一次性的决策,促销应有步骤地进行,良好的促销是一个过程。餐饮促销是经营者利益与顾客利益的协调,餐饮促销是依靠一整套活动不断地跟踪顾客需求的变化,及时调整整体经营活动,努力满足顾客需求,获得顾客信赖,通过提高顾客的满意度来实现餐饮经营目标,从而达到顾客利益与经营者利益的一致。

2.餐饮促销的内容

有效的餐饮促销管理应包括餐饮促销分析、餐饮促销计划制订、餐饮营销活动的组合与执行,以及餐饮促销控制管理等工作。

1)餐饮促销分析

餐饮促销分析包括餐饮促销营销环境分析、消费者的心理及购买行为分析、客源和家源市场分析、餐饮产品分析、竞争形势分析研究等。

2)餐饮促销计划制订

餐饮促销计划制订包括餐饮促销总体计划的制订、营销目标的确定、销售预测经营趋势的评估、调整营销计划等。

3)餐饮营销活动的组合与执行

根据营销计划对餐饮产品营销组合进行具体的设计和落实。它包括产品的设计、价格及其政策的制定、建立和调整营销渠道、促销活动的具体策划开展等工作。

4)餐饮促销控制管理

根据既定的餐饮营销目标和方针,对餐饮促销活动实施过程的(涉及营销活动结束后的)分析、比较与评估,以便及时采取措施,调整餐饮促销活动,提高餐饮促销管理的效率。

3. 餐饮促销的主要方式

1)人员推销

人员推销是指餐饮推销人员通过向顾客展示或以语言表达等方式来传递产品信息,引导顾客光顾餐厅,购买和消费本餐厅产品和服务的过程。餐厅中每一个与顾客接触的员工,对顾客所说的每一句话都属于人员推销。

首先,餐厅服务员要主动招呼顾客。服务员的主动招呼对招徕顾客具有重要意义。顾客走进餐厅,正在考虑是否选此餐厅就餐,这时如果有一个面带笑容的服务员主动上前招呼,同时引客入座,一般情况下,顾客即使对餐厅环境不满意也不会立即退出。

其次,了解相关知识。服务员应对餐厅所经营的食物和提供的服务内容了如指掌,如食物用料、烹饪方法、口味特点、营养成分、菜品历史典故、餐厅所能提供的服务项目等,以便向顾客及时做介绍,或当顾客询问时能够给出满意的答复。服务员在促销之前,要了解市场和顾客的心理需求,并对顾客的习惯、忌讳、口味喜好等有所了解,以便有针对性地推荐一些适合他们心理需求的产品和服务。

最后,留心观察顾客。顾客就餐时,服务员要注意观察顾客有什么需要,要主动上前服务,创造顾客新的消费需求。同时,要注意推销技巧,在不同场合采用促销小技巧,领会消费者的心理需求,为顾客提供多种选择,扩大顾客的消费选择范围。

2)整体促销

根据餐饮企业的经营特点,其整体促销手段可以通过广告宣传、公共关系、经营特色等多种方法加强管理。

(1)重视口碑宣传。餐饮业是一个人情味很浓的行业,消费者在某酒店餐厅得到良好的服务,品尝到高质量的菜品,就会成为该酒店餐厅的义务宣传员。在众多信息渠道中,消费者对周围相关群体(如家庭成员、朋友、同事等)提供的信息的重视程度要远远高于广告信息和推销人员,他们特别倾向于从相关群体获取消费信息,并会继续把信息传播给别人,让信息加上人们的主观评价不断传播下去。所以在很多情况下,"口碑"的渗透效果要远远大于企业本身的促销活动。

(2)强调经营特色。一般来说,菜式越多、菜单越长,厨房就相对越大,消耗的时间也越多。菜单花样多,耗损就会多,库存也会增多。菜单制定要遵循"3S"原则:标准(standard)、特色(special)、简单(simple)。以简单的菜单,做出更好的菜品,使顾客的需要得到满足。同时,菜式简单,才能精选材料,并能控制单价,制作迅速,加快座位周转率,使顾客容易记住餐厅特色。

(3)"今日特餐"的利用。"今日特餐"应是大部分顾客爱点的菜,因为价钱不贵,味道不差,可能还附送饮料,所以很受欢迎。餐厅推出"今日特餐",要掌握三个原则:能大量采购的原材料、烹饪时间短、味道有特色。此外,仓库中库存品也可用于"今日特餐"的制作。

(4)建立客源档案。多种渠道收集顾客信息,建立顾客档案,强化顾客关系管理,开发潜在顾客,维护现有顾客,保持忠诚顾客。加强与顾客的联系,使酒店有一批稳定的客源。

(5)利用赠券与赠品。折价赠券可以邮寄,或附在广告上,也可以当面奉送。赠券上一般标明折价金额或折扣率。它是刺激顾客尽早尽快消费的有效工具,尤其是对那些价格敏感型的顾客更为有效。

（6）认真处理顾客抱怨。一般来说，顾客对餐厅投诉，大致有以下几种原因：上菜太慢、样品与实际菜肴的分量相差太多、菜中有异物、味道不满意、上错了菜等。餐厅主管人员应事先做好预防以及设计出万一不慎产生投诉后的补救方法。要虚心接受顾客的抱怨，仔细聆听顾客的指责，冷静地处理，使顾客平息怒气，并给顾客一定的补偿，使顾客心平气和地离去，而且愿意下次再来。附加服务。顾客除获得赠品、赠券外，照看小孩、免费洗车等额外服务能给顾客减少许多麻烦，增加顾客对餐厅的好印象，从而更好地创造效益。

3）环境气氛促销

（1）就餐环境。餐饮消费者走进餐厅，首先用各种感觉器官去感知周围的一切，用眼睛去审视、用耳朵去倾听、用鼻子去嗅气味，在获得诸多感性认识后，上升为理性认识，通过思维对所感知的事物做出评价，能否获得好感只是瞬间的事。因此，餐厅经营管理者应努力为顾客营造一个优美舒适的消费环境。

（2）行为艺术。服务员的现场服务不仅要让顾客品尝菜品精妙绝伦的味道，而且最好能够提供一场特色表演，让顾客在观看表演中体验饮食文化的另类风采。餐桌上的行为艺术当然不仅仅体现在菜品上，更多地体现在厨师和服务员的表演上。

（3）主题体验。主题餐厅必须拥有一个以上的主题作为餐厅吸引顾客的标志。整个餐厅的装潢、摆设、营造的气氛等都要围绕着主题，让顾客很容易就可以了解餐厅的特征。顾客在这样的餐厅里用餐，得到的是一种身心愉悦的体验。

第四节　餐饮品牌营销

品牌资产是竞争对手难以模仿的优势资源，也是餐饮经营者综合实力的体现。品牌资产的价值体现为支持更高的定价，获得更高的边际收益；品牌资产还可以增强环境适应性和风险抵抗力。餐饮品牌在当今消费者的选择中，因电子营销模式和快捷支付技术的成熟而变得非常关键，往往成为消费者选择餐饮产品的重要参考因素。

一、餐饮品牌营销的基本概念

（一）品牌的含义

美国市场营销协会（AMA）在其1960年出版的《营销术语词典》中把"品牌"定义为：用以识别一个或一群产品或劳务的名称、术语、象征、记号或设计及其组合，用以和其他竞争者的产品或劳务相区别。

著名营销学家菲利普·科特勒认为，品牌是指一个名称、标记、符号、设计或它们的联合使用，以便消费者能辨识厂商的产品或服务，并与竞争者的产品或服务有所区别。品牌包含多方面的内容，如属性、利益、价值、文化、个性、用户等。

1. 从狭义的角度分析

品牌是具体可见的牌子，由文字、标记、符号、颜色、字体等要素共同构成，品牌是展示企业或产品形象的外显识别符号。

2. 从广义的角度分析

品牌不仅包含文字、标记、符号等要素,而且还包括企业或产品所蕴含的各种个性、气质、氛围等内隐的、无形的"气质要素",这些内隐要素和文字、标记、符号等外显要素共同作用,成为消费者识别企业或产品的重要依据。因此,从这个角度看,品牌是消费者对一个企业或一种产品的全部体验,具体包括品牌的个性、消费者对它的信任、对它所象征地位的认同及使用经验等,是顾客一切感受的总和。也就是说,品牌不仅是企业或产品的标识,还代表了产品的形象和气质。

品牌是由内隐要素和外显要素共同构成的综合体。内隐要素是品牌中最核心的组成部分,它包括战略目标、经营理念和组织文化,是品牌的精神理念,是品牌特征的高度浓缩,也是外显要素重要的设计源泉。外显要素是品牌中最外化、最直观的要素,它包括企业或产品名称、企业或产品标志、标准色彩、标准字体等要素,是品牌内在精神的载体。由此可见,餐饮品牌建设,既要重视品牌外显的、直观的"识别符号"的开发和设计,更要重视品牌内隐的、间接的精神理念和文化内涵的挖掘和培育。

(二)品牌营销的含义

品牌营销是通过市场营销使消费者形成对品牌和产品的认知,从而影响其购买决策的市场营销过程。市场营销既是一种组织职能,也是为了组织自身及利益相关者的利益而创造、传播、传递客户价值、管理客户关系的系列管理过程。因此,品牌营销不是独立的管理活动。从一般意义上讲,产品竞争要经历从产量竞争、质量竞争、价格竞争、服务竞争到品牌竞争,前四个方面的竞争是品牌营销的前期过程,也是品牌竞争的基础。

(三)餐饮知名品牌的衡量指标

餐饮经营者大多具有自己的品牌,但是各个餐饮品牌所占有的市场份额却不尽相同。按照知名度的高低,品牌可分为知名品牌和一般品牌。知名品牌以其独特的市场竞争优势成为众多经营者追求的目标。

1. 餐饮知名品牌的特征

知名品牌是指在市场上拥有较高知名度、美誉度、市场占有率及附加值,能产生品牌溢价的品牌。餐饮品牌具有复杂的内涵,以知名菜点为品牌基础,同时还包括服务、环境等要素。因此,餐饮知名品牌具有以下特征。

(1)有较突出的风味特色和较高的工艺含量。作为餐饮知名品牌,其风味自成一家且颇具价值,竞争对手只能仿其形,不能仿其神;同时,餐饮知名品牌的形成包含了较高的隐性知识含量。

(2)有较大的辐射空间和较高的社会口碑。餐饮知名品牌是餐饮文化的典型代表,因而具有较高的知名度和美誉度,得到消费者的广泛认同。

(3)有较悠久的传播历史和较浓厚的文化含量。餐饮知名品牌的独特文化可以突破时空概念,长久保留传承,在广泛的地域内发扬光大。

(4)有较好的经济效益和较大的社会影响。餐饮知名品牌具有广泛的社会认同度,具有较大的资产价值,尤其是无形资产的价值。

2.餐饮知名品牌的衡量

(1)知名度指标。知名度指社会公众对餐饮品牌的知晓和了解程度,以及其社会影响的广度和深度。它是衡量餐饮品牌现状的一个"量"的指标,衡量的结果揭示出餐饮品牌被知晓的范围的大小。

(2)美誉度指标。美誉度指社会公众对餐饮品牌的信任和赞美程度,以及其社会影响的好坏。它是衡量餐饮品牌现状的一个"质"的指标,衡量的结果揭示出餐饮品牌被评价的性质的好坏。

(3)支持率指标。支持率是指对目标餐饮品牌采取种种支持行为的公众占餐饮品牌顺意公众的比例。它表明了餐饮品牌在社会公众心目中的地位是高还是低,是重要还是一般,是正面形象还是负面形象,它预示着民心所向。

(4)指名率。指名率是指消费者在购买餐饮产品时指名购买者占所有购买者的比例,对于餐饮经营者而言,这样指名消费的顾客越多,表明该餐饮品牌越深入人心。

(5)统一率。统一率是指消费者在购买餐饮产品时,对某一品牌的偏爱程度。消费者有固定的品牌偏好,其消费带有较大的稳定性。对经营者而言,这样的消费者是难得的忠实消费者,而且还会影响其周围的亲友,从而为该餐饮品牌吸引更多消费者或可以争取更多的知晓公众和顺意公众。

(6)顾客满意程度。顾客满意程度是衡量餐饮产品品质最具权威性的指标,它表明消费者在消费餐饮产品后所获得的生理和心理满足程度。可用公式表示:顾客满意度=顾客实际所获得的满足程度/顾客期望所获得的满足程度×100%。顾客满意度越高,表明餐饮产品品质越好。

  从麦当劳看品牌营销如何亮剑

二、餐饮品牌的成长规律

品牌的塑造是一个不间断的持续过程,带有明显的阶段性特征,因此,餐饮企业既要把握品牌的成长规律,又要借助一定的整合营销手段。餐饮经营者必须掌握品牌成长的一般规律,根据品牌的成长规律有效实施品牌发展战略。

国内的许多餐饮经营者在进行品牌营销的过程中,容易出现非专业化倾向。主要表现为过分迷信评选活动,缺乏品牌营销意识,品牌资产管理落后,缺乏品牌建设的整体思考,品牌的文化内涵不足,品牌的推广力度不够,品牌延伸不力。

品牌作为餐饮产品或服务的标识,其成长和创立有一个循序渐进的过程。品牌的成长包括两方面。其一是品牌内涵的成长,随着品牌的不断成熟,其包容性不断扩大,由产品品牌发展成为企业品牌,甚至是行业品牌。其二是品牌知名度的成长,随着品牌的不断成熟,品牌也将由地方品牌发展成为全国品牌,甚至国际品牌。同时,品牌本身的效用也随着品牌内涵和品牌知名度的成长而不断得到强化。

根据品牌的发展规律,餐饮企业品牌的成长过程由初级到高级,可具体分为三个不同的阶段。

1. 品牌认知阶段

品牌认知是消费者识别和记忆某一产品类别品牌的能力,之后会在心理上建立起品牌与产品类别之间的联系。通过测试可以检验消费者品牌认知能力。品牌认知是一个由浅入深的变化过程。品牌认知的程度可表现为品牌无意识、品牌识别、品牌记忆和品牌认同。

(1)品牌无意识。这是指消费者对某品牌无任何了解,处于完全不认知的状态。

(2)品牌识别。这是品牌认知的最低程度。当消费者面对餐饮产品的一系列品牌时,能够将产品类别与品牌联系起来,但需要提示来帮助识别。在品牌竞争时代,品牌识别对消费者选择品牌相当重要。

(3)品牌记忆。这是品牌认同的基础。它是建立在消费者自主记忆的基础之上的,当消费者面对餐饮产品的一系列品牌时,不需要任何提示,便可以自主记忆某品牌名称。品牌记忆表明,存在于消费者记忆中的品牌具有更牢固的品牌位置。

(4)品牌认同。这是品牌认知的最高程度。消费者认同的品牌是消费者最熟悉、甚至最喜爱的品牌。当消费者在无任何提示的情况下,对某一餐饮品牌印象深刻,能不假思索地想到。深入人心的品牌无疑在消费者心目中处于一种特殊的位置,经久难忘。消费者在购买商品或服务时,面对众多的品牌,他们往往选择自己熟悉、喜欢的品牌。因此,深入人心的品牌,在消费者进行购买决策时,起着至关重要的作用。作为餐饮经营者,要通过各种途径提高消费者的品牌认知度,使消费者形成品牌认同。

2. 品牌联想阶段

品牌联想是指消费者凭借以往的经验,可以通过认知品牌而记忆起与品牌相联系的各种事物。美好、积极的品牌联想意味着品牌被接受、被认可、被喜爱,具有竞争力。品牌的联想越多,其影响越大;联想越少,影响就越小。一些著名的餐饮品牌往往能引起很多联想。

品牌联想虽然反映在消费者的意识中,但它却是客观存在的,并具有一定的作用。它给消费者提供联想的信息,使消费者对餐饮品牌形成特定的感觉,有利于餐饮企业的品牌定位和品牌发展。对餐饮经营者而言,积极的、有区别的品牌联想可以成为关键的竞争优势,同时也为餐饮品牌延伸奠定了基础。品牌联想的意义主要表现在以下几个方面。

1)帮助消费者获得信息

品牌联想对于消费者来说,可以创造简洁的信息,可以总结出一系列的事实和规范,还可以影响其回忆。品牌联想帮助消费者获得有关的信息,为其选择提供方便。

2)帮助消费者区别品牌

品牌联想有助于把一个品牌与其他品牌区别开来,因为联想能够提供这种区别的重要基础。餐饮品牌众多,因此对于消费者来说是难以区别的,而品牌联想却能在区别品牌中担当极其重要的角色。

3)影响消费者的购买行为

品牌联想涉及产品特征,这就能为消费者选择某一品牌提供特别的原因。品牌联想还通过品牌中表现出的信誉来影响消费者,例如有些餐厅酒吧在店堂的墙壁上悬挂名人来此用餐、品酒的照片,展示合影来影响消费者的购买行为。

4)创造积极的态度与感觉

品牌联想能在品牌宣传和使用过程中创造出积极的态度和感觉,使消费者爱屋及乌,把联想的感觉与品牌联系起来。

3.品牌忠诚阶段

品牌忠诚是消费者对某一品牌产生的情感,它反映了消费者的偏好由一个品牌转向另一个品牌的可能性。品牌忠诚度越低,消费者转向另一品牌的可能性就越大;品牌忠诚度越高,消费者转向另一品牌的可能性就越小。消费者的品牌忠诚度高,无疑是企业的一笔巨大财富。

1)餐饮品牌忠诚的意义

品牌忠诚战略对餐饮经营管理具有重大意义:

(1)有利于降低营销成本。大量研究表明,保持现有顾客比获得新顾客所付出的代价要小得多,其费用支出大约只有后者的1/5。因此,餐饮经营者要尽最大努力留住老顾客,降低营销成本、获取更多利润,从而为提高品牌忠诚度再投资。

(2)有利于吸引新顾客。品牌忠诚强调留住老顾客,但并不排斥吸引新顾客。在保持品牌老顾客的同时,也可以吸引新顾客,扩大顾客范围。

(3)有利于应对竞争对手的威胁。当竞争对手开发了更好更新的产品之后,品牌忠诚的顾客往往会期待他所忠诚的品牌奋力向上或超越竞争对手,留给该品牌必要的时间用于改进产品以胜过竞争对手的产品。

2)餐饮品牌忠诚的层次

消费者的品牌忠诚有不同的层次或等级,表现出不同的品牌忠诚程度。

(1)品牌不忠诚。这是品牌忠诚的最低层次,这部分顾客对餐饮品牌漠不关心,只对餐饮产品价格敏感。

(2)习惯性购买。这部分消费者对某种餐饮产品满意或至少不反感,对某一餐饮品牌形成习惯性购买行为,有一定的忠诚度。

(3)品牌满意。这部分消费者对某一餐饮品牌有较高的忠诚度,对自己的选择是比较满意的。

(4)品牌喜欢。这部分消费者对某一餐饮品牌有更高的忠诚度,对该品牌有一种感情依托。

(5)品牌忠诚。这部分消费者对某一餐饮品牌的忠诚度最高,是最忠诚的消费者。他们是坚定购买该品牌的消费者,并乐于向其他人推荐该品牌。

三、餐饮品牌的塑造步骤

现代品牌营销是品牌的塑造过程,是围绕不断提升品牌资产进行的。品牌资产强调通

过缜密的思考、严谨的分析以及整合性的规划,使品牌资产价值日益增长。餐饮品牌的塑造要经过整体规划,其塑造的基本步骤是:创立(奠定品牌资产基础)—建设(累积品牌资产)—改善(不断提升品牌资产)。

1. 创立餐饮品牌

创立餐饮品牌,奠定品牌资产基础。创立品牌是从建立品牌识别系统开始的,品牌识别系统不仅要创造产品的符号,还要建立品牌核心价值和理念。餐饮品牌代表着餐饮产品对消费者的意义与价值,它是顾客选择某一特定餐饮产品的驱动力。在顾客的认知中,一个餐饮品牌所包含的意义,其重要性超过品牌的具体功能。

创立品牌应建立品牌识别系统,确定品牌未来的发展方向,使员工产生共识。为此,要进行品牌设计,包括支持品牌的产品和服务设计以及各类外显符号的设计,如名称、标志、色彩、字体等整体形象设计。创建一个餐饮品牌不仅仅是为餐饮产品取个好听的名字,还需要完整的营销组合策略。

在产品设计阶段,应根据核心产品、形式产品和延伸产品的不同,采取不同的产品设计。核心产品和形式产品的设计应特别强调产品的功能性和差别性,对餐饮产品而言,其产品功能包括契合顾客需要的各种菜点和服务;而延伸产品强调产品的亲和性。创建餐饮品牌还要把品牌策划与广告策划区别开来,广告策划着重于品牌附加值的创造,而品牌策划则着眼于品牌主体价值的创造。从品牌创立开始就要建立一套独特、具有识别性的、值得消费者拥有的价值系统,然后设计并制造适合的产品,同时设计与之相对应的形象。

2. 建设餐饮品牌

通过建设餐饮品牌,累积品牌资产。品牌建设阶段的任务是累积品牌资产,其重要的实现手段是传播。这不仅仅是信息沟通,也是价值传达,目的是使顾客认识到餐饮品牌价值的存在。建设餐饮品牌要整合传播工具和营销组合策略,塑造品牌形象,积累品牌资产。

1)品牌定位和品牌个性的建立

品牌定位决定品牌的市场价值,而品牌个性的培养使顾客对品牌产生认同和崇拜,深刻地影响与顾客的互动关系。顾客更多的是在购买餐饮产品的个性,而不仅是产品本身。品牌定位的基本目的是建立餐饮经营者所期望的并且易于被目标消费者所认可的竞争优势。餐饮品牌定位时,应重点考虑本餐饮品牌的竞争优势,尤其是潜在的竞争优势。可根据目标消费者行为特点分解各个价值环节,寻求优势。在识别潜在优势的基础上,选择恰当的竞争优势,这些竞争优势包括有形的物质优势、无形的服务优势、恰当的区位优势、独特的人才优势、合理的价格优势等,最后将所选定的优势通过各种传播渠道将其扩散。

2)品牌推广

餐饮品牌建设过程中,应重视品牌的推广和传播。可借助大众传播媒介进行品牌知名度的提升,在此基础上,提供优质服务、特色餐饮产品来形成口碑,提升品牌的美誉度,并通过有效的品牌促销手段,扩大品牌的市场占有率。

3. 改善餐饮品牌

通过改善餐饮品牌,提升品牌资产。为了品牌的持续发展,品牌要不断改善。品牌必须保持新鲜感与时代感,特别是随着时间的推移,销售的增幅变缓,同类替代产品的竞争激烈,产品逐渐丧失了优势,这时需要餐饮经营者寻找新的利益增长点。

四、餐饮品牌营销的基本策略

1. 进行餐饮品牌定位设计

品牌定位是建立(或重新塑造)一个与目标市场有关的品牌形象的过程。品牌定位是品牌营销的核心,它决定着品牌的特性,以及品牌未来发展的动力。

首先进行餐饮经营优势和劣势、机会和威胁的分析;其次进行餐饮市场细分,将错综复杂的异质市场划分为若干个具有相同需求的次级市场,通过评估选择目标市场;再次运用品牌定位策略提炼品牌核心理念和品牌个性,建立品牌联想;最后通过市场调研,找出目标市场的个性化需求,使之与餐饮产品、服务相吻合。掌握消费者心理,把握消费者购买动机,激发消费者的情感需求。

2. 形成餐饮核心产品体系

确定餐饮核心产品,以寻求在品种、定位与发展模式方面具有鲜明的个性与特色,奠定品牌的基础。首先要改变传统的餐饮品种模式,以核心产品体系为主,以其他产品为辅。并在核心产品体系方面研究出一套标准化生产方式,使餐饮经营能够迅速扩大规模,实现标准化经营。其次要注重挖掘产品体系的文化内涵,丰富饮食文化,利用环境资源,打造特色饮食。

3. 实施餐饮品牌整合营销传播

通过品牌的有效传播,可以使品牌为广大消费者和社会公众所认知。同时,品牌的有效传播,还可以实现品牌与目标市场的有效对接。餐饮品牌传播应采取在品牌核心价值下的整合营销传播,整合营销传播的核心思想是以整合内外部所有资源为手段,以消费者为核心,充分调动一切积极因素进行全面的、一致化的营销。它要求变单一分散的传播手段为综合性的传播手段,与消费者建立持久、良好的关系,同时要求每一位员工都参与到营销传播中来,让每个部门和每个成员都担负起沟通和传播的责任。

4. 加强品牌个性化建设

在市场细分基础上,用产品的差异性来塑造品牌个性。餐饮品牌营销要善于发现和充分利用产品组合元素中的某一有用特性以塑造品牌个性,突出餐饮产品情感性功能与自我表现功能来建立品牌个性。可以通过餐厅环境的布置、广告宣传来增添餐厅及产品的情感功能,还可以从引导潮流、张扬时尚的视角来塑造品牌个性。

5. 重视餐饮文化营销

餐饮品牌营销应努力创新文化营销策略,形成文化服务特色,不断更新与消费者的价值链关系,从而在激烈的市场竞争中赢得优势。第一,要加强餐饮文化造势,餐厅或产品的命名应努力融合更多的文化内涵,具有一定的文化审美价值,使名称本身得到社会公众的认同并产生好感。第二,要加强内部文化营销,通过提高员工的素质,来奠定内部的文化基础,运用文化力量影响员工、感化员工,使员工形成正确的价值观、道德观。

6. 加大品牌推广力度

餐饮品牌营销应针对目标市场,选择恰当媒体,加大品牌宣传力度。第一,要根据目标人群的需要,重点突出质量,强化产品在消费者心目中已有的印象。第二,要加强整合传播力度,扩大品牌知名度,运用产品生命周期理论和产品、渠道、价格、促销等营销因素,依据餐厅定位,及时确定和调整广告目标和广告策略。

本章小结

(1)餐饮市场有着庞大的消费人群,一个餐饮企业无法同时满足所有不同层次消费者的消费需求,因此,就必须进行市场细分,具体细分标准包括:消费档次、菜系类别、消费场景、经营特色、商业模式等。经过市场调查、分析和描述三个阶段,就可以依据不同的细分标准对餐饮市场消费者进行归类。

(2)在市场细分的基础上,餐饮企业对市场、消费者的需求和竞争对手的特点、优势和劣势等综合考察,做出符合本企业可行的定位,做到企业产品、服务的定位与消费者的需求相吻合。做好餐饮市场定位,就是要选准目标市场,设计好产品结构,制定合理价格,创造优良环境,提供优质服务。

(3)餐饮消费者的需求特征、动机特征和行为特征受多种因素的影响,餐饮市场的消费者需求包括两个方面:一是生理方面的基本需求,二是由于受到社会影响而产生的各种心理需求。在推动餐饮消费者的消费行为中,心理消费动机比生理消费动机所起的作用有日益增强并逐渐占据主导地位的趋势。

(4)餐饮市场营销的基本任务是根据市场需求,确定营销目标,选择营销策略,运用市场细分手段,广泛组织客源,适应消费者需求变化,促进旅游业和餐饮业的长期发展。

(5)餐饮市场营销策略是在餐饮市场供给和需求之间实现餐饮产品和服务交换所采取的各种措施和手段。它涉及餐饮市场供给和市场需求两个方面,反映在餐饮业务经营活动的全过程。其基本策略包括四个方面,即餐饮产品策略、餐饮价格策略、餐饮销售渠道策略、餐饮促销策略。

(6)品牌作为餐饮产品或服务的标识,其成长和创立有一个循序渐进的过程。餐饮品牌的塑造要经过整体规划,其塑造的基本步骤是:创立(奠定品牌资产基础)——建设(累积品牌资产)——改善(不断提升品牌资产)。

思考与练习

1.餐饮市场细分的标准有哪些?
2.餐饮市场定位的意义是什么?具体包括哪些内容?
3.依据餐饮消费者的不同需求,可以将其概括为几种类型的消费者?
4.餐饮市场营销组合策略包括哪些方面的内容?
5.餐饮品牌营销策略的具体步骤有哪些?

案例分析

1. 上海某甜品店出售"拍马屁"服务

这项"奇葩"服务来自上海市静安区的一家甜品店。据了解,这家甜品店不仅出售主营的甜汤和酸奶,还提供"拍马屁"服务,顾客只要出10元钱,就能得到店员的夸奖。不过,虽然有很多顾客咨询,却很少有人购买这项服务。但是,不管能不能从这项服务中赚钱,来店就餐的人数却越来越多,请分析这家店的营销创新之处。

2. 菜价多少顾客看着给

北京东直门的一家餐馆推出了"菜由我做,价由您定"的活动,店家在活动期间推出10道菜,顾客可选一道菜随便给钱。店家表示,活动主要想通过降低价格门槛,把顾客请到店里来,最好是顾客在给出价钱之后,还能够对菜品的口味提出建议。这家店的营销是否行得通?请具体分析。

第三章

餐饮企业道德与社会责任

学习导引

21世纪,随着经济全球化和市场经济的发展,企业面临更为激烈的市场竞争。要取得竞争优势,企业道德和社会责任竞争力成为未来竞争力的战略核心,它是关系企业生死存亡的重要问题。因此,塑造良好的企业社会责任形象,提升企业道德竞争力,对于企业的可持续发展有着深远的意义。

学习重点

通过本章学习,重点掌握以下知识要点:
(1)企业管理道德的概念、内涵和影响因素;
(2)提升企业道德管理的主要途径;
(3)企业社会责任的概念、企业社会责任观及其对社会负责的方法;
(4)企业社会责任的主要对象;
(5)企业社会责任形象塑造的主要途径。

知识活页　饿了么的企业道德与社会责任

餐饮企业作为经济发展的主体,其目标是实现利润最大化。但是,随着社会经济的发展,人们的环保意识、健康意识、维权意识等持续增强,人们对餐饮企业的要求不只是停留在提供满意的商品和服务上,而且要考虑其对社会发展的长期利益和给社会带来的福利等问题。餐饮企业要想获得长期的生存和发展空间,不仅要遵守法律,还必须遵守一定的道德规范,承担相应的社会责任。因此,餐饮企业管理者要进行正确决策,必须考虑企业的社会责任和管理道德问题。从某种意义来讲,管理道德与社会责任的提出是企业发展成熟的标志,也是管理理论开始走向成熟的标志。因而,在现代管理学研究中,应重视对管理道德与社会责任的研究。

第一节　企业管理道德

一个推销员贿赂一位采购代理人,使其做出购买决策是否道德?如果这笔贿赂款是出自推销员自己的销售佣金又怎么样呢?这二者之间有什么不同吗?如果某个人在经济萧条时期为找到一份工作,有意谎报学历,是否道德?有人将公司的汽油私用是否也是道德的?在这一节中,我们将考察管理决策的道德方面的问题。管理者制定的许多决策要求他们考虑谁会在结果和手段方面受到影响。我们将给出不同的道德观,考察那些影响管理者道德的因素。最后,将以建议的方式,提出组织在改善员工的道德行为方面能做什么。

一、常见道德问题

随着改革开放的不断深入,长期以来的平均主义分配制被否定,各种利益关系重新分化组合,人们提高了对物质的需求水平,增强了对自身利益的维护。这是一种进步,但也引发了一些道德问题,在思想和行为上出现了许多误区。最主要的表现如下。

(1)长期以来,企业都追求利润最大化,但部分企业和经营者在经济活动中不守信用、不讲商誉及个人在其行为中信用缺失,做出反经济道德和反伦理经营的行为。例如,不法厂商盗用、冒用名优标识,盗版书籍、盗版光碟等侵占专利和知识产权的行为;违反商业伦理的商业间谍活动、商业诽谤活动及商业贿赂行为;串通好的招标投标行为;商品房、路、桥等建筑物构筑物建设中出现的"豆腐渣"工程;老板拖欠民工工资;经济合同中的违约、欺诈行为;企业间相互拖欠贷款,企业拖欠银行贷款逾期不还;虚报注册资本、虚假出资和抽逃资金行为等。

(2)为谋私利,许多企业和经营者从事造假和售假活动,产品或服务达不到规定的标准。这种行为不仅增加了正规生产厂家的负担,而且扰乱了正常的经济运行秩序,也给国家税收带来了巨大的流失,更为严重的是损害了消费者的权益。比如,2004年的毒奶粉事件;2005年的苏丹红事件、"变质奶加工再造"事件、奶粉含碘超标事件等;2006年的食用福寿螺导致患广州管圆线虫病事件、"人造蜜蜂"事件、毒猪油事件、瘦肉精中毒事件等;2007年的销售过期苹果汁事件、奶粉被查出致病菌事件;2008年的三聚氰胺的"毒奶粉"和鸡蛋等事件、柑橘生蛆事件;2010年3月18日,针对"地沟油"问题,国家食品药品监督管理局办公室发布《关于严防"地沟油"流入餐饮服务环节的紧急通知》,还有疫苗事件等。这些事件使消费者增加了对企业产品的不安全感和不信任感,加之企业信息披露失真,无法保障消费者的知情

权,使消费者陷入极度恐慌中。

(3)部分企业经营管理者及相关机构的从业人员在经营过程中不遵守道德伦理的问题令人担忧。目前,部分国有企业的产权虚置、内部人控制、在职消费和代理人腐败严重;许多企业治理结构不合理,出现经理人道德风险和小股东利益受损;另外,有些企业为获取高额利润,与相关中介机构合谋骗取上市资格。

(4)一些企业和经营者只顾自身利益而漠视社会责任。例如,有些厂商在招聘员工时存在年龄歧视、性别歧视、学历歧视等现象;许多厂商对同业竞争者恶意低价竞争,对消费者高价垄断和强行搭售,对债权人逃废债和恶意负债,对国家偷税骗税和走私骗汇等;还有许多厂商以大量言不符实、虚假杜撰的广告充斥市场,以低级重复的手段长期欺骗公众。另外,有些企业忽视员工的健康和福利,例如,雇用童工,员工加班而不付加班费,故意拖欠职工工资,不注重职工生产安全防护,不给员工缴纳必要的医疗保险和养老保险,更有甚者不与员工签订劳动合同,致使员工在遇到工伤、欠薪、辞退等问题需要投诉时,找不到凭证;一些外资企业为防工人私自外出,紧锁工厂大门,住宿区也安装坚固的防盗网并且不配备必要的消防设施,致残致死事件时有发生;许多厂商不顾环境保护法规的制约,超标排污或违法排污,对周边单位、社区、居民的利益造成严重危害。

许多人认为,市场的管理与调控是政府和法律的行为,市场经济就是法治经济。因此,人们虽然深恶痛绝这些反道德、反伦理现象,但只是被动地等待着某一天市场经济能用完善的法制来规范,这实际上是放弃了至少是忽视了道德在经济活动中的作用,从而也放弃了管理过程中的道德努力。但是,政府和法律的规范只不过是一种外在的规范,任何外在的规范都必须由人来认识、理解和执行。因此,对于目前存在的有法不依、执法不严的现象时,就必须考虑道德和伦理的调节、教育、激励及约束作用,并通过社会舆论等将这种外在的规范内化于人的内心,成为人们的内在道德,并外施于人用以引导人们进行符合社会要求的行为。这两种规范应该相互补充、相互促进,法律具有硬性调节作用,道德则具有软性调节的价值,只有"软硬兼施",充分发挥道德与法律在市场经济条件下协调社会经济活动的作用,才能有效地保障社会主义市场经济的顺利发展。可以说,市场经济不仅是法治经济,也是道德经济,道德约束是对法制约束的补充。

二、管理道德的概念

人性的特点有两个方面,既有善的一面(仁爱和自律),又有恶的一面(自私和贪婪)。伦理道德不是依靠法律,而是透过精神达到统一,其表面的外在形式有很多种,民族精神、企业精神、校风、家风等都是其外在形式。伦理道德是人们除必须遵守的法律外的行为规范和道德准则。伦理道德是人类文明和评价善与恶的社会价值形态,人们除了要遵守法律外,必须遵守一定的伦理道德。部分人对管理的伦理道德理解很狭隘,认为遵守管理道德将会付出更高的生产成本,又不能有明显的利益,给自己造成损失,因而不愿遵守或很少遵守管理道德。但企业伦理和管理道德必将会给企业经济带来意想不到的效益,尤其是在长远发展中。一些企业家在企业经营方面可以说取得了卓越的成绩,但缺乏对财富本质的认识,只把追求经济利益当作目的,以此来衡量自己的能力、证明自己的价值,这并不是真正的企业家。正如汉普登-特纳(Hampden-Turner)在对国际著名企业的大规模调查中发现:任何企业产品的品质早期取决于创办人的价值观,后来则取决于整个企业的道德价值观。企业成功与产品质量的真谛全在于诚信,现在已经被人们普遍接受的一句名言足以说明管理的伦理道德的核心意义所在。

古往今来,纵观东西方的管理道德观,有几种管理道德观最为突出。在中国,推己及人的道德观即为其一。儒家道德观的核心是仁,推己及人就是设身处地地为他人着想,自己不愿意做的事不要使用某种手段让别人去做,给别人带来损失。推广来说,要讲求和谐、分享共赢,这也符合现代社会的价值观。在西方工业发展史上也形成了几种不同的管理道德观,功利主义道德观认为管理带给大多数人最大经济利益的行为就是好的。如果能像上面所说能给多数人带来最大利益,我们认为这种行为是善的,但其在实施过程中必然遇到诸多问题,为了实现最大利益,可能采取不正当的手段,以至于损害他人和社会的利益,利益分配不均会使贫富差距加大,两极分化。我国经济虽得到了长足发展,但公平公正道德观、社会契约道德观等的形成还任重道远。

管理学领域中道德的含义,虽然不同的学者表述不一,但其所欲表达的本意并无区别。我们认为,所谓道德是指规定行为是非的惯例或原则,也就是指某决定和行为正确与否的价值判断,以及某决定和行为是否被大众所接受的标准。因此,所谓管理道德也就是判断管理行为是非的一种价值标准,是关于管理决策或管理行为的准确或错误的价值体系或信仰体系。

三、管理道德的内涵

由于在管理过程中所蕴藏的价值观、态度、信念及行为模式多种多样,就使得管理道德也具有了诸多的内涵。在此我们把管理道德的内容范围限制在管理者的道德行为和价值的选择范围内,通常把管理道德确定为管理者的道德行为和道德品质。在此基础上,进一步来了解管理道德的内涵。管理道德的内涵应包括以下两个层次。

(一)管理者个人的职业道德

管理者个人的职业道德所关注的是管理者个人利益及其与企业利益之间的关系。在产权高度集中的古典企业制度中,企业经营者同时又是企业财产的所有者,因此,任何一位管理者都会保护自己的财产,同时,为了追求丰厚的利润回报,管理者会精心管理自己的企业。而在股份制企业中,企业所有权、财产权和经营权是相互分离的,股东是企业利润的索取者,却不参加企业的直接管理,公司的管理者直接管理公司却不是企业利润的索取者,只是领取薪水的高级员工,这样就会出现管理者为提高自己在同行中的地位而追求企业规模的扩大,以及为达到个人享受的目的而增加不必要的非生产性支出等。

(二)管理者的组织身份所要求的管理道德

管理者的组织身份所要求的管理道德,所关注的是企业利益及其与利益相关者乃至整个社会的关系。对此,目前已经形成三种道德观。

第一种是道德功利模式。

功利主义的观点看重行为的结果,而非行为背后的动机。这是一种完全按照成果或结果来衡量活动或决策好坏的道德观点。其强调为大多数人争取最大的利益,也许这会以牺牲少数人的利益为代价,但只要最终的利益超过损失,管理者便会认为该决策是符合道德的决策。一个管理者也许认为解雇20%的工人是正当的,因为这将增加企业的利润,提高留下的80%的雇员的工作保障,并使股东获得较好的收益。功利主义与现今企业追求效率、提高生产力,以及利润极大化的目标极为吻合。

第二种是道德权利模式。

道德权利的观点不管行为的结果,只看重该行为本身是否符合道德的标准。该模式尊重和保护包括隐私权、生命权、自由权、健康权及财产权等人的各种权利。例如,当公司引进一种新的生产工艺时,管理者必须考虑到这种工艺是否会对员工的健康与安全造成的伤害等。

第三种是道德正义模式。

道德正义的观点是从行为背后的成本与效益是否分配均匀,来判定行为是否符合道德,可分为分配正义、程序正义、补偿正义。举例说明,新药的进口与核准要经过政府相关部门的审核,某一药品进口商要想引入一种新药,尽快获得相关部门的批准尤为关键。越早批准,该药品就能越早投入市场,该药品进口商就能获得越大的利益。为此,该药品进口商贿赂相关承办人员。这种做法是否符合企业道德呢?依功利模式来分析,该新药越早投入市场,企业就会越早获得利润,患者就会越早受益,因此,只要审核不偏颇,使用贿赂的手段加速新药的审核进程是"符合"企业道德的。然而依据道德权利模式的观点,贿赂本身就是不道德的,所以此行为是不道德的。依正义的观点来看,该新药进口厂商显然违反了程序正义,整个市场因为该新药进口厂商的贿赂而变得不公平,因此依据正义模式的观点,该行为是不道德的。

由于道德本身的判定牵涉许多因素,这就使为组织设立一个清楚明确的道德标准变得甚是艰难。为此,现今大部分组织都采取拟定道德规范书的方式设立组织道德标准。

四、管理道德的影响因素

一个管理者的行为是否合乎道德,是管理者道德发展阶段与个人特征、组织结构设计、组织文化和道德问题强度的调节之间复杂地相互作用的结果。缺乏强烈道德感的人,如果受规则、政策、工作规定或加于行为之上的强文化准则的约束,他们做错事的可能性会变小。相反,即使是非常有道德的人也可能被一个组织的结构和允许或鼓励非道德行为的文化所腐蚀。管理者行为是否符合道德的影响因素包括道德发展阶段、个人特征、自我强度、控制中心、组织结构、组织文化、问题强度。

(一)道德发展阶段

每个人都有自己的价值认知与对错的判断,但是这种价值认知或对错的判断并非凭空出现,而是有迹可循、有其脉络的。美国教育心理学家劳伦斯·科尔伯格提出的道德发展阶段论,便对这种个人的价值认知与对错判断的变迁提供了一种很好的理论说明。他认为一个人的道德发展阶段可以分为遵守与处罚阶段、工具阶段、人际阶段、法律与命令阶段、社会合约阶段,以及四海皆准原则阶段六个阶段。当然,劳伦斯·科尔伯格的道德发展阶段论只是指出从低层次到高层次的所有发展阶段,并不是每个人都会完整地经历这些阶段,有些人甚至可能一直停留在初级阶段。

一个人处于遵守与处罚阶段时,之所以会去做一些他认为对的事,是因为他要避免处罚,获得赞许,换句话说,行为的即时性结果决定了好坏、对错。例如,一个处于此发展阶段的员工之所以没有收受贿赂,是因为他担心被抓到,而且抓到后的处罚很严重。

处于工具阶段的人则认为,其他人也有需求,因此可以通过满足他人的需求以换得自己需求的满足,所以常通过交易、交换或协议来满足自身利益。例如,如果雇主愿意付较高的加班费,员工则愿意加班。

处于人际阶段的人认为,表现出合宜的行为,可以取悦朋友、同事、家人或其他自己所在乎的人。这种所谓合宜的行为,往往符合传统上大多数人的期望,以至于处于此阶段的人常关注自身行为是否会造成他人的紧张、不安或不悦,并尽力避免这样的行为。例如,有些员工之所以不愿意表现太好,是因为他们认为过度优异的表现会遭到同事的排挤,不如采取平庸的工作方式,可能比较容易维持良好的人际关系。

处于法律与命令阶段的人认为,尊重职权以及维护社会秩序是可取的。持这种观点的人认为,个人只是群体的一部分,对此群体而言,群体中的每个成员都有其角色与义务,所以每个人都应该严格遵守组织与上级的命令。例如,有些公司允许每位员工每年可以请一定天数的带薪病假,可是如果员工没病却仍请病假,此时便被认为是不道德的,因为这违反公司的规定。

处于社会合约阶段的人认为,在法律和命令之上,存在着许多互为冲突的个人观点,因此,虽然大多数人都应遵守法律和命令,但若有必要,有时是可以变更法律和命令的。例如,生命与安全不容挑战。在此阶段,应追求"大多数人的最大福利",当法律和命令违反了基本的社会价值时,便可以违反法律和命令。例如员工可以拒绝在缺乏防护措施的状况下进行某些危险性的工作,虽然就其职务内容来说,这可能是职务的一种,但因其违反了基本的社会价值,所以可以加以拒绝。

处于四海皆准原则阶段的人认为,一个人应该由其良知来决定适当的行为,而良知又植根于四海皆准的道德原则。所谓四海皆准的道德原则是基于公正、公利、人权、个人自主等。例如,一个人可能因为组织的行为违反社会的公平正义,而不愿为这个组织工作。最明显的是,当组织采取不正当的竞争手段时,虽然并未违反法律,但处于四海皆准原则阶段的人却可能认为这是不道德的行为。

以上六个阶段又可以被归纳为三个水平,即前惯例水平、惯例水平、原则水平。三个水平之间存在一种前后相继的关系。

前惯例水平,受个人利益的影响,人们在进行是非判断时所参照的唯一指标就是个人利益的得失情况,常用的一种方式就是趋利避害。为了使自己获得更多的利益,避免受到惩罚而严格遵守规则。

惯例水平,比较注重他人的期望,因而这一阶段的行为就是做周围人所期望的事情,并通过自己认同的规则来维护传统的秩序。如管理者发现自己的行为给工作带来不好的影响时,就会产生自责,出现悔恨、内疚、不安等情绪。

原则水平,受自己认为是正确的个人行为准则的影响,开始摆脱所属的群体和一般社会的传统观念,确立自己的人生观、价值观和道德伦理观念及一系列进行是非判断的个人道德原则。这一阶段,人们遵循自己所选择的道德准则。

道德水平及阶段描述分析如表 3-1 所示。

表 3-1　道德水平及阶段描述分析

水　平	阶段描述
前惯例水平 仅受个人利益的影响。按对自己有利的方式制定决策，并按照形成奖赏或惩罚的方式来确定自己的利益	严格遵守规则以避免物质惩罚； 仅当符合其直接利益时方遵守规则
惯例水平 受他人期望的影响。遵守法律，对重要人物的期望作出反应，并保持对人们的期望的一般感觉	做周围的人所期望的事； 通过履行所赞同的准则来维持传统秩序
原则水平 受自己认为是正确的个人原则的影响。他们可以与社会的准则和法律一致，也可以不一致	尊重他人的权利，支持不同的价值观和权利，不管其是否符合大多数人的意见； 遵循自己选择的道德原则

(资料来源：斯蒂芬·P.罗宾斯，《管理学》，中国人民大学出版社)

这三个水平展现了人们道德伦理观念形成的过程，是一个不断趋于主动、主观的过程。通过对道德发展阶段的分析，可以得出以下结论。第一，人们以前后衔接的方式通过六个阶段。逐渐顺着阶梯向上移动，一个阶段接着一个阶段移动，而不是跳跃式前进。第二，不存在道德水平持续发展的保障，发展可能会停止在任何一个阶段上。第三，大部分的成年人处于第四阶段，他们被束于遵守社会准则和法律。第四，一个管理者达到的阶段越高，就越倾向于采取符合道德的行为。例如，处于第三阶段的管理者，可能制定得到周围人支持的决策；处于第四阶段的管理者，将寻求制定尊重公司规则和程序的决策；处于第五阶段的管理者，更有可能对他认为错误的组织行为提出挑战。近来，许多大学试图提高学生的道德意识和道德标准，他们的努力集中于帮助学生达到原则水平的高度。

(二)个人特征

一般来说，进入组织的每一个人本身都会存在自己的一套相对稳定的关于什么是正确、什么是错误的基本信条，称为价值准则。这些准则是在个人成长过程中受父母、老师、朋友或他人的影响和长期生活实践中逐渐发展起来的。因此，每个组织中的管理者，经常有着不同的个人准则。这些不同的个人准则便构成了道德行为的个人特征。由于管理者的特殊地位，这些个人特征很可能转化为组织的道德理念与道德准则。

这里所说的个人特征主要受两个变量的影响，分别是自我强度和控制中心。

(三)自我强度

自我强度是用来衡量一个人的信念强度。管理者的自我强度对其道德选择至关重要。一个人的自我强度越高，克服冲动并遵守其信念的可能性越大。这就是说，自我强度高的人一般都会深信自己的判断是正确的，因而，通常都能坚持去做自己认为正确的事。我们可以推断，对于自我强度高的管理者，其道德判断与道德行为会更加一致。在管理过程中，管理者的自我强度对其能否将自己的认识真正地转化为行为，以及在多大程度上转化为行为有着极大的影响。

(四)控制中心

罗宾斯在《管理学》一书中将"控制中心"解释为"衡量人们相信自己命运的个性特征"。它实际上是一种管理者自我控制、自我决策的能力。罗宾斯把控制中心分为内在和外在两个方面：具有内在控制中心的人相信他们掌握着自己的命运；而具有外在控制中心的人不相信自己，人生中发生什么事情都听天由命。从道德的观点来看，具有内在控制中心的人，由于其可依据自己的内在是非标准来指导自己的行为，因而其更可能对自己的行为后果负责；具有外在控制中心的人，由于其更可能依赖外部力量，因此不大可能对自己的行为后果负责。控制中心作为个性特征对道德的影响表现为，具有内在控制中心的管理者比具有外在控制中心的管理者在道德判断与道德行为之间具有更大的一致性。

(五)组织结构

组织结构对管理者道德行为的形成具有极大的影响作用。明确合理的组织结构设计能够为管理者提供强有力的指导，而模糊不清的结构设计只是给管理者制造困惑。因此，结构设计的模糊性越小就越有助于促进管理者的道德行为。此外，在组织中，人们习惯于关注管理当局的行为，并以此作为衡量自己行为的标准，因此，上级的行为对个人道德或不道德行为具有强有力的影响。有些绩效评价系统也会对管理者产生很大的影响，组织绩效的评估体系可能会使人们在压力下不择手段，从而加大违反道德的可能性。此外，报酬的分配方式和奖惩的标准是否合理及时间、竞争、成本、工作压力等都会影响管理道德行为。具体来说，组织结构对管理道德的影响体现在以下方面。

(1)组织结构的关键在于减少模糊性。因为模糊性小的组织结构有助于促进管理者的道德行为。正式的规章制度、职务说明和明文规定的道德准则可以降低组织结构的模糊程度，从而促进行为的一致性。

(2)上级管理行为的示范作用。上行下效，上级的行为对个人的道德或不道德行为具有强有力的影响。

(3)合理的绩效评估体系。要用科学的方法制定切实可行的评估指标和评估程序，从客观、全面的角度评价每一位员工。一个仅以成果为唯一标准的系统，会助长员工的不道德的行为。

(4)报酬的分配方式、赏罚的标准也是影响管理者道德行为的重要因素。因为它直接与道德的一个重要标准——公正相联系。公正的程度关系人们的道德选择，也关系人们对道德的信念和坚持。

此外，在不同的组织结构中，管理者在工作时间、竞争和成本等方面的压力也不同，压力越大，越有可能降低道德标准，从而达成妥协。

(六)组织文化

组织文化对管理道德的影响主要表现在两个方面：一方面是组织文化的内容；另一方面是组织文化的力量或强度。具有较高道德标准的文化是一种高风险承受力、高度控制，以及对冲突高度宽容的文化。这种文化对人的道德行为具有敏锐的分辨能力和较强的控制力。处在这种文化中的管理者，将被鼓励不断地创新、进取，对道德与不道德行为有清晰的认识。

此外，组织文化的强弱对管理者的影响更大。如果文化的力量很强并且支持高道德标

准,就会对管理者的道德行为产生非常强烈和积极的影响。例如,强生公司有一种长期承诺为顾客、员工和股东履行义务的强文化。当有争议的商品在商店货架上被发现时,各地的强生公司员工甚至在强生公司还未发表有关事件的声明之前,就自动地将这些产品从商店撤下了。并没有人告诉这些员工在道德上什么是对的,但他们知道,强生公司对大家的期望是什么。而在一种弱文化环境中,管理者更可能以亚文化规范作为行为的指南,工作群体和部门准则将强烈影响弱文化组织中的道德行为。

（七）问题强度

问题强度实际上是指道德对于管理者重要性的程度。一个从未想过到老师办公室偷看会计学考试试卷的学生,也不会去向一个上学期参加了同一老师的同一会计学课程考试的朋友打听考试内容。类似地,一位主管如果认为拿一些公司办公用品回家不算什么的话,他很有可能会参与贪污公司公款的事件。罗宾斯认为,关于道德问题的强度受到以下六大因素的影响。

(1)某种道德行为的受害者(或受益者)受到多大程度的伤害(或利益)?

(2)多少舆论认为这种行为是邪恶的(或善良的)?

(3)行为实际发生和将会引起可预见的危害(或利益)的可能性有多大?

(4)在该行为和它所期望的结果之间,持续的时间是多久?

(5)你觉得(在社会、心理或物质上)你与该种邪恶(或有益)行为的受害者(或受益者)有多么接近?

(6)道德行为对有关人员的集中作用有多大?

根据以上原则,人们所受的伤害越大,认为行为是邪恶的舆论就越强,行为发生和造成实际伤害的可能性就越大,从行为到后果的间隔时间就越短,观察者感觉与行为受害者越接近,问题强度就越大。总的来说,这六个要素决定了道德问题的重要性。当一个道德问题对管理者很重要时,我们有理由期望管理者采取更道德的行为。

五、常见的管理道德观念

（一）道德功利观

这种观点主张以行为结果(所获得的功利)来判断人类行为是否道德。当某行为能给行为所及的大多数人带来最大利益,它便是道德的;反之,便是不道德的。道德功利观鼓励人们提高效率,符合多数人的利益最大化。例如,淡季时,道德功利观的管理者认为,解雇企业中20%的员工是正当的,因为这将减少企业成本,提高了留下的80%员工的工作保障,并使投资者获得最好的收益。一方面,道德功利观能使行为影响的大多数人(80%的员工)受益,同时对效率和生产率的提高有促进作用,当然就可以认为该行为是道德的,必然能得到大多数人的支持。另一方面,也存在一些不可回避的问题:一是企业为了实现利益最大化,可能采取了不公平、不道德甚至是损害他人或社会利益的手段(如没有让那些受决策影响的人参与决策);二是道德功利观只规定了对大多数人有利,而没有规定所得利益如何在相关人员中分配,实际上大部分人只得到了一小部分的利益,形成贫富两极分化的现象;三是导致了一些利益相关者(20%的员工)的权益被忽视,这也是不道德的。

(二)道德权利观

这种观点认为,所有人都享有基本权利,如享有个人隐私权、言论自由权、受教育权、医疗保障权及法律规定的其他各项基本权利,只有尊重和保护个人基本权利的行为才是道德的。例如,针对员工揭发管理者违法的行为,有的人认为这是不道德的,员工要忠于管理者。但道德权利观认为,应该尊重和保护员工的言论自由权,谴责员工揭发管理者是不道德的行为。道德权利观积极的一面是维护了每个人的基本权利,并把它作为道德评判标准,符合道德的本意,对随意侵犯他人权益的行为无疑有制约的作用。但它也有消极的一面,接受这种观点的管理者把对个人权利的保护看得比工作的完成更重要。在个人权益与组织利益发生矛盾时,道德权利观会优先考虑个人利益,从而影响组织在生产过程中的生产率和效率的提高。尊重个人的基本权利当然是人类社会进步的表现,但保障的程度必然受到社会经济发展程度的制约,过高的保障期望会给社会经济发展带来影响。因此,如何正确处理个人与组织的关系,既要尊重每个人的基本权利,又要确保组织整体效率的提高,是道德权利观必须妥善解决的问题。

(三)道德公正观

这种观点认为,管理者在决策时应公正公平地实施规则,公平地对待每个人,不偏不倚才符合道德原则。管理者不会因为种族、性别、国籍等因素歧视员工,而是通过在企业内部建立相对公平的规章制度,以员工的技能、经验、绩效或职责等因素作为衡量标准,使努力工作的员工取得与努力程度相应的报酬。例如,接受道德公正观的管理者可能会向新来的员工支付比最低工资水平高一些的工资,因为在他看来,最低工资不足以维持该员工的基本生活。一方面,道德公正观保护了未被充分代表的或缺乏权利的利益相关者的利益;另一方面,道德公正观可能不利于培养员工的风险意识和创新精神,从而影响生产效率。

我国目前还是发展中国家,城乡差距、贫富差距、受教育程度差距等依然存在,工资待遇也有着很大的差别。如果片面强调基于简单形式的公正公平,会导致事实上的不公正。

(四)综合社会契约道德观

这种观点主张把实证(是什么)和规范(应该是什么)两种方法并入管理道德中,要求决策人在决策时综合考虑实证和规范两个方面的因素。这种道德观综合了两种"契约":一种是经济参与人当中的一般社会契约,这种契约规定了做生意的程序;另一种是一个社区中规定了哪些行为是可接受的。例如,某公司其他国家与本国同等技能、同等绩效或同等职责的员工相比,其工资待遇少了很多,并且其他国家员工在失业、医疗等方面的保障往往更少。但这些行为基于综合社会契约道德观被视为是正常的至少是可以理解和接受的。综合社会契约道德观与其他三种道德观的区别在于,它要求管理者考察各行各业和各公司中的现有道德准则,以决定什么是对的、什么是错的。实证研究表明,大多数企业经营者对道德行为持功利主义态度。这不足为奇,因为功利观与利润、效益紧密联系在一起,在追求利润最大化的过程中,可以为多数人谋取尽可能多的权益。但是,随着社会经济的增长,人们的社会意识日益增强,社会生存环境备受关注,功利主义遭到了越来越多的非议,因为它在照顾大多数人利益时忽视了个人和少数人的利益。对个人权利和社会公平的重视,意味着管理者需要在是非功利标准的基础上建立道德准则。对企业管理者来说,这无疑是个严峻挑战,它使许多管理者在多种道德标准面前感到困惑,处于道德困境之中。

第二节 提升餐饮企业管理道德的途径

一、挑选高道德素质的员工

每个人所处的道德发展阶段、生存环境、所接受的教育不同,具有不同的个性特征,从而形成了不同的价值观念和道德准则。这些价值观念和道德准则的差异可能会带入工作中,因此企业在员工特别是管理人员的招聘过程中,必须进行道德考察,剔除道德上不符合要求的求职者。挑选的过程,应当视为了解个人道德发展水平与道德品质的一个机会。

道德考察真正实施起来并非易事,其困难主要来自以下两个方面。一是在考核标准和考核办法上,道德观本身比较抽象,道德考察的标准是模糊的,而且道德规范包括爱国守法、诚实守信、团结友爱、敬业奉献、自强自立、勤俭节约等多项内容,很难形成明确、单一的检测标准,因而无法使被测者在道德上有明晰的数据差别。同时,现代人的价值观念处于一个多元乃至混乱的状态中,有时善恶是非很难有统一的标准。二是道德考察容易受到其他因素影响而发生误判,因为考察人和被考察人通常是在一起学习或工作的人。在此过程中,道德考察很容易变成人际关系的考察,偏离道德本身评判的要求,这种考察方法很难真正对考察对象的道德品质做出客观的、实事求是的评价。

二、建立道德准则和决策准则

道德准则是表明一个组织基本价值观念和它希望员工遵守的道德规则的正式文件。道德准则的制定要具体,以便让员工明白应以什么样的精神来从事工作,以什么样的态度来对待工作。规定的内容要宽泛,允许员工在不违反原则的前提下有个人见解和行动自由。因此,建立道德准则是减少道德问题、改善道德行为的一项有效措施。

 麦道公司的道德准则

道德准则要求我们努力工作且有勇气做出艰难选择。有时为了确定正确的行动路线,员工、高层管理人员和董事会之间进行沟通是必要的。管理者对道德准则的态度(是支持还是反对)及对违反者的处理办法对道德准则的执行效果有重要影响。如果管理者认为这些准则很重要,经常宣讲其内容,并当众指明违反者的问题,就能为道德准则的执行提供坚实的基础。我国虽然缺乏类似的统计数据,但管理先进的企业也大多有道德准则或道德公约,如《华为基本法》等。

目前,在管理的道德准则方面,有些企业存在以下两个问题。

1. 规则与行为脱离

部分组织尤其是企业,把公司的道德准则当作对外广告宣传的需要或是应付检查的需要,在公司的活动中并不真正或认真执行,究其原因在于各级管理者长期以来只满足于提出空洞的道德口号,而没有进一步要求各行各业各组织健全道德准则,因而这类企业的道德准则对组织行为和组织中个人的行为事实上没有有效的约束力。道德准则对于管理来说,最重要的是"知行合一",即不仅要知,而且要在行为中落实。

2. 不合时宜

一般来说,组织的道德准则一旦制定以后便相对稳定,越是对人的行为有约束力的准则,稳定性越强。然而,在一些情况下,准则必须随着时代的变化而变化,或者赋予原有的准则以新的内涵,尤其是社会经济转型时期,这种变化尤显重要。

三、管理者以身作则

道德准则要求管理者尤其是高层管理者应以身作则。因此,要使组织的管理道德得到员工的认同与有效执行,组织的管理者必须做好以下两件事情。

1. 言传身教

管理者应当以克己奉公、敬业奉献的行动和诚信友善的态度取得员工的敬重和支持,在道德方面起模范带头作用。孔子曰:"己所不欲,勿施于人。""己欲立而立人,己欲达而达人。"每一个管理者都应当推己及人,要求别人做的,首先自己要做到。只有自己廉洁自守、兢兢业业,才能要求员工为集体尽力。所谓"上行下效""上有所好,下必甚焉"的道理就在于此。管理者通过自身的言行建立了某种文化基调,这种文化基调向员工传递和暗示了某些信息,如果高层管理者把公司的资源据为己有、虚报支出、公车私用、公款吃喝玩乐等,这无疑向员工暗示,这些行为都是可以接受的。

2. 必须在人员晋升和奖惩方面把好道德关

选择什么人作为晋升的对象、选择什么事奖赏当事人,将向员工传递强有力的信息。例如,现实生活中,有些人擅长溜须拍马、弄虚作假,通过不正当手段博取领导信任,晋升这些人实际是对不良道德的鼓励,是对诚实正直、实事求是品德的否定,最终会伤害多数人的积极性,影响组织发展。再如,如果领导选择关系户作为提升或奖赏的对象,则表明靠拉拢关系这种不正当的方法获得好处不仅是可取的,这样会使"关系文化"盛行,人们的注意力就不可能集中在工作实绩的创造上,而是转向人际关系方面的钻营。奖惩也同样如此,必须奖励真正该奖励的人,不让努力工作的人吃亏。同时,对明显的不道德行为,应及时公开谴责并进行必要的行政处罚,让组织中所有人都认清后果,传递出以不道德行为获利是要付出代价的信息,从而扭转不良社会风气。

四、设立合理的工作目标

目标是行动预期要实现的结果,工作目标集中体现组织管理者对员工工作的要求,员工应该有明确和现实的目标。如果目标对员工的要求不切实际,即使目标是明确的,也会产生道德问题。例如,过低的目标会降低实现目标的门槛,减少员工应尽的责任。甚至有的人通

过降低预定目标,夸大最终成绩,谋取不正当利益。为了降低目标,有的管理者隐瞒事实,混淆视听;有的上下串通,其行为与道德规范格格不入。但过高的目标会把员工压得喘不过气,即使是素质较高的员工也会迷惑,很难在道德和目标之间做出选择,有时为了达到目标不得不牺牲道德。

一些组织的工作目标不合理,还表现在目标体系中只有数量指标而极少有或没有质量指标,使产品质量得不到保证,最终伤害客户利益。这种管理的缺陷表现为目标不完善,实质是职业道德低,为谋求自身利益最大化而无视客户对质量的要求,而明确的目标可以减少员工的迷惑,并能激励他们。

五、重视对员工的道德教育

现在,越来越多的组织意识到对员工进行适当的道德教育的重要性,并积极采取各种方式来提高员工的道德素质,如开设研修班、组织专题讨论会等。人们对这种做法意见不一。反对者认为,个人价值体系是在早年建立起来的,因此对成年人进行此类教育是徒劳的。支持者指出,道德作为一种意识形态本身就是动态发展的,无论是高尚的道德品质还是低劣的道德品质,都有其形成和发展的过程。进入工作单位后,员工的道德水准会因工作环境、组织文化和单位管理水平的差异而有较大的变化。另外,他们也找了一些证据,这些证据表明:

(1)向员工讲授解决道德问题的方案,可以改变其行为;
(2)这种教育提升了员工的个人道德发展阶段;
(3)道德教育至少可以增强有关人员对职业道德的认识。

员工的道德训练始终是与企业命运紧密结合在一起的。许多企业悬挂着"道德进入企业,心灵进入工作场所""在企业中要有伦理,职业上要有心"的口号,普遍开展道德训练,启迪员工并内化到员工心灵深处。可以说,企业的发展不仅取决于员工的业务素质,更取决于道德素质。

六、对绩效进行全面、科学的评估

绩效评价全面与否,对道德建设有重要影响。许多组织的奖励之所以没有达到预期的效果,主要是绩效评价的片面性造成的,如仅以经济成果来衡量绩效,无视工作中的道德影响,人们为了取得成果就会不择手段,从而出现不符合道德的行为。如果组织想让管理者坚持高的道德标准,那么在评价的过程中必须把道德方面的要求包括进去。在对管理者的评价中,不仅要考察其决策带来的经济成果,还要考虑其决策带来的道德后果。因此,绩效评估必须全面而科学:既要看结果,又要看手段,看整个过程有无不道德问题发生;既要看近期经济绩效,又要看对组织长期发展的影响,防止行为短期化;既要看经济效益,又要看社会效益和生态效益,防止对社会和环境产生不利影响。绩效评价要达到手段和结果的统一,近期和长远的统一,经济效益、社会效益和生态效益的统一。

七、进行独立的社会审计与社会监察

进行独立的社会审计与社会监察,是改善管理道德的重要手段。道德教育不能保证每

个人都按道德准则办事,现实中总有一些道德水准低的管理者难抵利益的诱惑,利用手中的权力弄虚作假,谋取个人或小集团的私利。独立的社会审计与社会监察,是制止和预防这些不良行为产生的有效手段。根据组织的道德准则对管理者进行独立审计,可发现组织的不道德行为,可以降低不道德行为发生的概率。这种措施抓住了人们害怕被抓住的心理:被抓住的可能性越大,产生不道德行为的可能性就越小。社会审计包括内部审计和外部审计。比较而言,内部审计缺乏独立性,而外部审计则往往能达到预期目的。当然,也有的企业与外部审计机构建立其他业务联系,使审计机构成为企业的利益相关者,如美国的安然公司做假账却能顺利通过审计机构的检查,就是因为担任审计的安信达公司同时负责安然公司的管理咨询。审计机构安信达丧失了独立性,其审计的真实性就很容易出问题。因此,社会审计的独立性应当获得法律和行业执业条例的双重保证。审计可以是例行的,如同财务审计;也可以是随机抽查的,并不事先通知。有效的道德计划应该同时包括这两种形式的审计。审计员应该对公司的董事会负责,并把执行结果直接交给董事会,这样有利于保证审计结果的客观性和公正性。

八、提供正式的保护机制

当人们面临道德困境,即处于两难选择时,究竟是坚持道德原则并勇于和坏人坏事做斗争,还是放弃原则、同流合污或明哲保身,又或是"事不关己,高高挂起"? 这不仅取决于个人的道德水准,还和组织与社会是否提供正式的道德保护机制有关。正式的道德保护机制可以使面临道德困境的员工在不用担心受到斥责或报复的情况下自主行事。例如,组织可以任命道德顾问,当员工面临道德困境时,可以从道德顾问那里得到指导。道德顾问是遇到道德问题的人的诉说对象,倾听他们陈述道德问题,分析产生这一问题的原因并给出解决建议。另外,组织也可以建立专门的渠道,使员工可以放心地向上级部门或纪律检查委员会进行信访或上访。改善管理道德是一项长期的任务,不是一朝一夕可以完成的,要贯穿企业发展的全过程,从而减少组织中不道德行为的发生。在以上措施中,单个措施的作用是极其有限的,若能把它们结合起来,就会有较好的效果。

第三节 企业社会责任

一、企业社会责任概述

(一)利益相关者

"利益相关者"这一概念最早由伊戈尔·安索夫于1965年在他的《公司战略》一书中首次提及。自1984年,弗里曼的《战略管理——利益相关者方法》问世后,"利益相关者"这一概念开始被广泛关注和运用。"利益相关者"(stakeholders)一词是"从股东"(stockholders)一词套用而来的概念。我们可以把它定义为能直接或间接地影响企业活动或被企业活动所影响的人或团体。这些利益相关者通常被划分为两个层级:第一级利益相关者被认为是与企业拥有正式契约关系的个人和团体,包括员工、股东、信用机构、政府、供应商、中间商、竞争者和顾客等；而所有其他利益相关者就被划分为第二级，包括社会公众、环境保护组织、消费者权益保护组织、所在社区、市场中介组织、新闻媒体等。利益相关者理论的提出，对企业的管理理论与实践产生了巨大的影响。

1. 改变管理目标的单一导向

传统企业认为股东是企业的所有者，股东的利益高于一切，因此，企业管理应以实现股东利益最大化为目标导向；而利益相关者理论则认为任何一个公司的发展都离不开各种利益相关者的投入或参与，企业追求的是利益相关者的整体利益。因此，企业管理的目标导向也应该相应地由股东利益最大化转变为利益相关者价值最大化。

2. 扩展管理范畴

传统组织管理理论中员工、顾客、供应商、政府等个人或团体大多被排除在组织管理之外。而利益相关者理论则要求把这些个人和团体纳入组织管理的范围，从而拓宽了组织管理的范畴。

3. 转移管理重心

传统组织被视为一个相对封闭的系统，组织的管理活动主要局限在如何处理内部人、财、物的关系及如何提升生产效率的问题上；而利益相关理论则认为组织应是一个开放的系统，管理活动应着眼于企业内部环境与外部环境的协调发展，协调好内部利益相关者与外部利益相关者的利益平衡，协调好各种利益相关者短期利益与长期利益的平衡。

4. 更新管理观念

传统组织的管理者从股东的角度来看待企业，组织活动的根本出发点是股东利益最大化；而利益相关者理论则要求组织管理者必须从利益相关者的角度来看待组织，组织活动应尽可能达到利益相关者利益的充分平衡。

可以说，组织与利益相关者之间存在着多种多样的联系，要使企业活动取得成效，就必须使企业目标与社会目标相协调，企业要求与利益相关者要求相协调，这既是组织的社会责任要求，也是组织的管理道德标准。

（二）社会责任

企业的社会责任成为一项关注的议题，是在20世纪60年代以后才形成的。1960年以前，企业追求单一经济目标被认为是理所当然的，公司的社会责任问题并没引起多大注意。1960年以后，工业文明带来的经济发展中伴随着如资源枯竭、环境污染、机会不公平等各种社会问题的出现，部分团体开始关切少数群体和弱势群体是否受到企业的公平待遇，促使管理者在制定管理决策时，也开始考虑到社会责任的问题。霍华德·R.鲍恩于1953年所写的《商人的社会责任》大大促进了有关社会责任的讨论。

什么是社会责任呢？可以说，"社会责任"这一术语随着利益相关者队伍的扩大和期望值的变化在不同时期有着不同的内涵。

社会责任最早是指最大利润，20世纪初至20世纪60年代，企业的社会责任的内涵扩展成为既要为股东谋求利润，同时又必须承担部分社会责任。20世纪60年代至今，社会责任尚没有统一的意见。我们认为明白企业社会责任这一概念必须首先建立一些共同的认识：一是守法是企业应尽的义务而不是社会责任，因此社会责任应该在法律所要求之外；二是社会责任应该不仅仅是追求利润,企业的社会责任应该界定为超出追求利润的活动之外;三是社会责任应该是厂商自愿活动而非被迫性的活动;四是强调社会责任的主要目的是对社会公益有所裨益,因社会责任而产生的利润等经济结果应该是附带的,并非主体本身。

在以上共识的基础之上,我们认为所谓社会责任是指企业所追求的,超越法律、经济的要求,有利于社会长远发展的一种义务。

社会责任四阶段模型如下。

第一阶段,只是追求成本最小和利润最大化从而提高股东的利益,虽然遵守所有的法律法规,但管理者并未感到有义务满足其他的社会需要。

第二阶段,认识到对员工的责任,并高度重视人力资源管理,希望招聘、留住和激励优秀员工。这一阶段的管理者将改善工作条件、提高员工权利、增加工作保障等。

第三阶段,管理者将社会责任扩展到具体环境中的其他相关方,即顾客和供应商方面,强调公平的价格、高质量的产品和服务、安全的产品、良好的供应商关系以及类似的举措,认为只有通过满足具体环境中其他各方面的需要,才能实现对股东的责任。

第四阶段,管理者感到他们对社会整体负有责任。他们积极促进社会公正、保护环境、支持社会公益活动等。

(三)社会责任与社会义务、社会回应的比较

社会责任和社会义务不同,社会义务指的是一个企业承担其经济和法律责任的义务,这是法律所要求的最低限度。若只是将社会义务作为对自己的要求,那么企业在追求社会目标时将仅从事有利于其经济目标的活动。社会责任超越了只是符合基本的经济和法律标准的限度,加入了一种道德要求,促使人们从事使社会变得更美好的事情,而不做那些有损于社会的事情。

一个具有社会责任感的组织会主动从事有助于改善社会的事情,而不限于法律要求或经济上有利的事情,之所以这样,是因为这些事情是应该做的、正确的或是合乎道德的。社会责任要求企业明辨是非,所做决策合乎道德标准,经营活动合乎道德规范。一个具有社会责任感的组织只做正确的事情,因为它觉得有责任这样做。

如上所说,企业在法律的规范下,满足其经济责任时,便称得上是尽社会责任。不过这类企业还没做到社会回应,社会回应和社会责任都认为企业在达到经济目标后,应该去追求社会目标,而不应仅是符合经济与法律标准而已。

企业社会责任是指企业在创造利润、对股东和员工承担法律责任的同时,还要承担对消费者、社区和环境的责任。企业社会责任要求企业必须超越把利润作为唯一目标的传统理念,强调在生产过程中对人的价值的关注,强调对环境、对消费者、对社会的贡献。

近年来,社会责任这一理念在企业、媒体、高校和政府的推动下已经成为日常话语体系的一部分。不过,在社会责任被提及时,常常被简单地等同于捐赠、慈善、公益等,尽管二者并不完全等同。特别是对于餐饮企业来说,为了保证其有动力、有能力、持续地创造社会价值,社会责任的践行也需要和企业的经营和发展紧密地联系在一起。在餐饮业正常发展的时期,餐饮企业履行社会责任的方式各有不同,通常来讲,主要包括以下方面:①环境方面的责任;②运营方面的责任;③员工方面的责任;④消费者方面的责任;⑤其他方面的社会责任。

从实践来看,不同餐饮企业对于社会责任有不同的理解,在企业发展的不同阶段,也有不同的实践行动。例如,丽华快餐组织员工献血、开展义工活动,正是其体现社会责任的一个方面。中国餐饮界的龙头企业海底捞也在社会责任方面有诸多努力,如组织员工投身社区,带动员工热心投身慈善公益及志愿者事业,为当地社区奉献自己的力量;海底捞也与一些基金开展合作,在部分地区资助学校;在海底捞的官方描述中,对于供应商的严格管理也是社会责任的重要体现。

需要强调的是,在社会责任的所有表现方面,诚信经营是餐饮企业最主要的社会责任。其中,食品安全更是重点中的重点,这是所有的餐饮企业都应该要坚守的一条底线。

社会回应与社会责任的差别主要是在消极与积极上。社会回应是指组织消极地顺应外在社会要求所做的一种调适;而社会责任则是要求组织应预先判定是非、对错,并且积极努力地去追求基本的道德真理。比如20世纪90年代杜邦公司为员工提供了照顾小孩的设施;宝洁公司宣布汰渍洗衣粉是用100%再循环利用纸包装的;金枪鱼罐头厂斯塔吉斯特(Starkist)公司主管声称不会购买、加工或出售任何与海豚科动物有关的鱼。这些公司当时之所以这样做是因为他们迫于职业压力或是环境保护者的压力,并不是积极主动的,而是消极被动的,所以他们的做法称为社会回应。当然,如果上述公司早在20世纪70年代就已经采取了上述措施,那就可以准确地说是一种社会责任了。

社会义务、社会回应及社会责任的比较如表3-2所示。

表3-2 社会义务、社会回应及社会责任的比较

要素	社会义务	社会回应	社会责任
行为因素	法律要求	社会偏好	道德真理
行为目的	企业本身	企业与社会	企业与社会
行为态度	被动	消极	积极
行为时间幅度	短期	中短期	长期
行为价值	落后于社会要求	和社会要求同步	领先于社会要求

二、企业社会责任观

关于企业是否应承担社会责任,有两个极端的观点。一种是古典的或是纯粹经济学的观点,另一种是社会经济学的观点。

(一)古典观点

古典观点认为管理者的主要责任就是从股东的最佳利益出发来从事经营活动。此处的最佳利益便是财务方面的回报。该种观点认为当管理者将组织资源用于社会利益时都是在增加经营成本。这些成本要么通过高价转嫁给消费者,要么降低股息回报由股东所承担。为此,管理者唯一的社会责任就是利润的最大化。

其中,经济学家米尔顿·弗里德曼是这种观点的代表人物。他最著名的格言是"企业的社会责任是增加利润"。弗里德曼支持组织承担社会责任,但这种社会责任仅限于为股东实现组织利润最大化。他认为,当今大多数的管理者是职业经理,这意味着他们并不拥

有所经营的企业。他们只是员工,仅向股东负责,因此主要责任就是最大限度地满足股东利益。

那么,股东的利益是什么呢?弗里德曼认为股东只关心一件事,那就是财务收益。在弗里德曼看来,当管理者把企业资源用于社会目的时,他们是在削弱市场机制的作用。当然,有人要为此买单。具体来说,如果企业承担社会责任的行为使利润和股利下降,则它损害了股东的利益;如果履行社会责任使员工的工资和福利下降,则它损害了员工的利益;如果用提价来补偿社会责任,则它损害了顾客的利益;如果顾客不愿意或支付不起较高的价格,销售额就会下降,那么企业的生存就会受到威胁,这时企业的所有利益相关者都会遭受或多或少的损失。

此外,弗里德曼还认为,职业经理追求利润以外的其他社会目标,其实是在扮演社会公共管理者的责任,而这方面的责任应由公民选举的行政官员来承担。至于"社会应该怎样",他认为,企业管理者不具有这方面的专长。这种从纯经济角度看待企业社会责任的主要依据有以下几点。

其一,违反了利润最大化原则。这些人认为,企业追求社会目标会冲淡企业的基本使命——提高生产率,而且,许多社会性活动不能自负盈亏,企业参加这些活动必将提高企业的经营成本,最终必将有人为此付出代价。因此,企业应只参加那些能带来经济利益的活动,而其余活动让给其他机构去做。

其二,应各司其职。在当今社会,企业拥有的权力已经很大了,如果让它追求社会目标,企业的权力会更大。况且,追求社会目标是政治相关代表组织的责任,企业与公众之间在社会责任方面没有直接的联系,对企业管理者来说,就不应该承担社会责任。另外,承担社会责任需要相关专门技能,企业管理者分析问题和解决问题的视角和能力基本是经济方面的。就能力而言,他们难以胜任社会问题的角色。

其三,缺乏大众支持。公众对企业承担社会责任的意见不一、争论较大,社会对企业处理社会问题的呼声也不是很高。如此,在缺乏一致支持的情况下采取行动,很可能会失败。

(二)社会经济学观点

社会经济学观点认为社会对组织的期望已经发生了变化,其不仅仅是通过各种法律法规认可组织的建立,通过购买产品和服务对其提供支持,社会接受甚至鼓励企业参与社会的、政治的和法律的事务。从这个角度来说,组织并非只是对股东负责的独立实体,其还应承担更为广泛的社会责任,因此,管理者的社会责任远不止于创造利润,还包括保护和增进社会福利。

持这种观点的人认为,随着时代的变化,社会对企业的期望发生了变化,追求利润最大化不再是企业的唯一目标,企业同时应承担社会责任。因此,一个真正对社会负责任的企业,不仅要使股东利益最大化,而且要考虑其决策和行为对所有利益相关者的影响。社会经济学观点认为,古典观点的主要缺陷在于目光短浅,只看到眼前利益。管理者应该关心资本的长期收益最大化,为此,必须承担一些必要的社会义务及付出相应的成本,如以不污染、不歧视、不发布欺骗性广告等方式来维护社会利益。企业还必须在增进社会利益方面发挥积极的作用,如参与所在社区的一些活动和捐钱给慈善组织等。

这种从社会经济学观点的角度赞成企业承担社会责任的主要理由有以下几方面。

其一，满足公众期望，塑造良好形象。20世纪60年代以来，社会对企业的期望越来越高，公众对企业追求经济和社会双重目标的呼声日益高涨。同时，企业承担社会责任可以塑造良好的公众形象。企业在公众中的形象如同企业的生命，其好坏直接关系到它是否能获得更多的顾客、更好的员工，能否较容易地筹集资本，能否使销售额得到提升等。由于公众通常认为社会目标是重要的，因此企业通过承担社会责任，实现社会目标，能够产生良好的公众形象。

其二，创造良好的经营环境。企业承担社会责任有助于解决社会难以统一解决的问题，改善所在社区的状况，提高企业的公众形象，从而有利于吸引和留住人才，提高企业的核心竞争力；同时，企业履行社会人责任可以降低由政府管制而引起的社会经济成本，增强企业的自主性和灵活性。

其三，增加长期利润。在股票市场上，有社会责任的企业通常被看作是风险较低、透明度较高的公司。因此，社会责任会使企业的股票价格上涨，从而使股东获得较高收益。企业的生存离不开社会，所以企业应该具有社会意识，况且承担社会责任不仅是道德要求，而且符合企业自身的利益，它会给企业带来良好的社区关系并形成良好的企业形象，从而使企业能获取较多的长期利润。

除此之外，企业拥有财力、物力、技术和管理等能力，能帮助那些需要援助的公共项目和支持慈善机构开展活动。企业在社会中拥有很多权力，根据权责对等的原则，也必须承担相应的责任，这样企业才不会违背公众利益，从事不负责任的活动。企业承担社会责任，预防相关社会问题的产生也是必要的。社会性问题发展得相当严重而得不到处理时，往往需付出比预防行动大得多的代价，并分散了企业管理在经营方面的精力。

虽然至今为止支持和反对社会责任的争论仍未停止，但企业对社会负责已经是一个不可逆转的社会潮流。因为，所有的利益相关者都与企业之间存在着一定形式的交换关系，都为企业提供某种形式的资源或是贡献，相应地就要求企业满足这些利益相关者的期望。各利益相关者群体做出的贡献不同，期望也有所差异：顾客为企业带来收入和利润，他们希望得到高质量、可靠的产品，希望物有所值；股东提供了资本，期望得到适当的投资回报；员工贡献了劳动和技能，期望得到满意的收入、工作获得感、安全和良好的工作环境；供应商为企业提供输入，期望得到可靠的买主并获得合理的收入，从而获得继续经营的机会；社会为企业的生存和发展提供了环境和空间，如基础设施、公平竞争的环境等，相应地，期望能获得可信赖的社会服务，并要求企业在环境保护和资源合理利用方面承担责任。

企业为了持续获得支持，就应考虑所有利益相关者的期望和要求，要将这些要求反映到企业的战略中。所以当前企业应该考虑的是如何对企业负责、在何种程度上对企业负责，认识到这些，有利于企业更加明确自身存在的目的和意义，有利于以一种更加开阔的视野去从事企业活动。

三、企业对社会负责的方法

按照企业对社会负责程度的高低，可以把企业对社会负责的方法分为以下四种不同的类型（图3-1）。

图 3-1　企业对社会负责的方法

（资料来源：加雷思·琼斯、珍妮弗·乔治、查尔斯·希尔，《当代管理学》）

（一）妨碍法

妨碍法是一种最被动的方法。管理者不愿意对社会负责，他们的行为往往是不道德的甚至违法的，同时他们还想方设法不让他们的行为被企业或其他利益相关者和社会所知。

（二）防御法

防御法是在法律要求范围内严格行事，不会做出任何法律规定以外的、对社会负责的行为。

（三）调和法

调和法是在严格遵守法律要求之外，承认组织有必要对社会负责。

（四）积极法

积极法是管理者将竭尽全力了解不同利益相关者的需要，并且很愿意利用他们的资源去扩大股东和其他利益相关者的利益。

当企业在对社会负责时，也常常要面临社会责任的极大丰富性和公司资源有限性的矛盾。为此，一般认为公司在怎么样承担社会责任方面应该有所侧重，应围绕其所造成的社会问题确定优先次序。如对一个造纸企业来说，应该把消除由造纸流出的污水问题摆在首位，而不是资助一场文艺演出。作为氟利昂的主要生产者，美国的杜邦公司从2000年起停止了这一能创造7.5亿美元的业务，公司在研究氟利昂的替代物的开发上花费了10亿美元。公司在削减环境不安全业务和开展与环境安全有关的研发工作的同时，将自己的经验用于帮助工业客户认识并消除他们的有毒有害物。在此项业务开展过程中，杜邦公司也获得了巨额经济回报。

可见，企业在承担社会责任的过程中要善于通过创新，找到社会责任和企业机会的结合点，即把社会问题转化成新型的、有利可图的企业机会，使企业在解决社会问题、取得社会效益的同时，也能获得更多的经济效益——这应是企业承担社会责任最有效的办法。

四、企业社会责任的对象

根据以上分析，企业承担社会责任在短期内会增加经营成本，但从长期来看，会使企业赢得更多的利润和更好的声誉，促进社会和谐发展。由此可见，企业应积极地承担社会责任。根据利益相关者理论，企业与员工、顾客、投资者、竞争者、社区、环境等构成经济利益共同体，企业可从与利益相关者的关系方面来承担社会责任。

（一）企业对员工的责任

员工是企业最宝贵的财富。只有满意的员工，才有满意的顾客。顾客满意，股东才会满意。为了使员工满意,企业在经营管理中应做到如下几点。

1. 不歧视员工

随着社会发展的多元化,现代企业员工队伍也趋于多元化。为了调动各方面的积极性,企业要同等对待所有员工,保证员工拥有平等待遇和机会,避免在性别、年龄、宗教信仰、户籍、国籍等方面的歧视行为。

2. 营造一个良好的工作环境

工作环境的好坏直接影响员工的工作效率和身心健康。企业要为员工营造一个健康、安全、关系融洽、压力适中的工作环境,如:推行民主管理,认真听取员工建议;重视员工的利益,按时足额支付工资,按当地政府规定为员工缴纳社会保险;赏罚分明、奖惩物质条件得当,必要时根据单位的实际情况为员工配备必要的设施,努力改善员工的工作条件。

3. 定期或不定期地培训员工

员工的培训情况是决定员工(特别是高素质员工)去留的一个关键因素。有社会责任的企业不仅会根据员工的综合素质,为其提供合适的工作岗位和相对公正的报酬,而且在工作过程中根据发展的需要对其进行培训,经过培训后的员工能胜任更具挑战性的工作。这样做既满足了员工自身的需要,也满足了企业的需要。

(二)企业对顾客的责任

顾客是企业产品和服务的最终使用者,顾客的忠诚度及数量往往决定着企业的成败得失。企业对顾客的责任主要表现为尊重顾客,为顾客提供真正需要的、安全的产品或服务;赢得顾客的信赖,提高回头客的购买次数;做好售后服务工作,及时解决顾客在使用企业产品或服务时遇到的困难。

(三)企业对投资者的责任

投资者是企业的资金来源,是企业财产的最终所有者。企业管理者受投资者的委托经营企业,必须为投资者带来有吸引力的投资报酬。有些企业只想从投资者手中获取资金,却不愿或无力给投资者以合理回报,这是对投资者不负责任的表现,最终投资者会解聘这类管理者,抛弃企业。因此,企业有责任与投资者进行沟通,将其财务状况及时、准确地报告给投资者,谎报或误报是对投资者的欺骗和不负责任的表现。

(四)企业对竞争者的责任

在市场经济条件下,竞争无处不在,无时不有,但在此条件下的竞争是良性、有序的竞争。有社会责任的企业不会为了一时之利,逞一时之勇,通过不正当手段恶意挤垮对手,争个"鱼死网破""两败俱伤"。市场上没有永远的敌人,只有永远的利益。因此,企业要处理好与竞争对手的关系,在竞争中合作,在合作中竞争。

(五)企业对社区的责任

社区是企业生存的小环境,其对企业的影响不可忽视。为此,企业不仅要为所在的社区居民提供劳动就业机会,增加当地的财政资源,还要通过适当的方式尽可能地为所在社区做出贡献,如不以营利为目的对所在社区或其他特定社区的建设(包括学校、医院、敬老院、公共娱乐设施、图书馆等)进行福利投资。通过此类活动,不仅回报了社区和社会,还为企业树立了良好的形象。

(六)企业对环境的责任

企业既受环境的影响又影响着环境,古人云:"皮之不存,毛将焉附。"因此,从自身生存和发展的角度来看,企业有责任保护环境。比如,为防止环境被污染,企业内部大力宣传环境保育的重要性,培养员工的环保意识。有社会责任的企业会主动节约能源、合理利用资源,避免生产经营对环境的危害。众所周知,道德和社会责任问题直接体现管理的目的,并在深层上对管理进行价值植入。换言之,道德和社会责任不仅为管理提供了价值理念和价值导向,而且本身就应当是管理理念的重要组成部分。

第四节　餐饮企业社会责任形象的塑造

在现代市场经济社会中,"社会是企业的依托,企业是社会的细胞"。企业是否履行社会责任已成为制约与促进经济发展与社会进步的重要因素,同时也成为衡量企业可持续发展的重要指标。如果企业忽视社会责任,不依法经营或违背社会道德规范,其必将影响市场经济秩序,从而给社会整体利益带来影响。如果企业重视社会责任,积极履行社会责任,不断提升道德竞争力,就能够使企业的经营行为符合社会整体利益,并促使社会向着健康有序的方向发展。

虽然企业承担一定社会责任,会发生相应的社会责任成本,给自身的经营带来一定影响,但同时也会为企业提供足以弥补其所付成本的利益,形成提高销售额和顾客忠诚度、提高生产力、减少常规性错误、增加企业盈利、提高企业声望、扩大品牌效应、增加销售量等诸如此类的企业无形资产,可赢得顾客和投资者的认同,并最终给企业带来长期的、潜在的利益。可见,社会责任不是企业的负担,而是企业应尽的责任和发展提升的必要条件。比如,《2010中国500企业家公众形象满意度调查报告》显示,坚持承担社会责任的李嘉诚、柳传志、李书福、张瑞敏、宁高宁、鲁冠球、任正非、董明珠、曹国伟、沈文荣位列榜单前十名,他们的企业具有较强的道德竞争力。与此形成鲜明对比的是,紫金矿业由于发生了重大环境污染事故被评为2010年度最不具社会责任的企业,其道德竞争力不言而喻。事实证明,一个有道德底线、愿意承担社会责任的企业,同样会是一家诚信、愿意对社会负责并具有长期发展潜力的企业。

所以,从某种程度上说,企业的竞争就是道德的竞争。在世界500强企业中,除了先进的技术、严格的管理、旺盛的创新意识、正确的人才观念外,还都拥有企业自身的道德行为规范,而且都对企业道德建设和实施非常重视。这些成功的企业都向我们展示了道德建设是企业发展的重要组成部分。因此,加强道德建设不仅是企业环境变化的要求,也是现代企业可持续发展的内在需要。

可见,要提升企业的核心竞争力在于提升企业的道德竞争力。而要提升企业的道德竞争力,就要落实企业的社会责任。就像美国企业家戴维·洛克菲勒所说:"关键是社会责任要变成企业行为的有机组成部分,而不是外加的慈善的行为。"

一、构建社会责任型企业文化

国际著名的决策咨询机构兰德公司经过长期研究发现,企业竞争力包括以企业理念、企业价值观为核心的企业文化、内外一致的企业形象、企业创新能力、差异化与个性化的企业特色、稳健的财务、卓越的远见和长远的全球化发展目标。因此,要把企业社会责任转化为企业竞争力,就要构建社会责任型企业文化,塑造符合社会道德的企业文化。一是把履行社会责任作为企业文化建设的灵魂。在企业文化建设过程中,要把强化社会责任作为企业文化的灵魂,使履行社会责任成为一种理念和价值观,成为企业的文化内涵,成为支持企业发展的核心价值观。二是把履行社会责任作为企业文化建设的重点和落脚点。具有社会责任的企业文化是企业成熟的重要标志,是企业精神确立的基石,是企业形象的最佳展示。在企业文化建设过程中,企业和每一位员工都要树立起对社会的道德责任意识,不只是扶贫解困、做慈善,更要做好环保、减少碳排放和倡导美好的社会风气等,做称职、优秀的"企业公民"。

二、实施社会责任型发展战略

企业道德竞争力是企业在长期生产经营中自觉履行社会责任,为消费者提供优质产品和服务的过程中逐渐形成的。因此,企业要获得成功,管理者在做出决策时,必须把履行社会责任作为战略思想的重要组成部分。优势企业之所以在广大消费者心目中具有良好形象,除了经营有方外,还与这些企业自觉履行社会责任有直接的关系。如四川省宜宾五粮液集团有限公司在生产经营过程中,始终能自觉履行社会责任,不仅获得了良好的经济效益,也赢得社会的广泛好评。汶川大地震发生后,五粮液集团捐资捐款,为灾区重建做出了重要贡献,集团还积极参加发展订单农业、扶贫工作和各项公益事业,2008 年获"中华慈善奖"。在我国,类似五粮液集团通过自觉履行社会责任树立形象的企业越来越多,出现了像海尔、联想、长虹等一大批优势企业,这些企业通过诚信经营、关心公益事业、开展扶贫救济活动等,树立了负责任的良好社会形象,提高了道德竞争力,赢得了社会和民众的理解、支持和信任,极大地提高了中国企业的影响力,进而提升了中国企业的市场竞争力。反之亦然,河北三鹿奶粉集团的破产就是一个惨痛的教训,毒奶粉事件曝光后,引起社会的强烈关注,这种严重的违法行为,既损害了消费者的利益,超过了市场经济的道德和法律底线,又毁了三鹿集团的形象,最终被迫宣告破产。

因此,企业必须把关注自然资源、生态环境、劳动权益和商业伦理融入自己的经营理念中,切实把履行社会责任作为企业战略思想的重要内容,使企业社会责任控制机制化、市场化、长效化,增强企业道德竞争力。

三、建立社会责任管理体系

建立社会责任管理体系,就是将社会责任的衡量、监督活动系统化、制度化,使企业在履行社会责任时有制度上的保障。可以说,企业全面、可持续地履行社会责任的一个重要标志,就是是否建立了内部社会责任管理体系。

(一)企业社会责任标准(行为准则)

企业的标准或行为准则,首先应是约束自己经营活动的标准,其次才是对供应商提出要求。目前,国际上各种企业社会责任标准层出不穷,已超过 400 个(含企业生产守则)。其中,ISO26000 国际企业社会责任标准是一个跨行业、跨区域的标准,已有超过 50 个国家参加。从 ISO9000 到 ISO14000,再到 ISO26000,标志着组织管理范式从以质量管理和环境管理为中心,转变到以社会责任管理为中心的全面责任管理阶段。

(二)评价体系

2010 年 9 月,杭州在全国率先出台的《杭州市企业社会责任评价体系》,成为全国地市级以上城市中第一个企业社会责任标准。加快建立和出台适应中国实际的企业社会责任量度标准和研究体系,以便指导和规范中国企业在社会责任方面的实践和努力方向。

(三)监督体系

监督体系保证对企业活动进行自我持续监督,发现问题立即加以纠正,从而实现动态的管理和调整。监督体系包括制度和机构的保障。

(四)建立内部沟通机制

许多企业履行社会责任的经验和教训都表明,建立一个有效的内部沟通机制,使管理层和执行层之间、各部门之间能就社会责任的问题进行不断的沟通,这是整个企业是否真正履行社会责任的非常重要的一环。有效的沟通机制,应该是以企业的行为准则为基础,按照评价和监督体系反馈的信息以及企业外部反馈的信息,及时地在相关部门之间进行协调,改变不适当的行为方式,使企业通过沟通得到不断的完善。通过建立社会责任管理体系,企业才能不折不扣地履行社会责任,不断提升企业道德竞争力,真正实现可持续发展。

四、共同推进企业社会责任

要发挥政府的推动和引导作用,使越来越多的企业加入这个体系,增强企业的国际市场竞争力。一是强化管理,加强企业社会责任法治化建设。各级政府管理部门专门负责各级企业社会责任协调和沟通机制,协同推进企业社会责任战略实施,对所辖区域内企业社会责任建设实施领导和管理,协调政府各部门间的政策和措施,保证政府政策的一致性。借鉴发达国家的做法,法律意义上的企业社会责任采取强制性规范的形式予以规定,而道德上的企业社会责任则采取授权性规范的形式予以规定。二是建立企业社会责任激励机制、监督机制和社会责任披露制度。对积极履行社会责任的企业,政府应给予必要的奖励,如慈善捐款冲抵或减免税费、企业信誉状况与融资以及担保系统挂钩、评选社会责任先进企业并给予表彰、建立企业社会责任分级评定及升降级制度等。要求企业定期公布社会责任报告,发挥社会舆论、新闻媒体、企事业单位及公民个人的监督作用,建立对违背社会责任行为的举报奖励制度。此外,还要积极引导社会力量为企业社会责任建设服务,如鼓励行业协会、民间商会、民间环保组织、慈善组织机构、各种志愿者组织等参与到企业社会责任建设过程当中来,在更大的范围内和更深的层次上推动企业社会责任的发展,切实提升企业道德竞争力,促进企业可持续发展。

本章小结

(1)管理道德是判断管理行为是非的一种价值标准,是关于管理决策或管理行为准确或错误的价值体系或信仰体系。

(2)由于在管理过程中所蕴藏的价值观、态度、信念及行为模式多种多样,这样就使管理道德具有了诸多内涵。人们往往把管理道德的内容范围限制在管理者的道德行为和价值的选择范围内,通常把管理道德确定为管理者的道德行为和道德品质。

(3)有关企业管理道德的四种观点:道德功利观、道德权利观、道德公正观和综合社会契约道德观。

(4)影响管理道德的因素有管理者道德发展阶段、个人特征、自我强度、控制中心、组织结构、组织文化和问题强度等。企业为提高管理道德水平,应挑选高道德素质的员工、建立道德准则和决策规则;管理者应以身作则,经常开展道德教育,设定合理的工作目标并对绩效进行全面、科学的评估,重视独立的社会审计与社会监察,提供正式的保护机制等。

(5)社会责任是与管理道德紧密联系的一个概念。在西方管理学界主要有两种相反的社会责任观:一是古典观点;二是社会经济学观点。建立自觉的社会责任理念,并形成积极有效的社会责任行为,是非常紧迫的课题。鉴于我国当前企业及社会状况,其现实意义尤为突出。当前,管理的"绿色化"已成为世界性重要议题。

思考与练习

1. 企业管理道德的概念、内涵是什么?
2. 企业管理道德的影响因素有哪些?
3. 常见的企业管理道德观念有哪些?
4. 提升企业管理道德途径有哪些?
5. 企业的社会责任主要是指什么?
6. 企业对社会负责的方法都有哪些?

案例分析

国内食品安全警钟长鸣

2006年十大食品安全事件回顾如下:

1. 福寿螺致病

6月，北京第一例食用福寿螺导致的广州管圆线虫病患者确诊。截至8月21日，北京市卫生局统计，全市确诊的广州管圆线虫病病例达到70例。"××演义"酒楼因此出名，因为大多数患者都是食用了该酒楼的福寿螺后发病的。

2. 人造蜂蜜事件

7月，中央电视台曝光湖北武汉等地的"人造蜂蜜"事件。自此，所谓"甜蜜的事业"也变得苦涩。据报道，现在蜂蜜造假的手段五花八门，有的是用白糖加水加硫酸进行熬制；有的直接用饴糖、糖浆来冒充蜂蜜；有的利用粮食作物加工成糖浆（也叫果葡糖浆）充当蜂蜜。造假分子还在假蜂蜜中加入了增稠剂、甜味剂、防腐剂、香精和色素等化学物质，假蜂蜜几乎没有营养价值可言，而且糖尿病、龋齿、心血管病患者喝了还可能加重病情。

3. 毒猪油事件

8月2日晚，浙江省台州市卫生局执法人员根据有关举报，在某油脂厂内查扣原料油38600千克、成品油5300千克。经台州市和浙江省两级疾病预防控制中心抽样检测，猪油中酸价和过氧化值严重超标，浙江省疾病预防控制中心还检出内含剧毒的"六六六"和"滴滴涕"。

4. "口水油"沸腾鱼

8月，媒体曝光南京某沸腾鱼乡将掺有客人的口水、收桌扫进去的剩渣、纸巾、甚至还有烟头的油，简单过滤后再给人吃的"口水油"沸腾鱼事件。据报道，这样重复用油可以为饭店一个月节省数万元的成本。

5. 瘦肉精中毒

9月13日开始，上海市发生多起因食用猪内脏、猪肉导致的疑似瘦肉精食物中毒事故，截至9月16日已有300多人到医院就诊。9月17日上海市食品药品监管部门确认中毒事故为瘦肉精中毒。瘦肉精学名盐酸克伦特罗，是一种平喘药，添加到饲料里，可提高猪的瘦肉率，现已禁用。如果瘦肉精含量过高，可能出现肌肉震颤、头晕、呕吐、心悸等中毒症状。

6. 大闸蟹致癌

10月18日，台湾卫生部门发布消息，称从内地部分水产公司进口的约3吨阳澄湖大闸蟹检出致癌物质硝基呋喃代谢物。后来证实为夸大其词，国家质检总局10月20日对外表示，今年以来，内地大闸蟹出口743吨，没有发生质量卫生问题。据了解，人体长期大量摄入硝基呋喃类化合物，存在致癌的可能性。而且，蟹体内有大量的抗生素药物残留，会使食用者产生耐药性，降低此类药物的临床效果。

7. "苏丹红"鸭蛋

11月12日，由河北某禽蛋加工厂生产的一些"红心咸鸭蛋"在北京被查出含有苏丹红Ⅳ号。11月14日，北京食品办又检出六种咸鸭蛋含苏丹红，大连等地也陆续发现含苏丹红的红心咸鸭蛋。国际癌症研究机构将苏丹红Ⅳ号列为三类致癌物，其初级代谢产物邻氨基偶氮甲苯和邻甲苯胺均列为二类致癌物，可能对人致癌。

8. "嗑药"的多宝鱼

11月17日,上海市公布了对30件冰鲜或鲜活多宝鱼的抽检结果,30件样品中全部被检出硝基呋喃类代谢物,部分样品还被检出环丙沙星、氯霉素、红霉素等多种禁用鱼药残留,部分样品土霉素超过国家标准限量要求。而人体长期大量摄入硝基呋喃类化合物,存在致癌的可能性。

9. 有毒的桂花鱼

11月底,香港地区食环署食物安全中心对15个桂花鱼样本进行化验,结果发现11个样本含有孔雀石绿。有问题的样本含孔雀石绿分量并不多,多数属"低"或"相当低"水平。尽管如此,香港食环署仍呼吁市民暂时停食桂花鱼。孔雀石绿是有毒的三苯甲烷类化学物,既是染料,也是杀菌剂,可致癌。它是带有金属光泽的绿色结晶体,可用作治理鱼类或鱼卵的寄生虫、真菌或细菌感染。现已禁用。

10. 陈化粮事件

12月15日,国家食品药品监督管理局发出紧急通知,因为部分媒体报道北京、天津等地相继发现万吨"陈化粮",并称这些"陈化粮"均是"东北米"。长期储存的陈化粮中的油脂会发生氧化,产生对人体有害的醛、酮等物质。储存时间过长的陈化粮,会残留一定量的农药,而且陈化粮会感染黄曲霉菌,继而产生黄曲霉毒素,长期食用会致癌。

问题:
1. 请以食品安全事件为例,谈谈餐饮企业社会责任的内涵?
2. 请以食品安全事件为例,谈谈餐饮企业社会责任的重要性?

第四章

餐饮组织管理

学习导引

企业组织结构是经营者经营理念的体现,与企业所在行业、产品、企业规模密切相关,企业组织结构是企业管理的框架,是企业管理信息上传下达的通道,也是企业管理职能传输、分解、执行与反馈的渠道。通过本章学习,让大家了解餐饮企业如何有效设计和构建适合自身发展的组织管理体系。

学习重点

通过本章学习,重点掌握以下知识要点:
(1)餐饮企业组织结构的定义、设计程序、设计原则与设计依据;
(2)餐饮业组织结构的一般模式和设置方法;
(3)餐饮从业人员构成、餐饮人员编制的影响因素与编制方法、餐饮管理的人员组织、餐饮岗位设计内容。

组织管理是指通过建立组织结构、规定职务或职位、明确责权关系等以有效实现组织目标的过程。组织管理的具体内容是设计、建立并保持一种组织结构。企业组织管理是企业管理中建立健全管理机构、合理配备人员、制定各项规章制度等工作的总称。具体来说就是为了有效地配置企业内部的有限资源,为了实现一定的共同目标而按照一定的规则和程序构成的一种责权结构安排和人事安排,其目的在于确保以最高的效率,实现组织目标。组织管理的科学、有效是企业经营活动目标最终实现的关键。

第一节 餐饮企业组织结构设计

当餐饮企业完成市场调研并最终确定细分市场后,构建组织管理结构就成为必须面临

的重要任务。餐饮企业组织结构是企业管理的框架,是发挥企业管理职能的工具,是企业内部管理信息传递、企业与外部进行信息交流的渠道,是餐饮企业经营理念和管理模式的体现,也是餐饮企业经营成功的关键。

一、餐饮企业组织结构的定义

组织结构是表明组织各部分排列顺序、空间位置、聚散状态、联系方式以及各要素之间相互关系的一种模式,是整个管理系统的框架。组织结构是为完成经营管理任务而结成集体力量,在人群分工和职能分化的基础上,运用不同职位的权力和职责来协调人们的行动、发挥集体优势的一种组织形式。

组织结构是组织在职、责、权方面的动态结构体系,其本质是为实现组织战略目标而采取的一种分工协作体系,组织结构必须随着组织的重大战略调整而调整。

餐饮企业组织结构是针对企业餐饮经营管理目标,为筹划和组织餐饮产品的供、产、销活动而设立的专业性业务管理机构,是餐饮企业有效开展业务经营活动的组织保证。

二、餐饮企业组织结构的设计程序

餐饮企业组织结构设计必须按照一定的程序进行,这项全面的设计工作一般包括以下几个步骤。

(一)前期调查

前期调查是餐饮企业组织结构设计的基础工作,调查内容包括餐厅(以单体餐厅为例)将实现的组织目标、主要业务类型、所面临的内部和外部环境、管理者和员工的需求和建议等。前期调查工作内容多、范围广,但只有全面掌握餐厅即将面临的各种情况,才能使设计出的组织结构有利于组织目标的实现,符合管理要求,运行起来顺畅。因此,只有将这一阶段的工作做扎实,才能使后面的设计工作事半功倍。

(二)岗位分析

岗位分析就是要明确为实现餐饮企业组织目标,需要完成哪些具体的业务活动,这些活动分别从哪些角度为实现组织目标而做出贡献。为此,设计工作者应在餐饮企业岗位分析环节确定组织内从事具体管理工作的职务类型,即有多少种管理岗位、它们将分别实现什么管理目标;各类管理岗位的人员数量,即每一类管理岗位上需要配备多少管理人员;以及每一位管理人员所应承担的责任、享有的权利、应具备的素质要求等。

岗位分析的结果有助于科学地设定岗位,确定企业所需要人员的数量和质量,为制订人力资源发展战略、人力资源工作计划及有效的人力资源需求方案提供科学依据。通过岗位分析,详细说明各个岗位的特点和要求,从而避免工作重叠、劳动重复等问题,提高个人和部门的工作效率和协调性。根据岗位分析的结果,可以详细地确定招聘、选拔、任用及晋升合格人员的基本条件,做到合适的人做合适的事。根据岗位分析结果,设计和制订员工培训开发计划,使每名员工都能着眼于业绩标准、职业发展的要求,努力达到岗位说明书规定的知识、技能要求,充分调动员工的积极性,使人力资本不断增值。

(三)形成管理部门

设计工作者应依照一定的原则,根据岗位工作的内容、性质及相互之间的关系,将其组合成被称为"部门"的管理单位。形成餐饮企业管理部门的标准有多种,具体采用哪一类标准不可一概而论,要根据组织活动的特点、环境和条件而定。

需要指出的是,虽然餐饮企业组织结构图是自上而下绘制的,但是,设计一个全新的组织结构图却是从最基层开始,即按照"自下而上"的原则进行。例如,我们不能在设计工作初期就确定要设置一个华中事业部部长岗位,而需要根据基层华中业务的具体内容和业务量,再确定是否需要设置部长岗位以及设置的级别如何等。

(四)形成组织结构

形成餐饮企业组织结构是指在形成管理部门的基础上,进一步根据"自下而上"的原则进行业务归类和整合,最终到达最高层管理的过程。此外,在形成餐饮企业组织结构的过程中,设计工作者还需要充分考虑餐饮企业组织的人力资源储备情况,对初步设计的部门和职务进行调整,平衡各部门、各职务之间的工作量,使餐饮企业组织结构趋于合理。如果可行,设计工作者就可以根据餐饮企业各管理部门的业务内容和性质,规定餐厅各层管理机构之间的职责、权限及义务关系,使各管理部门和职务形成一个严密的管理网络系统。至此,餐饮企业组织结构设计的阶段性工作完成,组织结构图的雏形也将形成。

(五)组织结构试运行

形成组织结构并不是餐饮企业组织结构设计工作的结束,相反,它是该组织结构发挥管理作用的开始。餐饮企业组织结构设计是否合理、有哪些缺陷、需要在哪些地方做出改善,还需要经过经营实践的检验。因此,一个新的餐饮企业组织结构形成后,一般会有一段试运行期,在这一时期,餐饮企业组织结构设计工作者将密切关注组织各部门之间的磨合情况、工作目标的完成情况等。

(六)完善组织结构

设计工作者根据餐饮企业组织结构试运行中所反映出来的问题、暴露出的缺点,对初始形成的组织结构进行调整和补充,这也是组织结构设计的一个重要环节,其目的是尽量减少由餐饮企业组织结构设计考虑不周所导致的管理不善,不断实现"事事有人做"和"人人有事做"的管理目标。

由于任何组织所处的环境、战略等不可能是一成不变的,因此,任何企业的组织结构也不可能一旦形成就恒久不变,这也使餐饮企业组织结构的完善成为一项持续性的工作,往往要再次回到第一步的调查阶段,于是新一轮的组织结构设计工作又开始了。

三、餐饮企业组织结构的设计原则

餐饮企业应根据组织业务活动的需要设计组织结构,在组织结构设计过程中,还应遵循一些基本原则,这些原则是由长期的管理实践中积累的经验总结出来的。

(一)专业化分工原则

餐饮管理是一项专业性很强的工作,必须保证餐饮企业组织结构设置和工作内容的专业性。餐饮企业组织结构内部的专业化分工要明确,职责范围要清楚。餐饮企业组织结构涉及的各级管理人员和从业员工必须接受过专业知识和技能的培训,具有一定的专业水平和能力,在自己的职责范围内能够独立开展工作。餐饮专业化分工是把餐饮经营活动的特点与参与经营活动的员工的特点结合起来,把每个员工都安排在适当的领域中积累经验、发挥才能,从而不断提高工作效率。

餐饮企业组织的业务活动是围绕餐饮经营流程开展的。餐饮经营流程为采购—验收—储藏—发货—生产—销售—服务,组织结构设计的任务就是根据餐饮组织的具体情况,把从采购到服务整个过程中各环节的工作都分派给不同的部门。

（二）统一指挥原则

统一指挥原则要求餐饮组织中每位员工只接受一位上级领导的指挥,要求在上下级之间形成一条清晰的指挥链,各级管理人员也只能按照管理层次向自己管辖的下级人员发号施令。如果一个餐厅员工同时受多个领导指挥,必将无所适从,从而影响组织的稳定,最终影响组织目标的实现。在制定岗位职责时,必须说明汇报上级是谁、直属下级是谁,不应要求任何一个员工同时受命于几个上级。在例外情况下可以打破统一指挥原则,但是上下级的职责权限必须是明确的。

（三）精简与效率相统一的原则

餐饮企业组织结构是服务于餐饮经营业务活动的,组织结构的设置必须建立在精简和保障效率的前提下。在满足餐饮经营业务需要的前提下,餐饮组织结构的规模、形式、层次和内部机构都必须满足以最少的人力去最好地完成相关业务的原则,力求将人员数量降到最低限度,减少内耗,提高效率。精简的关键是精,能够用最少的人力去完成任务。精简的目的是减少内耗,提高效率。精简和效率相统一的主要标志是:配备的人员数量与所承担的任务相适应,内部分工得当,职责明确,每人有足够的工作量,工作效率高,应变能力强。

餐饮企业组织结构越来越趋向简单化、扁平化,因为组织结构过于复杂会导致效率下降和官僚主义。精简与效率相统一的原则如下:①不应因人设岗;②不应设可有可无的岗位;③指挥幅度不宜过大;④尽量减少层次,以利于信息快速传达。

（四）责任和权利相适应的原则

餐饮管理是运用不同职位的权力去完成管理任务。责任是权力的基础,权力是责任的保证,责任和权力不相适应,管理人员就无法正常地从事各项管理工作。餐饮企业组织结构保持责任和权力相适应的标志是:组织结构的等级层次合理,各级管理人员的责任明确,权力的大小能够保证所承担任务的顺利完成,权责分配不影响各级管理人员和从业人员之间的协调与配合,有权必有责,有责必有权。

管理者在给下级授权时,应根据餐饮企业经营目标把其分解委派给不同职位的各级管理和从业人员,明确规定这些人员各自的职责范围和权限,并将职责范围和权限具体地列在岗位描述中。这样,下级会清楚哪些工作是自己负责的,哪些工作需要向上级报告。授权者必须考虑组织结构的大小和特点,进行适度的分权,既不能事无巨细,也不能撒手不管。

（五）灵活性原则

餐饮组织结构设计应具有一定的灵活性,应根据内外部环境的变化灵活调整。组织结构的大小应与餐饮经营主体的等级规模相适应,组织结构的内部专业分工程度应与生产、服务的能力相适应,管理人员和从业人员的专业水平和业务能力应与其工作任务和市场环境相适应,能够有效地开展企业的各项业务工作,从而确保企业的经营目标得以实现。

四、餐饮企业组织结构的设计依据

餐饮企业组织结构的设计依据主要有以下几方面。

(一)餐饮企业经营类型

餐饮企业经营类型越多,专业化分工越细,内部人员、部门越多,组织机构的规模越大。例如单体的餐饮店,虽然其规模可能很大,但它的组织结构与管理多家餐饮分店的餐饮集团的组织结构相比是不能同日而语的;同一地区同等规模餐饮企业分属不同规模餐饮集团,其组织结构也是不同的,这取决于餐饮企业集团各自组织结构。

(二)餐饮企业接待能力

餐饮企业组织结构的设计还需要考虑餐饮企业接待能力的大小,组织结构的规模和形式必须和餐饮企业接待能力相适应。餐饮企业接待能力是由其座位多少决定的。餐饮企业座位越多,接待能力越强,组织结构的规模也相应越大;餐饮企业座位越少,接待能力越弱,组织结构的规模也相应较小。当单体餐饮企业仅服务稳定的、人数较少的消费者时,其组织结构一般情况下较为简单,甚至没有正式的组织,主要管理职能经常是被兼顾的。但接待能力强的餐饮企业,会根据接待能力的大小、接待要求的复杂程度而进行更细致的分工,从而构建不同规模的组织结构。

(三)餐饮企业经营的专业化程度

餐饮企业经营的专业化程度,一般指餐饮企业提供餐饮服务的层次与水平。例如快餐厅,其提供类型化的简单餐饮服务,因此其组织结构整体相对比较简单。但对于提供种类丰富、多样化餐饮服务的企业,其分工详细,因此,其组织结构相对比较复杂。

餐饮企业主要有饭店和餐馆两种类型,二者的具体组织结构形式各有不同。饭店是一种综合性服务企业,其中的餐饮部门不是独立的,而是组织结构的一部分,餐饮管理中所需要的财务、安全、培训、人事劳动等管理工作由企业职能管理部门承担,因此,组织结构的规模可以相对较小。而餐馆、酒家等都是独立的企业,需要建立全套组织结构,在接待能力相同的条件下,组织结构的规模则相对较大。

(四)餐饮经营市场环境

不同地区、不同时期餐饮经营的市场环境不相同。不同的市场环境意味着不同的经营和服务模式。CBD附近的餐厅一般竞争激烈,服务质量与水平要求高;而居民区周边的餐厅则要求物美价廉,以满足基本需求为服务目标;学校周边餐厅则因消费群体特征表现为消费群体大、层次低、关注口味、关注变化,对服务要求不高。不同的经营市场环境,造就了不同的企业组织结构。处于卖方市场条件下的企业市场环境好,用餐客人多,餐厅座位周转快;而处于买方市场条件下的企业情况则相反。因此,组织结构的规模和形式会随着市场环境的变化而调整。

在餐饮企业组织结构建设过程中,首先按照餐饮企业组织结构的设计程序,同时考虑餐饮企业经营类型、餐饮企业接待能力、餐饮企业经营的专业化程度以及餐饮经营市场环境等条件，根据行业规范或者标准确定组织结构基本框架及规模；然后在此基础上根据餐饮企业组织结构设计原则进行规范调整。

第二节　餐饮业组织结构的一般模式和设置方法

随着社会发展，企业组织结构也在为适应市场变化而不断地进行自我更新，企业管理结构2.0甚至3.0已经更新完成并顺利运行，或者在不断调整的路上，餐饮业同样也在不断更新组织结构的过程中。但作为组织结构设计的基础，即餐饮业组织结构的一般模式，还需要我们去了解。

一、组织结构的一般模式

由于环境条件的多变性和工作任务的复杂性，项目管理组织具有动态临时性特征，但其基本框架应该相对定型，这个基本框架被称为组织结构模式，常见的组织结构模式有直线式、职能式、直线职能式、事业部式和矩阵式五种。

（一）直线式组织结构

直线式组织结构是一种最为简单的结构，也是一种传统的组织结构。直线式组织结构是指职权从高层直接向下进行传递和分解，经过若干个管理层次后到达组织的最底层。其特点是：组织中的各个管理岗位按垂直系统进行直线排列，职权从组织上层沿着直线"流向"组织基层，各管理者对下级进行统一指挥，同时不设置专门的职能机构，从最高管理层到最基层，实行直线垂直领导。图4-1所示的就是直线式组织结构的典型形式。

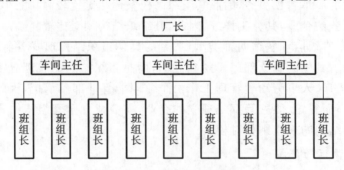

图4-1　直线式组织结构图

直线式组织结构的优点主要表现在以下两个方面。

(1)结构简单，便于统一指挥、集中管理。直线式组织结构的所有命令都沿着垂直方向从上到下纵向传达，因最高管理者可以通过各条直线同时向多个下级发布统一命令，这便于组织的集中管理。直线式组织结构上下级关系简明，层级制度严格明确，职权和职责分明。

(2)联系便捷，信息沟通迅速，内部协调容易。一旦遇到紧急事务，最高管理者可以把自己的决定立即传达给直接下属，该层级上的直接下属再传达给次一级的下属，如此连续传递下去,整个组织便形成了快速反应机制。管理沟通的速度和准确性在客观上有一定的保证,解决问题及时,管理效率比较高。

直线式组织结构的缺点主要表现在以下两个方面。

(1)组织结构缺乏弹性,组织内部缺乏横向交流,缺乏专业化分工。组织系统刚性大,对外界变化的反应灵敏度差。经营管理事务依赖于少数几个人,要求企业管理者必须是经营全才,在企业规模扩大时,不利于集中精力研究企业管理的重大问题。最高管理者在没有配备助手的情况下,要同时管理多个业务不同的下级部门,难免会出现"外行管内行"的局面。

(2)集权现象严重。由于权力过于集中在最高管理者手中,因此很难保证决策的质量,而且权力缺乏牵制和监管,容易滋生权力滥用和"霸权"现象。

直线式组织结构一般适用于规模较小、事务较少、各项管理活动较为简单的组织。

(二)职能式组织结构

职能式组织结构是对直线式组织结构的修正和改进。随着组织规模的扩大、管理事务增多且内容多样,一个领导者很难具备管理全部部门所必需的各项知识。因此,需要给领导者配备专门的职能部门,职能部门运用自己的专业知识和专项技能协助管理者对下级各部门进行分类指导、监督。职能式组织结构是在组织中设置若干职能专业化的机构,这些职能机构在自己的职责范围内,都有权向下发布命令和指示。这是一种强调专业分工的大跨度组织结构模式,其特点是,强调管理职能的专业化,总负责人将相应的管理职权交给各个职能部门负责人,后者在其职权范围内,直接指挥下级单位。这种组织结构有利于发挥各职能机构的专业管理,提高工作效率。职能式组织结构如图 4-2 所示。职能式组织结构在一定程度上改善了直线式组织结构中存在的问题,同时也滋生了新的管理问题。

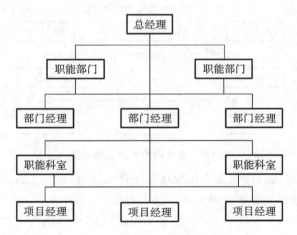

图 4-2　职能式组织结构图

职能式组织结构的优点主要体现在如下两个方面。

(1)管理工作专业化、分工细致。各职能部门根据自己的业务分工,从不同角度对下级部门进行分别指导,从而取代了直线式组织结构中的"全能管理"。能够充分发挥各职能部门的专业管理作用,发挥各部门专家的作用,有利于提高组织管理专业化程度和水平。

(2)减轻上层管理者的工作负担,使其可以有更多的时间和精力考虑组织重大问题,从事更具战略性和前瞻性的管理活动。

职能式组织结构的缺点主要体现在如下两个方面。

(1)多头领导、政出多门,破坏统一指挥原则。由于各职能部门在分管业务范围内可以直接指挥下属,因此,下属不得不同时听从多方面的命令,这违背了统一指挥的管理原则。

(2)各部门之间缺乏横向协调。各职能部门过多考虑自己部门利益,每个员工只考虑自己所在部门的工作,不利于组织整体目标的实现,而且不利于培养全面型的管理人才。缺少人员对组织总体的承担责任,易造成组织纪律松弛和管理秩序混乱的现象。

(三)直线职能式组织结构

直线职能式组织结构是把直线式和职能式两种组织结构结合起来形成的组织结构模式,是以直线式为基础,在各级行政主管之下设置相应的职能部门从事专业管理、作为该级行政主管的参谋,实行主管统一指挥与职能部门参谋指导相结合。在直线职能式结构下,下级部门既受上级部门的管理,又受同级职能管理部门的业务指导和监督。各级行政管理者逐级负责、高度集权,各级领导都有自己的职能部门人员参谋和协助,帮助收集信息、分析问题,因而能对各部门的生产、技术、经济活动进行有效的指挥和组织。这种组织结构既保持了直线式结构集中统一指挥的优点,又吸收了职能式结构分工细密、注重专业化管理的长处,从而有助于提高管理工作的效率。直线职能式组织结构如图4-3所示。

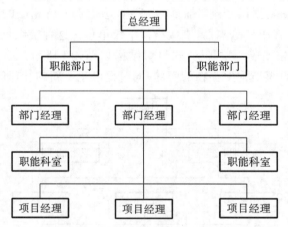

图4-3 直线职能式组织结构图

直线职能式组织结构的优点主要体现在如下两个方面。

(1)可以充分发挥各职能管理部门的参谋指导作用,弥补领导人员在专业管理知识和能力方面的不足,可以促进管理效率提高,弥补了直线式组织结构的不足,可以像职能式结构那样实现专业化管理。

(2)可以保证企业管理体系的集中统一,提高组织结构的稳定性,克服了职能式组织结构中的问题,实现了统一指挥,避免了政出多门的缺点。

直线职能式组织结构仍存在一些缺点,主要体现在如下几个方面。

(1)各职能部门之间的横向联系较差,容易产生脱节和矛盾。各部门只关心自己内部的事务,各自为政,这不仅不利于实现组织的整体目标,而且不利于培养全面的管理人才。

(2)难以协调职能部门和直线部门之间的关系。直线职能式组织结构建立在高度的"职权分裂"基础上,如果职能部门和直线部门的意见不一致、目标不统一,就容易产生冲突和矛盾。特别是对于需要多部门合作的事项,往往难以确定责任的归属。为了避免这两类人员的摩擦,管理层应明确他们各自的作用,鼓励直线部门人员合理运用职能参谋人员所提供的意见。

(3)权力过度集中,下级缺乏必要的自主权。直线职能式组织结构从整体上看仍是以直线式为基础的,因此也保留了直线式组织结构的这一缺陷。

(4)信息传递路线较长,反馈较慢,难以适应环境的迅速变化。

直线职能式组织结构是当前应用极为广泛的组织结构类型,是现代工业中常见的结构形式,而且在大中型组织中尤为普遍。

(四)事业部式组织结构

事业部式组织结构是为满足企业规模扩大和多样化经营对组织机构的要求而产生的一种组织结构形式,是在总公司领导下根据企业经营特征设置若干个事业部,把分权管理与独立核算结合在一起,按产品、地区或市场(顾客)划分经营单位,即事业部,这种组织结构的特点是集中政策、分散经营。总公司作为决策中心,一般只保留人事任免、财务预算、重大战略调整和利润目标考核等重大决策权,其余的很多决策则由事业部做出。每个事业部都有自己的产品和特定的市场,能够完成某种产品从生产到销售的全部职能。事业部不是独立的法人企业,但具有较大的经营权限,实行独立核算、自负盈亏,是一个利润中心,从经营的角度上来说,事业部与一般的公司没有什么太大的不同。事业部式组织结构如图4-4所示。

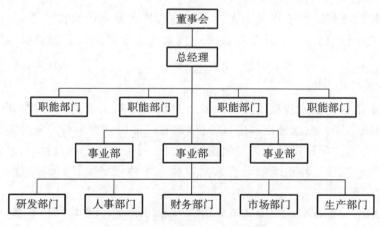

图4-4 事业部式组织结构图

组织内各事业部的划分依据很多,主要包括如下几种。

(1)以产品类型为依据。例如,某日化产品企业根据产品类型设置化妆品事业部、洗涤用品事业部等。

(2)以业务发生的区域为依据。例如,某国际电子元器件生产商根据业务发生的区域先后设置大中华区事业部、北美事业部、欧洲事业部等。

(3)以顾客群体特征为依据。例如,银行、超市等服务型组织为了管理方便,设置大宗客户事业部和散客服务事业部等。

事业部式组织结构的优点主要体现在如下几个方面。

(1) 实现了有效分权。分权可以将高层管理者从琐碎的日常事务中解放出来，有利于他们集中精力考虑全局问题及做好战略决策，同时通过分权可以在各事业部发现、培养能独当一面的杰出人才，从而有利于企业的战略性人才储备。

(2) 实现了企业多元化扩张与专业化经营的统一。虽然对整个企业来说，其产品多样、区域分散、顾客群体特征差异明显，但是通过设置事业部，每一个单独的事业部仍类似于一个目标集聚的企业，由此确保了产品或服务的专业化程度，有利于组织专业化经营。

(3) 实现了管理的灵活性和适应性。由于事业部实行独立核算，各事业部经营责任和权限明确，各事业部对企业的贡献一目了然，物质利益与经营状况挂钩，更能发挥经营管理的积极性，各事业部之间有比较和竞争，这不仅可以在企业内形成良性竞争机制，而且管理者能快速甄别哪些事业部是今后投资发展的重点，哪些应该尽快收缩、剥离，从而有利于增强企业的环境适应能力，有利于企业对市场变化做出灵活及时的反应。

事业部式组织结构的缺点主要体现在如下几个方面。

(1) 公司与事业部职能机构互相重叠，每一个事业部都单独设置一套功能齐全的职能部门，势必造成资源浪费、经营成本上升。

(2) 加大了总公司与各事业部及事业部之间的关系协调难度。各事业部实行独立核算，在自主经营时可能仅以自身利益为重，影响事业部之间的协作，一些业务联系与日常沟通往往被经济关系所取代，考虑问题时容易忽视企业整体利益，这将严重影响组织的整体成长和全面发展。

事业部式组织结构适用于规模庞大、品种繁多、技术复杂的大型企业，是国外较大的联合公司所采用的一种组织形式，近几年我国一些大型企业集团或公司也引入了这种组织结构形式。

(五) 矩阵式组织结构

矩阵式组织结构是现代新型项目管理的一种组织结构模式，由纵向管理部门和横向管理部门交叉，形成矩阵。在这种矩阵中，横（纵）向管理部门一方为按专业分工组建的稳定的职能部门，另一方为按项目目标和类型组建的一次性的工作班子，职能部门负责专业人员调度、业务指导，而一次性工作班子的负责人对专业人才负领导责任，通过组织协调使大家为某个特定目标共同工作。

矩阵式组织结构是在直线职能式垂直组织形态的基础上，再增加一种横向的领导系统。这是一种把按职能划分的部门同按产品、服务或项目划分的部门结合起来的组织结构形式。在这种组织结构中，每个成员既接受垂直部门的领导，又要在执行任务时接受横向部门的领导。矩阵式组织结构如图4-5所示。

矩阵式组织结构的优点主要体现在如下几个方面。

(1) 适应性强，机动灵活，促进各种专业人员互相帮助、互相激发、互相支持，有利于加强不同部门之间的协作和配合，及时沟通情况，解决问题。

(2) 纵横结合，将职能与任务很好地结合在一起，既可满足对专业技术的要求，又可满足对每一项目任务快速反应的要求。

(3) 加强了横向联系，集权和分权相结合，人员组合富有弹性，专业设备和人员得到了充分利用,实现了资源的弹性共享。资源来自各职能部门,资源可在不同项目中共享。

矩阵式组织结构的缺点主要体现在如下几个方面。

(1)成员位置不固定,有临时观念,有时责任心不够强,对工作效果有一定影响,成员之间还可能会存在任务分配不明确、权责不统一的问题。

(2)一些人员要接受纵横交叉的双重领导,当两个意见不一致时,就会使他们的工作无所适从。有时不易分清责任,要求人员具备较好的人际沟通能力和平衡协调矛盾的技能,有时需要花费很长时间用于协调矛盾,从而降低人员的积极性,很容易造成效率低下。

矩阵式组织结构也是一种十分常见的组织结构,其应用已有30多年,一般比较适用于协作性和复杂性强的大型组织。IBM、福特汽车等公司都曾成功地运用过这种组织结构形式。

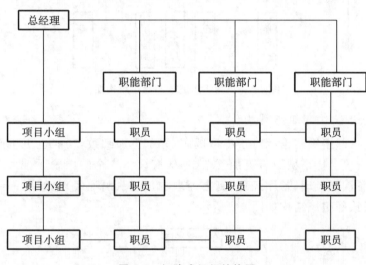

图 4-5　矩阵式组织结构图

二、餐饮业组织结构的一般模式

餐饮业组织结构模式是在遵循餐饮组织结构设计原则的基础上根据餐饮业的实际情况形成的,是餐饮管理思想、管理风格的具体体现,是将餐饮各部分在组织中予以定位,是各部分在组织系统中的位置、集聚状态及互相联系的形式,使各部分有机地组合起来。

餐饮业组织结构模式是餐饮企业生产、服务、管理所需岗位和工作分工、沟通交流及其联系方式的书面化和图表形式的展现。不同性质、不同规模的餐饮企业组织结构模式是不同的。随着餐饮企业隶属关系、结构规模以及管理风格方式的变化,餐饮企业组织结构模式也要进行相应的调整和完善。餐饮企业组织结构反映了餐饮企业管理者的经营思想、管理体制,直接影响经营的效率和效益。

餐饮业组织结构的具体形式主要受企业规模、接待能力、餐厅类型等因素的影响,其一般模式主要有以下五种。

(一)小型饭店餐饮部组织结构

小型饭店餐饮部组织结构设置比较简单,分工也不太细,往往一个岗位需要负责多方面的工作，通常设有餐饮部经理、各餐厅经理、厨师长（厨师）、餐厅领班（服务员）等。管理者的职责也比一般企业的管理人员要多得多，如餐厅经理除了负责餐厅的日常运转管理外，还负责餐厅酒水的供应和服务、餐具的洗涤与管理等工作。小型饭店餐饮部组织结构如图4-6所示。

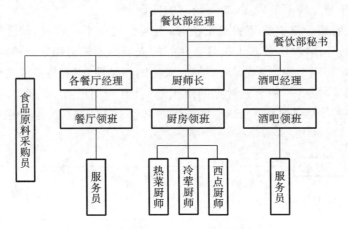

图4-6 小型饭店餐饮部组织结构图

（二）中型饭店餐饮部组织结构

中型饭店餐饮部组织结构相对于小型饭店，分工更加细致，功能也更全面，业务范围相对更大，在机构设置上比小型饭店更加复杂，一般有设备齐全的中餐厅、西餐厅、宴会厅、酒吧等，一般设有餐饮部经理、餐厅经理、宴会经理、厨师长、酒吧经理、管事部经理、送餐主管等。中型饭店餐饮部组织结构如图4-7所示。

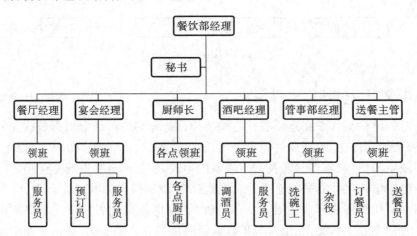

图4-7 中型饭店餐饮部组织结构图

（三）大型饭店餐饮部组织结构

大型饭店餐饮部组织结构比较复杂，层次较多，分工明确细致，专业化程度高。大型饭店通常有多个餐厅，如中餐厅、西餐厅、宴会、酒吧等各类餐厅齐全，厨房分别与各种类型的餐厅配套。一般设有餐饮总监、餐饮部经理、行政总厨、中餐厅经理、西餐厅经理、咖啡厅经理、宴会部经理、酒水部经理、送餐部经理、采购部经理等。大型饭店餐饮部组织结构如图4-8所示。

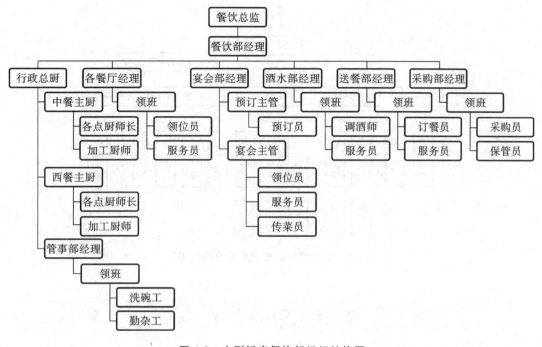

图 4-8 大型饭店餐饮部组织结构图

(四)独立经营的餐饮企业组织结构

独立经营的餐饮企业组织结构模式与饭店餐饮部组织结构模式有很大区别,它有比较健全的机构和功能,这类餐饮企业构成餐饮业的中坚力量。熟悉餐饮企业组织结构有助于所有餐饮人员明确自己在企业中的位置,以便更好地沟通与协调。餐饮企业的组织结构因规模、等级、服务内容、服务方式、管理模式等方面的不同而不同。独立经营的餐饮企业主要岗位包括前台服务性工作岗位(迎宾员、值台服务员、传菜服务员等)、后台生产与保障性岗位(厨师、采购员、仓管员、工程设备维护人员、安保人员等)。常见的独立经营的餐饮企业组织结构如图 4-9 所示。

(五)集团化的餐饮企业组织结构

集团化的餐饮企业组织结构一般根据其业务覆盖范围不同而有所差别。例如肯德基、麦当劳几乎覆盖大部分国家,因此其组织结构不仅庞大、复杂,而且分工详细,其经营已经超越大部分餐饮企业经营范围,向生产和配送延伸,甚至控制原材料种植,因此其组织结构不仅分不同地区(如美洲、亚洲)事业部,还分不同生产加工事业部,甚至种植事业部,这是最为复杂和庞大的组织结构。一般国家范围的餐饮企业集团较为普遍,其组织结构比单体或者更小范围的餐饮企业集团要复杂,但不如世界范围的餐饮企业集团组织结构复杂,它们一般也设置地区事业部,但比以大洲为地区范围要小,例如华东、华北、华中、西南等,也会有餐饮产业链上不同产业分布,这需要根据餐饮企业生产链条延伸的长短和范围来决定,然后在此基础上,再分城市级别和不同餐厅组织结构。

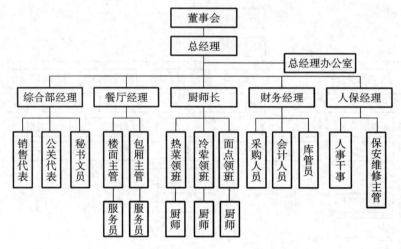

图 4-9　独立经营的餐饮企业组织结构图

三、餐饮业组织结构的设置方法

(一)根据企业性质和投资结构,选派产权代表,确定组织领导体制

我国餐饮业主要由饭店与宾馆的餐厅、相对独立的餐馆、酒楼等组成。它们的企业性质和投资结构各不相同。从组织结构设置的角度来看,在市场经济条件下,任何企业的组织领导体制都是由投资结构决定的。因此,建立餐饮企业组织结构,首先要根据企业性质和投资结构选派产权代表,确定组织领导体制。这里分为两种情况。

一是饭店、宾馆的餐厅,它们不是独立的企业,而是企业内的一个部门,尽管规模、档次都高于一般的餐馆,但它们没有企业法人的资格。因此,饭店、宾馆餐饮管理的组织结构,其产权代表就是饭店、宾馆的总经理或董事长,由他们来研究、确定其餐饮管理的组织领导体制。一般说来,这种组织领导体制就是总经理或董事长领导下的部门经理负责制。

二是餐馆。它们大都是一个独立的企业,根据投资结构不同,其第一投资人也必然派出产权代表担任总经理或董事长,由他们来研究和确定餐馆的组织领导体制。

(二)根据规模档次和接待对象,确定餐饮企业组织结构的大小和形式

在餐饮管理组织领导体制确定的基础上,饭店、宾馆、餐馆的组织结构的大小和形式都

是由其规模、档次和接待对象决定的。

（三）根据专业分工确定部门划分和岗位设置，制定各岗位职责规范

在组织结构的规模和形式确定的基础上，必须做好内部的专业分工，根据各岗位具体任务，确定内部的部门划分和岗位设置。在部门划分和岗位设置的基础上，还应根据不同的岗位的任务、职责、权限的不同，分别制定出各个岗位的职责规范，其内容应该包括不同岗位员工的学历、资历、经验、仪表、语言等基本条件和具体职责规范，以保证组织结构中的各岗位人员的选择和任用。

（四）根据各岗位工作任务和职责规范，选派人员，形成正式、有效的组织管理

餐饮企业组织结构的设置和建立，除组织形式、管理体制外，关键在各岗位人员的选择和任用。餐饮管理的组织形式一经确定，就要按照不同岗位的工作任务、任职条件和职责规范去选派人员，特别是中高层管理人员的选择和任用，直接决定企业组织管理水平的高低，是能否做好餐饮管理的关键。因此，根据岗位任务、职责规范、任职条件选派人员，做到对号入座，也是餐饮管理组织结构设置的重要工作之一。

第三节　餐饮管理的人员编制

一、餐饮从业人员构成

（一）餐饮管理人员

餐饮管理人员分为三个层次，即高层管理人员（领导层）、中层管理人员（部门经理）和基层管理人员（主管、领班）。如何设置管理人员的层次级别，确定每个管理层的基本职责，一般情况下，需要根据餐饮企业类型、规模大小等因素而定。

1. 高层管理人员

高层管理人员制订企业的长期计划和总体目标，重视企业的总体经营环境，关注企业周围环境带来的机遇和威胁，关注餐饮企业未来发展方向和经营目标等全局性管理事务。

2. 中层管理人员

中层管理人员是指挥链条的中间环节，他们处于组织中上下级沟通的承上启下的关键岗位，他们制定餐饮企业的短期目标，为日常经营进行具体的管理。中层管理人员要有转化力、协调力。

3. 基层管理人员

基层管理人员被喻为"缝合针"，他们既代表上级管理员工，同时又向上级反映员工的愿望和关注的问题。基层管理人员落实执行计划，更多地使用技术技能，诸如安排人员工作班次计划，指导员工做好"高峰繁忙"时段的工作，进行现场的督导与管理，因此他们要有执行力。

另外，根据工作性质，管理人员也可分为一线管理人员和二线管理人员。一线管理人员是指对餐饮企业获得营业收入具有直接影响的管理人员，他们与其所在的部门都处于指挥

链条之中。二线管理人员及其所在的部门对餐饮企业获得营业收入没有直接影响,更确切地说,他们是向一线管理人员提供建议和服务的专业技术人员。

(二)餐饮生产人员

餐饮生产人员,主要是指为餐厅销售、服务制作和提供物质产品的厨房员工。

1. 原料加工人员

原料加工人员是厨房生产第一道工序操作人员,主要承担各类烹饪原料的初步加工、整理、宰杀、洗涤以及干货原料的涨发等,此类人员要求技术老练、责任心强、富有奉献精神。因为,他们的劳动往往决定厨房产品的出净率、涨发率和成品的基础质量。

2. 菜肴生产人员

菜肴生产人员是餐饮企业设计菜单、决定菜肴口味的主要人员。菜肴生产人员要求反应快、判断准,能根据企业的标准配制烹调菜肴,能了解客人的需要,设计烹制客人喜爱的菜肴。菜肴生产人员可分为中菜厨师、西菜厨师、凉菜厨师、热菜厨师、炉灶厨师、墩子厨师、打荷厨师等;也可分为厨师、厨工。

(三)餐饮服务人员

餐饮服务人员是指在餐厅、酒吧等餐饮设施中为顾客提供食品、酒水饮料和服务的工作人员,包括不同工作岗位、从事不同工作内容的餐厅、酒吧、餐务及管事部门的工作人员,如迎宾引座员(领位员)、订餐员、点菜员、传菜员、值台服务员、洗碗工、吧台调酒员(由于其技术含量较高,也有将其单列为调酒师系列)、送餐员等。

餐饮服务人员与顾客接触面广,工作富有变化性和创造性,有充分的机会展露个人才华,发展空间也很大,但此类人员处于组织层级较低的职位,工作强度大。

(四)其他人员

其他人员包括仓储保管人员、物资采购人员等。

二、影响餐饮人员编制的因素

确定人员编制、合理选配人员是做好餐饮管理的前提和基础,也是搞好餐饮管理的重要条件之一。在实际工作中,影响餐饮人员编制的主要因素包括以下各项。

(一)餐厅档次高低和座位数量

餐厅档次越高,座位数量越多,服务质量要求越高,分工越细致,必然用人越多;反之亦然。因此,餐厅档次高低和座位数量是影响餐饮人员编制的重要因素。

(二)市场状况和座位利用率

市场环境越好,用餐客人越多,必然能提高餐厅座位利用率,这样每位服务员能够看管的座位数必然相对减少,用人相对增加;反之,市场环境不好,或市场大环境较好,而本餐厅的座位利用率较低,也会影响人员编制。

(三)员工技术熟练程度、厨房生产能力及设备的技术含量

餐厅员工素质越高,操作技术越熟练,每个服务员能接待的客人数量可以相对提高;反之亦然。厨房生产能力以炉灶多少为主要标志,它与餐厅接待能力是相适应的。厨房生产

能力越强,炉灶数量越多,用人必然越多。同时,厨房技术设备越先进、越科学合理,越能提高劳动效率,从而也会影响厨房的人员编制。

(四)餐饮经营的季节波动程度

餐饮业务经营有一定的季节波动性,但比客房波动程度低。季节不同,餐厅座位利用率的高低不同,从节约人员成本、降低人员编制、合理使用劳动力的角度来看,餐饮人员编制应以平季为基础。旺季人员不足时,可以利用短期合同工或利用淡季安排员工休假、旺季不休假来调节,淡季人员富余时又可多安排休假或开展员工培训,从而可以减少人员编制。

(五)班次安排和出勤率高低

在餐饮经营中,员工上班一般执行两班制,即早班和晚班,而24小时餐厅则采用三班倒,用人必然会增加。此外,每周工作天数和员工出勤率也是影响餐饮人员编制的重要因素。

三、餐饮人员编制的方法

(一)岗位人数定员法

岗位人数定员法主要适用于餐饮企业或餐饮部门的高级主管及以上的管理人员编制。其人员编制方法根据工作需要来设定岗位,然后按岗定人。

(二)上岗人数定员法

上岗人数定员法主要适用于那些很难制定劳动定额的部门和岗位的人员编制,如餐饮企业的管事部、冷荤厨房、面点厨房等。它是依据某一部门或工种的日平均工作量来测定每天需要上岗的人数。计算公式为

$$n = \frac{D \times h \times 7}{5}$$

式中:n——定员人数;

D——每班上岗人数;

h——每天班次数。

即　　　　　　　　定员人数＝每班上岗人数×每天班次数×7÷5

(三)看管定额定员法

看管定额定员法主要适用于炒菜厨房的人员编制。炒菜厨房用人包括厨师、加工人员。其人员编制方法可以劳动定额为基础,重点考虑上灶厨师,其他加工人员可作为厨师的助手。

1. 核定劳动定额

核定劳动定额的计算公式为

$$Q = \frac{Q_x}{A + B}$$

式中:Q——看管炉灶定额数;

Q_x——测定炉灶台数;

A——测定上灶厨师数;

B——为厨师提供服务的其他人员数。

即 $$看管炉灶定额数=\frac{测定炉灶台数}{测定上灶厨师数+为厨师提供服务的其他人员数}$$

2. 核定人员编制

核定人员编制的计算公式为

$$n=\frac{Q_n \times F}{Q \times f} \times 7 \div 5$$

式中：n——定员人数；

Q_n——厨房炉灶台数；

F——计划劳动班次；

Q——看管炉灶定额数；

f——计划出勤率。

即 $$定员人数=\frac{厨房炉灶台数 \times 计划劳动班次}{看管炉灶定额数 \times 计划出勤率} \times 7 \div 5$$

（四）接待人次定员法

接待人次定员法主要适用于餐厅、酒吧、宴会厅等的领位员、传菜员、酒水员和桌面服务员的编制。

1. 核定接待人次（或核定看管定额）

观察测定在正常开餐情况下，每位服务员可以接待多少就餐客人或看管多少个座位。这时，要特别注意不同餐厅的等级规格，如零点餐厅一个服务员可接待客人 20 人左右，团体、会议餐厅则可接待 30~40 人，宴会厅每个服务员只能接待 1 桌客人，最高档次的西餐扒房每桌客人就需要配备 2 名服务员。

接待人次计算公式为

$$Q=\frac{Q_x}{A+B}$$

式中：Q——接待人次；

Q_x——测定客人数；

A——桌面服务员数；

B——其他服务员数。

即 $$接待人次=\frac{测定客人数}{桌面服务员数+其他服务员数}$$

2. 编制餐厅定员

首先需要确定的是餐厅餐位。这需根据餐厅的营业面积以及餐厅的市场定位两个条件进行确定。高档餐厅的顾客用餐面积标准为 1.5~2.0 m²/人，中档餐厅的顾客用餐面积标准为 1.0~1.2 m²/人，快餐厅与一般餐厅的顾客用餐面积标准为 0.8~1.0 m²/人，按照这样的标准，餐厅营业面积除以相应餐厅档次顾客标准用餐面积，即可得到该餐厅的基本接待量。然后根据餐饮服务员服务顾客额定人数和餐厅满额基本接待量就可以得到餐厅基本定员人数，再根据相应的编制方法（例如餐厅倒班制度、员工正常流动率以及可能出现的请假概率)计算餐厅定员。在完成基层服务员的定员编制后,即可根据服务员人数确定基层管理人员人数,完善整个餐厅编制定员。

定员人数计算公式为

$$n = \frac{Q_n \times r \times F}{Q \times f} \times 7 \div 5$$

式中：n——定员人数；

Q_n——餐厅座位数；

r——上座率；

F——计划班次；

Q——定额接待人次；

f——计划出勤率。

$$定员人数 = \frac{餐厅座位数 \times 上座率 \times 计划班次}{定额接待人次 \times 计划出勤率} \times 7 \div 5$$

四、餐饮管理的人员组织

餐饮管理的人员组织工作的主要内容如下。

(一)合理调配人员,优化员工队伍结构

(1)做好关键岗位主要负责人的配备,坚持德才兼备的用人标准。如餐饮总监、餐饮经理、行政总厨、采购供应部经理。

(2)配备好关键技术岗位的专业技术人员,不拘一格使用人才。如炒菜厨房、冷荤厨房、面点厨房的技术骨干。

(3)合理使用和有序流动相结合,不断优化队伍结构。

(二)弹性安排人力,降低劳动力消耗

(1)固定员工和流动员工相结合,弹性使用人员,控制人力使用结构。

(2)根据每日餐厅客源预测,弹性安排员工上班,节省人员使用,提高工作效率。

(三)做好激励考核,充分调动员工积极性

选择合适的人,分派到合适的岗位上,承担适当的工作,并制定有效激励和公平考评体制。

(1)运用多种激励手段,激发员工热情和士气。

(2)定期做好员工考评,正确评价员工表现。

(3)奖罚淘汰相结合,形成良性管理机制。

五、餐饮岗位设计内容

(一)岗位名称

岗位名称指各岗位的具体称呼。由于餐饮行业范围广,各地区发展不平衡,文化背景也不完全相同,因此对于各岗位的称呼实际上存在一定的差异,南北差异表现得尤其明显。目前餐饮业在岗位名称的统一上仅有大致的规范。但作为同一个餐饮组织不应该出现一个岗位几种叫法的现象,应该在内部做到规范一致。另外,岗位职责中的岗位名称还必须与组织结构图中的称呼相一致。

(二)岗位级别

岗位级别是该岗位在餐饮组织层次中的纵向位置,在实行岗位技能工资制度的餐饮经营主体中,岗位级别的制定尤为重要。目前,很多餐饮组织为了鼓励员工到一线直接为顾客服务,减少行政编制,推行岗位技能工资制,即将餐饮组织中自总经理到实习生分别划入不同的工资等级,一岗一薪。

(三)直接上司

直接上司即本岗位的直接管理者。注明直接上司的目的是使每个岗位的人员知道自己应向谁负责,服从谁的工作指令,向谁汇报工作。餐厅服务员的直接上司应该是餐厅领班,餐厅领班的直接上司是餐厅主管。

(四)管理对象

管理对象是针对管理岗位设立的,目的是使每个管理者清楚地知道自己的管辖范围,避免工作中出现跨部门或越级指挥等现象的出现。餐饮组织结构基本上按照管理幅度的原则相应地规定了每个管理岗位的管辖范围,其目的是要充分发挥各管理岗位管理人员的潜能,做好各自的管理工作,同时也避免各岗位的管理者越级指挥或横向交叉指挥等现象的发生。

(五)职责提要

职责提要又称岗位要领、岗位职责,即运用非常简明的语言将该岗位的主要工作职责进行描述。这对快速、宏观地把握一个岗位的工作要领十分有用。

(六)具体职责

具体职责是从计划、组织、协调、控制等方面具体规定每个岗位的工作内容,其目的就是使每个岗位的工作人员清楚地知道自己该履行哪些职责、完成哪些任务。因此,具体职责实际上是各个岗位的一份翔实的工作任务书。具体职责的编写应注意明确任务,简明扼要,尽量减少不必要的描述性说明,工作标准、要求、工作步骤等应该属于工作程序的内容,不必在此出现。

(七)任职条件

任职条件又称为职务要求,也就是明确各岗位员工必须具备的基本素质要求。任职条件一般包括以下五个方面的内容。

1. 态度

态度,指工作态度和个人品德要求。

2. 知识

知识,即从事该岗位工作的员工必须具备的基本知识要求。

3. 技能

技能,指从事该岗位工作的员工必须具备的基本技能要求(管理岗位任职条件还包括各项管理能力的要求,如计划组织能力、文字和口头语言表达能力、沟通能力等)。

4.学历和经历

学历和经历,是从事该岗位的员工所需具备的文化程度要求,以及生产、管理岗位所需工作及管理经历的要求。

5.身体状况

身体状况,是针对该岗位的具体情况提出的胜任相关岗位所需具备的身体素质方面的要求。

（八）岗位权力

岗位权力是针对管理岗位设立的一项内容,按照层级管理的原则,对相应岗位的管理人员应该做到职、权、利相统一,赋予他们相应的管理权限,其目的是使他们更好地把管理工作做好。至于授权幅度,各餐饮组织不完全相同,有的授权至领班,有的授权至主管,也有的只授权到部门经理。

餐饮企业组织结构设计完成后,还需要对组织建设进行调试、调整,甚至还需要重新设计,这主要是根据餐饮企业在市场经营和发展过程中的需要。

知识活页　餐饮部经理职位说明书

本章小结

（1）在理解餐饮组织结构含义的基础上,按照前期调查、岗位分析、形成管理部门、形成组织结构、组织结构试运行、完善组织结构的设计程序,遵循专业化分工、统一指挥、精简与效率相统一、责任和权利相适应、灵活性原则,依据餐饮企业经营类型、餐饮企业接待能力、餐饮企业经营的专业化程度、餐饮经营市场环境等设计餐饮企业组织结构。

（2）常见的组织结构模式有直线式、职能式、直线职能式、事业部式和矩阵式五种,餐饮业组织结构的一般模式有小型饭店餐饮部组织结构、中型饭店餐饮部组织结构、大型饭店餐饮部组织结构、独立经营的餐饮企业组织结构和集团化的餐饮企业组织结构五种。餐饮业组织结构的设置方法包括根据企业性质和投资结构,选派产权代表,确定组织领导体制;根据规模档次和接待对象,确定餐饮企业组织结构的大小和形式;根据专业分工确定部门划分和岗位设置,制定各岗位职责规范;根据各岗位工作任务和职责规范,选派人员,形成正式、有效的组织管理。

　　(3)餐饮从业人员包括餐饮管理人员、餐饮生产人员、餐饮服务人员、其他人员。在实际工作中影响餐饮人员编制的主要因素包括:餐厅档次高低和座位数量;市场状况和座位利用率;员工技术熟练程度、厨房生产能力及设备的技术含量;餐饮经营的季节波动程度;班次安排和出勤率高低。餐饮人员编制的方法包括岗位人数定员法、上岗人数定员法、看管定额定员法、接待人次定员法。餐饮管理的人员组织工作的主要内容包括:合理调配人员,优化员工队伍结构;弹性安排人力,降低劳动力消耗;做好激励考核,充分调动员工积极性。餐饮岗位设计内容包括岗位名称、岗位级别、直接上司、管理对象、职责提要、具体职责、任职条件、岗位权力。

思考与练习

1. 简述餐饮企业组织结构的设计程序。
2. 简述餐饮企业组织结构的设计原则。
3. 简述餐饮企业组织结构的设计依据。
4. 简述餐饮业组织结构的一般模式。
5. 简述餐饮业组织结构的设置方法。
6. 简述影响餐饮人员编制的主要因素。
7. 简述餐饮人员编制的方法。
8. 以当地不同规模餐饮企业为对象,分别调查绘制这些企业的组织结构图,并进行对比,分析不同组织结构产生的原因。

案例分析

阿里无人餐厅来袭,盒马让机器人做饭上菜

　　掀起2017年新零售热潮的盒马鲜生如今又悄悄地在上海南翔新店进行一场新测试——机器人餐厅。

　　"我们从去年9月份就开始思考这件事情(机器人餐厅)。南翔店是第一家引入机器人技术的盒马门店。"6月5日,盒马南翔机器餐厅负责人闻先在接受《财经天下》周刊采访时说。

　　2月,盒马南翔店正式营业。除开业时间比盒马鲜生创始人侯毅预计的晚了一个月之外,其余都按照侯毅的计划进行。盒马南翔店面积7000平方米(远大于其他盒马门店),有免费Wi-Fi、自助结账功能等。

　　不过,侯毅对这家门店还有特别的期待。他曾于上一年10月公开表示南翔店是全球首家机器人超市,"自动化设备是盒马首选,其效率远超人工系统。盒马鲜生无

人店是全面采用全机器人布局的餐厅和超市"。

如今,机器人餐厅布局已成现实。进入盒马机器人餐厅前,消费者需要在餐厅门口的显示屏或盒马 App 上选择餐桌,并通过 App 或在现场点餐。

之后,人工智能开始发挥作用。在客流较多需要排队的情况下,消费者挑选的食材会被暂时存放在恒温 4℃ 的冷库环境中,以保存食材新鲜度。该冷库中并无工作人员,只有中央机械臂,根据系统消息将每份食材按顺序放置在一层层货架上。

他透露,机器人餐厅背后的重要技术之一是 RFID 技术。这一技术贯穿下单、菜品加工、管理等每个环节,并将数据反馈给终端系统,包括点餐的消费者是谁,厨师是谁,厨师开始烹饪的具体时间等。"一切都是透明的、数字化的。这样的好处包括:消费者可以全程追溯这道菜;每位厨师的工作情况清晰可见,易于管理,也利于未来机器人餐厅的标准化和复制推广。"

相比于传统的餐厅服务模式,闻先认为机器人餐厅的优势在于:一方面可以提升高峰时期的工作效率;另一方面可以将人力从送餐服务中释放出来,让员工从事其他机器暂时无法代替的工作。

盒马方面提供的数据显示,引入微波蒸、烤和自动化炒菜设备后,客流低峰时期机器人餐厅可完成 11 分钟蒸熟一条鱼,比传统设备快 50%。

重要的是,当餐厅中的机器设备运转改善成熟后,可省下部分成本。闻先表示,省下的成本将补贴到商品中。

此外,尽管有智能技术加持,但餐厅毕竟是一门零售的生意,细节贯穿始终。例如,盒马团队在智能送餐的盒子上设计了塑料盖,其目的有三:保证食物温度,防止食物造型在运输过程中被风吹乱,以及确保食品安全。

事实上,这或许只是机器人餐厅的一个开始。AI 智能、机器人、无人餐厅已成为当下餐饮界的热门趋势。

2017 年 10 月云栖大会上,阿里就曾表示正在研究无人餐厅。按照设想,未来消费者进入无人餐厅后,需要扫脸注册,绑定账号后,可直接落座,在智能显示桌面屏上点餐。

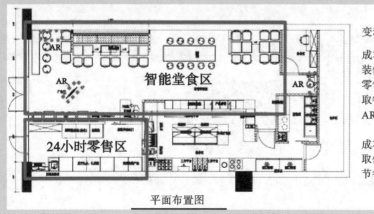

五芳斋智慧餐厅主架构工程图

与此同时，阿里巴巴旗下的口碑平台也已和一些食品品牌合作，推出无人餐厅。2月初，粽子品牌五芳斋和口碑在杭州推出了首家24小时无人餐厅，包括智能点餐、智能推荐、服务通知、自助取餐、自动代扣等。

6月3日，口碑CEO范驰表示，口碑已和连锁面包坊品牌味多美达成合作，推出了首家无人智慧面包坊。之后，肯德基、满记甜品、黑泷堂、避风塘、船歌鱼水饺等餐饮品牌也会和口碑合作，陆续推出自己品牌的首家无人智慧餐厅。

口碑副总裁认为，在传统的经营模式下，坪效、人效都容易遇到天花板。智慧餐厅可以明显提高餐厅运营效率，提升餐厅坪效。外卖从诞生起，对于餐厅来说是纯正的增量。而智慧餐厅新增的24小时零售部分，又成为餐厅的新增长点。可以说，这种三位一体的经营体系，可以将餐厅的人效、坪效最大化。

（资料来源：根据相关资料整理）

问题：
在科技不断应用于餐厅管理的现代，无人餐厅已经成为现实，无人餐厅还需要管理组织吗？如果需要，应该如何管理组织无人餐厅？如果不需要，请说明理由。

案例分析　　按需构建的组织结构

知识拓展　　餐饮从业人员职业道德教育

第五章

餐饮人力资源管理

学习导引

员工是餐饮企业最重要的资源,人力资源管理是餐饮企业管理者重要的管理内容。如何有效利用人力资源,发挥最大效力,创造丰厚的利润,是人力资源管理的最终目标。餐饮企业人力资源管理包含员工的招聘录用、培训、绩效评估与激励,是餐饮管理的重要组成部分。

学习重点

通过本章学习,重点掌握以下知识要点:
(1)餐饮企业员工招聘的一般程序;
(2)餐饮企业员工培训的主要内容;
(3)餐饮企业员工绩效评估的方法;
(4)餐饮企业员工激励的主要途径。

知识活页 后疫情时代,酒店餐饮企业人力资源管理的变革与趋势

第一节 餐饮企业的员工招聘

员工招聘是餐饮企业为了经营运转和岗位工作的需要,根据自身的人力资源规划、工作说明书和职位空缺填补计划,运用适当的方法和手段寻找并获取合适人员的过程。然而,员工招聘并非人们想象的那么简单——到人才市场摆个摊、收集简历、面试、录用,它有一整套的程序,而且有很多细节需要注意。

一、识别招聘的需求和目标

（一）招聘的需求

当用人部门提出招聘需求时,负责招聘的人力资源部和用人部门的上级主管,首先要对招聘需求进行分析和判断。

1. 招聘需求产生的原因

招聘需求产生的原因主要有以下三种。

（1）员工离职或调离岗位,原岗位产生空缺。

（2）根据年度招聘计划进行招聘。

（3）随着业务的增加,现有的人员无法满足当前工作的需求。

一般来说,在事先制定好的人员预算中的招聘计划是可以直接执行的。当用人部门发现人手紧缺时,他们的第一反应往往就是"我们需要招人",但是人力资源部应协助用人部门管理者做出判断,是否必须要通过招聘来解决问题,即使要招聘,也要判断是否一定要招聘正式员工。

2. 分析是否确定需要招聘

岗位空缺有时不一定需要通过招聘来解决,可以先通过以下方式解决。

方式一:将其他部门的人员调配过来。

一个部门人员不够,很可能另一个部门有富余的人员,而这些人员恰好可以满足人员不够部门的需求。

方式二:现有人员加班。

有些工作任务是阶段性的,若招聘正式员工,短期的繁忙阶段过去了,就会出现冗员情况。比如在旅游旺季,餐饮企业会需要许多人员,通过现有人员适当加班就可以解决问题,不必去招聘新员工。

方式三:工作的重新设计。

有时人手不够可能是由于工作的流程不合理或者工作分配不合理,如果能够进行重新设计,人手不够的问题可能就会迎刃而解。

方式四:将某些工作外包。

有些非核心性的工作任务完全可以外包给其他机构来完成,这样就可以免去招聘人员的麻烦,而且也减轻了管理的负担。

如果通过以上四种方式仍然无法解决岗位空缺的问题,则需要进入员工招聘的流程。

(二)招聘的目标

招聘工作是餐饮企业广泛吸纳人才、实施人才培养战略、合理使用人才的基础工作。招聘要做到以下五个"恰当"。

(1)恰当的时间。在适当的时间完成招聘工作,及时补充所需要的人员。

(2)恰当的来源。通过适当的渠道来寻求目标人员。针对那些空缺职位匹配程度较高的目标群体进行招聘。

(3)恰当的信息。全面准确地宣传空缺职位的工作职责内容、任职资格要求等信息,帮助应聘者了解、判断和选择。

(4)恰当的人选。把最合适(数量和质量)的人员吸引过来参加应聘。

(5)恰当的成本。在保证招聘质量的前提下,以最低的成本完成招聘工作。

二、餐饮企业员工招聘流程

餐饮企业在招聘前首先必须确立正确的招聘思想,遵循科学的招聘程序,运用有效的招聘方法,才能招聘到适合本企业发展需要的员工。

餐饮企业员工招聘一般要经过准备筹划、宣传报名、考核录用等阶段。

(一)准备筹划阶段

这一阶段主要包括确立招聘工作的指导思想,根据餐饮企业经营的需要和社会上劳动力资源的状况,确定招聘计划等。

1. 招聘计划

(1)确定招聘指导思想。一是塑造形象的思想;二是投资决策的思想;三是市场导向的思想;四是遵纪守法的思想。

(2)人力资源需求预测。餐饮企业人力资源需求预测,实际上就是对企业未来工作人员在数量和质量上的变化预测。一般而言,影响企业人员需求变化的主要因素有:餐厅规模、等级/档次;餐厅经营项目和产品结构的调整;餐饮企业人员素质要求的变化;人员流动状况和社会科学技术变革等具体情况。

(3)人力资源供给分析。餐饮企业人力资源的供给情况,直接关系企业的招聘政策。要制订科学的员工招聘计划,做好员工招聘工作,首先必须对人力资源供给状况进行详尽分析,以便正确制订员工的招聘标准和政策。

(4)策划招聘方案。餐饮企业在招聘的准备筹划阶段应认真思考以下问题:什么岗位需要招聘/选拔,招聘多少人员,每个岗位的任职资格是什么,运用什么渠道发布信息,采用什么样的招聘测试手段,招聘预算是多少,关键岗位的人选何时必须到位,招聘的具体议程如何安排等。

2. 招聘文书

招聘文书包括招聘启事、报名表等。与此同时,还要准备工作职责与任职资格描述。在准备招聘一个新员工之前,人力资源部必须要清楚地知道空缺职位的工作职责和对任职者的任职资格要求,因为只有这样才有充分的依据对求职者进行判断。一般来说,这部分工作

由空缺职位的直接主管完成,人力资源部和用人部门的上级主管将在这个过程中给予指导和帮助。

知识活页　马里奥特饭店集团的招聘和用人准则

（二）宣传报名阶段

1. 招聘宣传

招聘宣传是招聘工作中的重要内容,直接影响招聘的效果。招聘宣传通常以新闻媒体发布招聘启事或告示,或者在网络上宣传。招聘启事一般包括餐饮企业的概况、招聘岗位、福利待遇、报名条件、报名起止时间、报名手续、报名地点以及考核的内容和方式等。

2. 招聘途径

餐饮企业从外部招聘人才,应根据所需人才的要求采用不同的途径。

（1）借助外力。人员招聘,特别是高层管理者、重要的中层岗位与尖端的技术人员的招聘,是一项专业性和竞争性非常强的工作。有时,企业利用自身的力量往往难以获得合适的人才。对此,企业可以委托专业搜寻、网罗人才的"猎头"公司,凭借其人才情报网络与专业的眼光和方法,以及特有的"挖人"技巧,去猎取所需的理想人才。当然,餐厅也可采用人员推荐的方法,即通过熟悉的人或关系单位的主管引荐合适的人选。

（2）借助网络。21世纪是网络经济的时代,互联网以特有的方式改变人类的思维与观念。网上招聘具有费用低、覆盖面广、周期长、联系便捷等优点,日益成为招聘的主要渠道之一。餐饮企业通过网络招聘人才,既可以通过商业性职业网站,也可以在自己公司的主页上发布招聘信息。

（3）借助会议。随着我国以市场为主体的人力资源开发及就业体制的建立与完善,人才市场逐步形成与规范,各种人才见面会、交易会等也相继增多。餐饮企业应抓住这种时机宣传、塑造形象,网罗人才。

（4）借助外脑。现代社会,科技突飞猛进,经营环境千变万化,要想拥有各类人才既不经济也不现实。在这种情况下,餐饮企业可以采取借助"外脑"的途径达成目标,其方法主要有:一是聘请"独立董事",以保证决策的客观性和科学性;二是聘请顾问,参与企业的重大决策和有关部门的专项活动;三是委托专业公司经营管理或进行咨询与策划,以减少风险。

（5）借助培训。为了提高自身的素质,越来越多的餐饮企业中的高层管理者积极参加各种外部培训班,以更新自己的知识结构,拓展人际关系网与发现新的发展机会。在培训期间,企业管理者会接触到各种各样的人才,有些人才可能正是企业急需引进的。因此,餐饮企业管理者应利用外部培训机会,有意识地物色紧缺人才。

3. 受理报名

招聘信息发布以后,接下来的工作就是受理报名。受理报名的主要任务有两条:一是填写报名表和检验有关证件,确认应聘者的报名资格,然后发准考证;二是对应聘者进行初步面试,招聘工作人员可根据面试情况,对初试合格者填写报考职位、工种的志愿给予指导,对初试不合格者,应耐心做出解释。

招聘工作中的歧视现象

(三) 考核录用阶段

该阶段是招聘工作的关键,主要包括全面考核和择优录用两项工作。全面考核就是根据餐饮企业的招聘条件,对应聘者进行适应性考查。择优录用,就是把多种考核和测验结果组合起来,综合评定,严格挑选,确定录用者名单,并初步拟订工作分配去向。

为保证招聘工作的顺利进行,必须对应聘者进行初选、考试与评估。

1. 初选

当应聘者人数很多时,就需要对所有应聘者进行初选。初选需通过初步面试、交谈、填表和提交应聘材料的方式,尽可能多地了解他们的性格特征和创造性,淘汰那些不能达到基本要求的人。在初选的基础上,对余下的数量相对有限的应聘者进行考试和评估。

2. 考试与评估

初选完成后,剔除不合格人员,合格人员进入测试程序。既可以打电话通知,也可以采用书面通知。但若时间急迫,则宜用电话通知。合格的应聘者收到通知后,通常会按时到餐饮企业参加测试,招聘人员应事先准备好有关资料。一般是先请应聘者填写应聘人员基本资料,然后再参加测试。测试包括笔试、面试、操作测试和心理测试,测试时应根据餐饮企业的特点和招聘岗位的特点,选择其中的一种或几种进行测试。

(1) 笔试。

笔试是指在一定的条件下,应试者按照企业试卷要求,进行回答的一种招聘方式。这种考试一般在以下几种情况下使用:一是应聘人员若过多,需要用笔试先淘汰一部分人员;二是招聘岗位需要特定的专业知识与能力,而学历和职称难以考量其是否具有必要的知识与能力;三是需要测试应聘者是否适合该企业的工作。

(2) 面试。

面试是一种评价者与被评价者双方通过面对面观察、交流和互动可控的测评形式,是评价者通过双向沟通形式来了解面试对象的素质状况、能力特征以及应聘动机的一种人员考核方式。

面试是一项较为复杂的工作,餐饮企业招聘主管人员在正式面试之前,应做好面试的各项组织和准备工作。面试的各项组织和准备工作主要包括选择面试场所、选择面试方式、确定面试内容和步骤三个方面。

(3)操作测试。

对于专业性工作的人员,如收银员、服务员、厨师等,招聘测试可采用操作测试的方法。比如,招聘服务员,可以让应聘者现场进行各项操作。

(4)心理测试。

心理测试是根据抽样原理制作测试材料,经标准化程序,测量一个人的人格、能力、性格的差异。心理测试的内容及分类如表5-1所示。

表5-1 心理测试的内容及分类

类 型	具体分类	内 容
人格测试	自述法	自述法就是应聘者面对许多涉及如何对待各种特定情况、环境等问题,选择适合描述自己个性的回答。从测试得分,可获得对一个人人格的大致了解
人格测试	投影法	投影法是只向应聘者提供一些未经组织的刺激情境,让应聘者在完全不受限制的情形下自由表现与反应,使其在不知不觉中显露人格的特质
能力测试	普通能力测试	主要是测试应聘者的思维能力、记忆力、想象力、推理能力、语言表达能力、分析能力等
能力测试	特殊职业能力测试	测试应聘者从事某个职业所需的特殊潜能,包括操作测试、书面测试和文件处理测试等内容
能力测试	心理运动能力测试	心理运动能力,如反应速度、肢体运动速度、手指灵活性、多肢协调性等。身体能力,包括身体平衡性、爆发力程度、灵活性等体能。对心理运动机能的测试,一方面可通过体格检查来进行,另一方面可通过各种仪器或工具来测试

(5)竞聘演讲与答辩。

竞聘演讲与答辩是知识与智力测验的补充,因为测验的结果可能不足以反映一个人的基本素质,更不能表明一个人运用知识和智力的能力。发表竞聘演讲,介绍自己任职后的计划和打算,并就选聘小组的提问进行答辩,可以为应聘者提供一个充分展示才华和自我的机会,通过设计问题和观察也能得出有关他们的设计以及与人合作的才能。

(6)案例分析与候选人实际能力考核。

这种测试是对应聘者综合能力的考查。可借助情境模拟或案例分析,将候选人置于一个模拟的应聘岗位工作环境中,如婚宴接待、对客服务、用餐纠纷、市场拓展等,运用多种评价技术来观察他们的工作能力和应变能力,以判断他们是否符合某项工作的要求。

3.餐饮企业员工的挑选与任用

测试合格的应聘者通常还要接受体格检查,这对于餐饮企业来说是非常重要的,患某些疾病(如传染性疾病)的应聘者不适合餐饮工作,不同餐饮岗位对应聘者的健康状况的要求也不尽相同,例如管理岗和服务岗。所有测试和检查都合格的应聘者,原则上可作为候选和录用的对象。挑选工作包括核实候选人材料、比较测试结果、听取各方意见、同意聘用、发放录用通知等步骤。

任用就是将聘用的应聘者安置到合适的岗位上。新员工进入岗位后,首先要接受岗前教育。岗前教育包括对组织机构、福利待遇等具体内容的介绍,也包括企业的工作态度等企业文化方面的教育。岗前培训同时也是员工培训不可缺少的内容,它不仅能强化新员工与老员工间的合作精神,更能加强对不同岗位同事间的理解和包容。

经过一段时间的上岗培训,新员工才能真正成为企业的一员。

知识拓展　　共享员工

第二节　餐饮企业的员工培训

餐饮企业的员工培训是指为了实现餐饮企业自身和员工个人的发展目标,餐饮企业有计划地对全体员工进行培养和训练,使之提高与工作相关的态度、知识、技艺和能力等素质,以适应并胜任职位工作。

餐饮企业的员工培训划分为四个不同的阶段:培训需求分析、培训项目设计,培训项目实施和培训效果评估。如此不断地循环往复,逐渐实现餐饮组织的既定培训目标。

一、培训需求分析

(一)培训需求分析方法

餐饮企业在对员工培训前,首先要确定培训的需求,不能盲目地凭借主观想象进行培训,而应运用科学的方法进行需求分析。常见的方法有观察法、问卷调查法、面谈法、客户调查法、资料分析法、申报法、工作任务分析法等。

1. 观察法

观察法是亲自到员工工作岗位上去了解员工的具体情况,从而获得培训需求信息。为了取得良好的可比性,可以设计一份培训需求分析观察记录表,用来核查各个需要了解的细节。观察法是发现问题、证实问题的最原始和最基本的工具,但观察法本身也有缺点,具体如下。

(1)易受观察者主观影响,而有损观察的正确性。
(2)可能因观察者的有意操作,使获得的资料不准确。
(3)有些工作需要长时间才能完成,事实上很难作全盘观察。
(4)短期观察很难碰上突发情况。

另外,这一方法要求观察者对工作背景非常熟悉,如果不熟悉,就难以获得真实、客观的信息。

2.问卷调查法

问卷调查法是为确定与培训有关的问题,将所需分析的事项编制成调查问卷,发放给调查对象,等调查对象填写之后再收回分析的方法。

编写问卷调查表时,要确定所需信息种类,尽量用通俗语言进行问题表述,方便被调查者理解。此外,要给被调查者充足的时间思考,回答时间最好不要少于20分钟,要收回足够的问卷,以获得较为全面和准确的信息。

3.面谈法

面谈法是通过对受训者、培训者、督导、管理者、决策者等关键人物进行面谈,经过全面、系统的分析之后,确定培训需求的一种调查方式。面谈法有以下两种类型。

(1)个别面谈。

个别面谈可以采取正式或非正式的方式约见受训者,如可以亲自到工作现场,也可以采用召开会议等形式进行。但不管采取怎样的方式,调查前首先必须自问:在面谈中,究竟想要得到哪些有用的培训资料?例如:餐饮企业所面临的主要问题是什么;餐饮企业对员工影响的范围如何;有必要参加培训的员工有多少;员工工作中存在的缺点是什么、原因何在;什么是员工应做而未做好的;员工培训积极性不高的原因是什么。

在面谈过程中,要记录所得的信息。不管用什么方法,都要避免使对方紧张或心生警惕,而影响资料的可靠性。

(2)集体面谈。

在畅所欲言的情况下,集体面谈比个别面谈更有效果,大家集思广益,充分发表意见,会更有启发性,得到的资料会更全面。但是如果面谈的内容涉及个人缺点或隐私,则宜进行个别面谈。

以下是一份某餐饮企业部门经理培训需求调查面谈问卷,仅供参考。

 餐饮企业部门经理培训需求调查面谈问卷

4. 客户调查法

征求客户对餐饮企业产品、员工素质、服务等方面的意见,从中获取有用的培训资料。可以设计一份客户能够很容易回答的简明调查表,从中获得有关培训的信息。

在对客户进行调查时,首先要向客户说明餐饮企业正在制订一份培训计划,并对于他们给予的合作和帮助表示十分感谢,然后声明调查目的是想为客户提供更好的服务,因此他们的任何帮助对你们都是有用的。

最好采用多项选择的方式,同时适当留些空白以便让他们做出评论和强调,不要要求他们签名,向他们保证调查的内容是绝对保密的,不会向其他人员透露。

5. 资料分析法

通过对各种报表、文件、审计结果、预算报告、工作计划、总结、数据分析、客人投诉、工伤及处罚报告等记录进行分析,找出餐饮企业存在的问题,确定培训需求。

6. 申报法

通过向各部门发放培训需求申报表,以了解各部门员工的需求。培训需求申报表是在制定餐饮企业年度工作目标和部门年度工作目标基础上,结合个人培训需求来确定部门培训需求。培训部门根据餐饮企业年度工作目标和各部门上报的培训需求,制订餐饮企业年度培训计划。培训部在征求各部门对年度培训计划意见的基础上,经过反复修改,定稿后上报餐饮企业决策层审批。

7. 工作任务分析法

工作任务分析法是以工作说明书、工作规范或工作任务分析记录表作为确定员工要达到要求所必须掌握的知识、技能和态度的依据,将其和员工平时工作中的表现进行对比,以判定员工要完成工作任务的差距所在,从而找出培训需求的方法。

工作任务分析法是一种非常正规的培训需求分析方法,它通过岗位资料分析和员工现状对比得出员工的素质差距,结论可信度高。

(二)员工培训需求分析内容

1. 组织需求分析

组织需求分析是指组织在确立其培训重点之前,必须首先对整个组织所处的环境、制定的战略目标以及组织所拥有的资源状况进行一次全面的了解和分析。例如美国"9·11"恐怖事件发生之后,美国酒店业迫切感到了在安全培训方面的需求。又如,在餐饮流程的改造中,如果只是强调后台厨师研制新菜品的工作,而不对餐饮前台人员进行促销培训,菜品翻新的培训计划就很难达到预期的效果。

2. 工作需求分析

工作需求分析是指通过工作分析来确定一项具体的工作或职位由哪些任务组成,完成这些任务需要什么技能,以及完成到什么程度就是合乎标准的或者说是理想的。工作需求分析是培训需求分析中最难的一部分,但只有对工作进行精准分析并以此为依据,才能定制出真正符合企业绩效和特殊工作环境的培训需求和培训课程。

3. 个体需求分析

把潜在的参加培训的人员个体所拥有的知识、技能和态度,与工作说明书上的相应条款

的标准进行对比,则不难发现谁需要培训以及他/她具体需要在哪一方面进行培训的问题。换句话说,个体需求分析是要找出个体在完成工作任务中的实际表现与理想表现之间的差距。

二、培训项目设计

一旦培训需求确立之后,下一步要考虑的问题便是如何设计培训项目,以达到培训所要达到的目标。一般情况下,合格或者优秀的培训项目设计需要具备四个方面的条件:培训目标是什么?受训人员训前的准备情况如何?学习或培训的原则是什么?培训老师有何具体特点?

其一,目标确立阶段,培训设计者应当尽可能将目标具体化、明确化以及可衡量化。例如,"提高员工的满意度"之类的培训目标是很难完成的,因为员工的满意度是一个很难量化的指标,即使通过量化的手段测出了满意度指数,那么餐饮企业方面所投入的时间和精力成本难免会过高;而"将员工流失率降至××%以内"或者"将员工流失率控制在××%～××%"就是一个较为具体并且比较容易操作实现的数据。

其二,培训效果的好坏往往在设计阶段就埋下了伏笔。在培训开始之前,非常有必要参考前期员工应聘资料和测评结果对员工的实际情况进行摸底,并找出他们的工作绩效与组织所期望的绩效之间的差距,这样有利于激发员工参加培训的欲望。反之,如果一个员工在培训开始之前没有做好思想准备,那么再好的培训对她/他来说,都只不过是走过场而已。

其三,餐饮培训或学习的原则。餐饮企业在做培训设计时,应当尽量考虑大多数员工的实际水平和学习新知识与技能的能力。例如,针对餐饮员工大多数都是成年人的特点,应当在培训中多采用重复和强化的手段,帮助员工记忆所要掌握的具体内容;针对餐饮企业大多数员工文化水平偏低的特点,培训内容应当尽量保持形象和直观;为了方便员工在以后的工作中最大限度地运用培训所学内容,岗位培训应当尽量保持培训内容和方式尽量与真实的工作情形一致。

其四,培训设计还应考虑培训师的具体特点。毋庸置疑,培训师的素质将直接影响员工的培训效果。一个称职的培训师通常应当具备以下特征:对授课专业技术内容了如指掌;顾及大多数参训人员的学习能力;耐心倾听和解答学员提出的问题;具有幽默感;对讲授内容抱有兴趣;讲解透彻清晰;充满热情等。

三、培训项目实施

一项培训是否达到预期的效果,在很大程度上取决于培训项目在前、中、后期的各项工作是否落实到位。很多经理们的培训计划做得很好,却没有成功地实施。在培训项目的实施过程中,自然会遇到各类问题和阻力。在我国,大多数酒店培训项目都是在职培训,在培训时间的安排上或多或少地会与业务接待时间或员工的休息时间发生冲突。实践表明,如果没有各部门与培训项目有关人员的通力合作,再好的培训项目计划也难以得到顺利的实施。

在培训项目的实施阶段,恰当的培训方法的选择和运用是成功的关键因素之一。餐饮企业从管理层到服务员,都需要分别进行不同层次、不同内容的培训。通常培训分成职业培训和发展培训两大类。职业培训主要针对餐饮一线操作人员(如服务员、调酒员等);发展培训主要针对管理人员。

1. 职业培训

职业培训的主要对象是餐饮一线员工。培训的重点应放在培训和开发操作人员的技术技能方面,使他们熟练掌握工作知识、方法与步骤。职业培训按培训顺序可分为岗前培训和持续培训两大类。

(1)岗前培训。

岗前培训是新员工走上服务岗位之前的培训。凡是新招收的员工都必须经过培训,要将"不培训就不能上岗"作为餐饮企业"铁的定律"。

岗前培训包括入门培训和业务培训两部分。

①入门培训着重于对新职工进行餐饮基本知识教育、思想观念教育和职业道德教育,以使新职工对餐饮工作有基本的了解。

②业务培训的内容可以分成两大部分:一部分为工作培训;另一部分为行为培训。工作培训主要包括专业的对客服务规程、服务技能与技巧、食品饮料知识、卫生防疫知识等,着重培训与服务工作直接相关的内容。行为培训主要包括形体训练、服务礼节礼貌、安全保卫与餐厅消防知识等。在培训过程中,切不可只重视工作培训而忽视行为培训。服务人员良好的行为规范和工作能力是企业合格职工的重要标志。

业务培训可分两个阶段进行:第一阶段可根据培训的具体内容分别用听、看、练的方式,或听、看、练相结合的方式进行;第二阶段是在第一阶段培训的基础上在实际的服务过程中实践,即跟班上岗,在熟练员工"传、帮、带"的磨炼中,成为一名合格的餐饮服务员。

(2)持续培训。

新职工上岗后,要不断地进行持续培训。持续培训包括再培训、交替培训和更换培训。

①再培训的目的是使上岗后的员工复习已经遗忘或不太熟悉的业务,或是通过再培训,使已掌握的技能和技巧进一步巩固和提高,以达到完善的水平。

②交替培训是使员工成为多面手,掌握两个或以上的工作岗位的技能,以便更充分地利用人力资源,这既有利于部门间的人事调配,也可防止有员工因故调离工作岗位而造成无人顶替的混乱。

③更换培训是指将已经上岗但不称职的员工及时换下来,对他们进行其他工种的培训。一般根据换岗下来的员工的性格和能力,选择在新的岗位上能胜任工作的工种进行更换培训。

无论是岗前培训还是持续培训,目的都是培养出一支能够胜任餐饮工作的优秀员工队伍。

2. 发展培训

发展培训的对象是在餐饮企业从事管理工作的人员和通过外部招聘或内部提升即将从事管理工作的员工。酒店管理层中在决策层、管理层、执行层,虽然同属管理人员,但侧重点不同,培训的内容也不同。

基层管理人员,如主管、领班等,他们的工作重点主要是在一线从事具体的管理,执行中、高层管理人员的指令。因此,为他们设计培训内容应着重于管理工作的技能技巧,培养

他们如何由被动地执行操作指令,转为主动地接受指令并组织同班组的员工工作,培养他们掌握组织他人工作的技巧。

中、高层管理人员的培训应注重其发现问题、分析问题和解决问题的能力,用人的能力、控制和协调的能力、经营决策能力以及组织设计技巧能力的培养。中层管理人员,尤其各部门经理,对其所在部门的经营管理具有决策权,因此,他们除了精通本部门业务,了解本部门工作的每一个环节和具体的工作安排之外,还要了解与本部门业务有关的其他部门的工作情况,懂得与其他部门的配合与协调。高层管理者的工作重点在于决策,因此,他们所要掌握的知识更趋向理念与战略决策,如经营预测、经营决策、旅游经济、管理会计、市场营销以及国家的旅游规划、外事政策等内容。

四、培训效果评估

大量事实证明,尽管很多餐饮企业在培训方面投入了不少的人力、物力、财力和时间,但是培训效果却并非都尽如人意。培训效果评估是培训项目中最重要的一个环节,但是在实践中这个环节经常被忽视。究其原因,往往是经理和主管们不十分了解应该如何评估培训效果。因此,有必要介绍培训效果评估的理论及其方法。

(一)柯氏四段培训评估理论

柯氏四段培训评估理论包括反应、学习效果、行为改善和结果。

1. 反应

反应是受训者对培训的总体感受如何。经理们一般可以通过问卷调查和访谈的方式,了解和征求学员们的意见和对培训项目本身包括培训老师在内的评价。

2. 学习效果

学习效果是受训者对培训内容的掌握程度。具体的评估方法可以视情况采用测验或演练等方法,例如对比学员参训前和参训后对酒水知识的了解和掌握情况。

3. 行为改善

行为改善是受训者经过培训后,他/她的工作行为和绩效发生变化的差异。例如,餐饮摆台人员参训前和参训后的工作效率以及他/她的对客服务态度变化情况,便可得知培训对其有没有起到作用。当然,在这部分评估中,要注意识别引起员工行为和工作绩效变化的真实原因。因为,导致行为改善的因素不止培训一种。

4. 结果

结果是培训评估的最高层次,是看培训给部门或组织究竟带来了什么样的影响和变化。这些变化是多方面的,餐厅可从用餐客人满意指数、员工满意指数以及餐厅经营收益等的变化的角度,对培训效果进行深层次的评估。不难发现,这部分的评估可操作性不强。如前所述,就像很难区分是培训还是培训以外的因素导致员工绩效改变的道理一样,餐饮企业在部门和组织层面上的绩效变化,也很难断定是否由培训因素所引起的。

应当指出的是,柯氏四段培训评估理论虽然在实践中得到了广泛的运用,但该理论本身也存在局限性。如前所述,该理论尤其第三和第四个层次的评估可操作性并不强,很难创建令人信服的可以量化的指标体系,很难区分个人行为改善和组织绩效改善究竟是由培训因素还是培训以外的因素导致的。另外,该理论可以说是站在培训的角度审视培训效果,而对于培训以外的因素(如组织文化等)对培训效果的影响如何,却不得而知。

(二)霍氏培训评估理论

霍顿在总结了前人培训评估理论的基础上,提出了培训成果转化系统理论,即员工在工作中运用培训所学知识时会受到一系列因素的影响。这些因素既涉及培训本身的因素,也涉及受训者个人以及组织环境氛围等因素。

从效果上看,这些影响因素可能产生多重影响,即积极/正面影响、消极影响或者没有影响。培训效果的好坏是所有影响因素综合作用的结果。

综合来说,培训影响因素可分为次要影响因素(如员工的自我效能)和主要影响因素(环境、动机、转化所需的必要条件)。为了提升培训成果转化效能,并在实践中起到积极作用,就需要从培训效果中及时总结经验,并积极反馈到新的培训中,不断提升和改善培训效果。

第三节　工作绩效评估

绩效是人们完成与组织目标相关的、可以观测的、具有可评价要素的行为,这些行为对个人或组织具有积极的或消极的作用。绩效评估则是收集、分析、评价和传递个人在工作岗位上完成岗位职责程度信息情况的过程。

一、制定绩效考核制度

绩效考核制度是关于餐饮企业实施绩效考核的具体规定。一份科学合理的绩效考核制度应包含绩效考核目的、考核内容、考核方法、考核组织、实施程序以及考核结果的运用,也可包含考核的评价细则。在编制绩效考核制度时应遵循以下原则。

(1)考核制度的总体风格应与餐饮企业的行业特点与企业文化相符。
(2)考核制度通过指标和权重等内容充分体现餐饮企业的经营战略。
(3)考核制度实施前较好地征求了员工的意见和建议。
(4)考核制度设计注重考核结果与员工的沟通和反馈。
(5)考核制度尽可能简单、清晰和灵活。
(6)科学合理地处理考核结果。

知识拓展　考核细则

二、绩效评估的方法

实践表明,根据不同的岗位绩效评估目的,应采用不同的评估方法。不恰当的评估及其运用会给个人和组织带来负面效应,方法的选用往往对绩效评估结果的客观性和公正性造成直接的影响。总的来说,个人绩效评估可分为三个大的类别:特征评估法、行为评估法和结果评估法。表5-2列出了这三类方法的优缺点。

表5-2　特征评估法、行为评估法和结果评估法的优缺点

类　别	优　点	缺　点
特征评估法	开发费用低; 使用的维度有意义; 容易使用	评估出现偏差的可能性高; 不容易量化; 主观随意性大; 干扰因素多
行为评估法	使用具体的行为维度; 员工及领导均可接受; 便于提供反馈; 对奖金的发放和职位的晋升比较公平	开发及使用耗时较多; 开发费用高; 可能出现评估偏差

续表

类　别	优　点	缺　点
结果评估法	很少有主观偏见； 上下级均可以接受； 便于个人绩效与组织绩效的结合； 鼓励共同设立目标； 适合奖金及晋升决策	可能助长短期行为； 可能使用错误的标准； 可能使用不充分的标准

（资料来源：李伟清，《酒店运营管理》．重庆大学出版社）

（一）特征评估法

特征评估法，是指评估员工在何种程度上拥有组织和所担任的职位所需要的重要特征（如独立性、创造性等）。特征评估法包括图表尺度评价法、叙述文章法、强制选择法和混合标准法。表5-3是图表尺度评价法在绩效评估中应用时的表格工具。

表5-3　图表尺度评价法

工作特征	差(1分)	中下(2分)	中等(3分)	中上(4分)	优秀(5分)
工作态度					
专业知识					
业务技能					
工作质量					
合作精神					
独立性					
出勤情况					
综合印象					

（资料来源：李伟清，《酒店运营管理》．重庆大学出版社）

（二）行为评估法

行为评估法，是从员工在工作中所表现出的具体行为的角度，对其工作绩效进行评估。行为评估法包括关键事件法、行为锚定等级评价法、行为观察评价法等。表5-4为针对餐饮经理的沟通工作表现进行的行为锚定等级评价法的说明、分值和行为举例。

表5-4　行为锚定等级评价法

说　明	分值	行　为　举　例
与员工有效沟通并能经常参加会议	7	经理召集会议解释为什么要裁员，员工可以提问并讨论为什么要减少某些岗位的员工
	6	经理在忙于业务拓展时，经常增加与政策制订委员会的交流，以保证项目合作顺利，交流畅通

续表

说　　明	分值	行 为 举 例
与员工的沟通较顺畅并能有时参加会议	5	经理每周让不同岗位服务员到自己的办公室,进行一次非正式的谈话,介绍企业的做法
	4	经理当天不与下级管理人员交流关于某些岗位人浮于事的现象
	3	经理错过了部门会议,没有走访员工,但在餐厅各处留条子说明应该做些什么
与员工沟通困难并很少参加会议	2	在执行委员会会议上,经理批评员工的意见是愚蠢的
	1	

(资料来源:李伟清,《酒店运营管理》)

(三)结果评估法

结果评估法有诸多显著优点,如很少有主观偏见,上下级均可接受等,鉴于此,在餐饮管理实践中,结果评估法得到了广泛的运用。尽管如此,该评估法也有其局限性。例如,在酒店服务人员的业绩评估中,同样一位服务人员可能在两个不同的评估期内,付出了相同的努力,但在结果上,这两个评估期的业绩可能相差悬殊。究其原因,很有可能是市场因素发生了变化。又如,在对经理个人业绩的评估中,以财务指标为导向的结果评估往往可能诱发经理们在工作中的短期行为。此外,不同的结果评估法会导致不同的工作价值观和行为倾向。

因此,在餐饮企业的实际工作中,应视情况采取不同的结果评估法。常见的结果评估法有劳动效率评估法、目标管理评估法和平衡积分卡评估法。它们除了被用来评估员工个人的绩效之外,还常被用来评估部门或团体的工作绩效。

三、绩效评估中的问题

理论和实践表明,绩效评估并非易事。有调查显示,有70%的员工表示绩效评估并不能让他们了解管理层对他们的期望是什么,只有10%的员工认为绩效评估是成功的。更多的员工觉得绩效评估反而让他们对工作的目标更模糊了。另有调查显示,51%的企业觉得现有的评估系统对企业没有价值或价值极小。为什么会出现这样的现象呢?

一方面,是由于绩效评估本身并非常人认为的那样,只是上级领导给下级打分而已;另一方面,影响绩效评估成功与否的因素较多,一个微小的失误都有可能导致在人力资源管理中出现明显的不良后果。

绩效评估出现这样或那样的问题在所难免,关键是如何避免可能出现的问题。为此,可从以下方面着手,减少人力资源评估带来的偏差。

其一,对人力资源评估中容易出现的问题进行全面了解,并在评估中采取相应措施进行改善。

其二,制作或选择恰当的绩效评估工具。众所周知,没有放之四海而皆准的评估工具或标准,唯有量身定做的、经过实践反复验证的并且是适合本企业、目标岗位评估目的和情形的工具,才能最大限度地保证评估的客观性和公正性。

其三，对评估人员进行评估前的专题培训，使他们精通评估业务，并且在思想上尽量与组织所期望的评估目的吻合。当然，除此之外，还有很多其他因素值得我们注意，如员工的参与度和领导的支持度等，都是人力资源评估工作取得预期效果的必要条件之一。

第四节　员 工 激 励

餐饮业人员需求量大，流动性强，员工跳槽频繁，再加上人员储备逐年减少，人力资源成本不断上升，餐饮企业人力资源管理压力一直居高不下。因此，与其不断招聘与培训员工，还不如尽可能地留住员工，稳定企业员工队伍，这样既能提升餐饮企业服务水平，也能提高餐饮消费体验，进而增加企业收益。

稳定餐饮员工队伍的主要工作就是留住员工，留住员工就需要运用适宜的激励机制以调动员工积极性，增强员工的归属感。

一、餐饮员工激励的主要途径

（一）职务激励

了解和认识职务对于员工的吸引力是成功的职务内容设计的关键。当然，这也是餐饮管理实践中的一个焦点问题。很多餐饮企业的管理者在实践中逐渐意识到，大部分员工对于职务的真实感受比他们预计的要复杂很多，一些看上去极其简单的工作之所以会出现执行走样、偷工减料甚至敷衍了事的情况，往往是员工对现有工作产生了厌倦情绪。

如何测算某个岗位对员工的吸引力，管理学家们对此做了大量的实证研究，并总结出了一些有趣的分析方法。

$$岗位激励潜力(MPS)得分 = \frac{技能多样性 + 任务同一性 + 任务重要性}{3} \times 自主性 \times 反馈$$

上述公式中所列的五个项目来自职务特征模型（JCM）中的核心维度，可以用来分析具体职务对员工生产率、工作动力和满足感的影响。

1. 技能多样性

技能多样性是指一项职务要求员工使用各种技术和才能从事多种不同活动的程度。如餐饮经理应该同时具备市场调研、信息采集、情报刺探、客户开发、产品宣讲、业务细节策划、营销活动策划与组织、社会公关等多项技能，属于很典型的技能多样性工种，员工也大多很喜欢其中的挑战性。

2. 任务同一性

任务同一性是指一项职务要求完成一项完整的和具有同一性任务的程度。换言之，它是指一个人能独立完成一项工作的全部流程环节的程度。如调酒师的工作从酒水选型到设备保养，从材料申购到现场勾兑，几乎全部的环节都由他一个人包办。

3. 任务重要性

任务重要性是指一项职务对其他人的工作和生活具有实质性影响的程度。如采购人员

为全餐厅按时按质量提供材料和设备,他的工作质量直接关系餐饮产品质量和顾客用餐体验,是很多关键流程的起点,其任务重要性程度非常高。

4. 自主性

自主性是指一项职务给予任职者在安排工作进度和决定从事工作具体使用方法时的实质性的自由、独立和自主的程度,也就是指员工在自己职责范围内的决策权限的大小和可调用资源的多少。比如,仓库管理这一岗位非常重要,但仓库管理员并没有什么自主权。他不能自主决定上班时间,也不能自主决定库存摆放内容,而只能接受相关指令安排。

5. 反馈

反馈是指从事职务所要求工作活动所需要获得的有关其绩效信息的直接和清晰程度,也就是员工能在多大程度上了解到自己所付出努力的实际效果。这反映了员工能否有机会客观、量化地直接观测到自己的工作业绩,而避免被其他人主观评价。比如对于厨师来说,这就是很值得关注的一个指标。

根据上述公式,可以对职务的具体内涵进行更具技术含量的分析,例如可以考虑增加职务深度,或者允许员工对其工作施加更大的控制,这就是职务丰富化技术的目标。在餐饮组织里,可以将职务丰富化理解为批准员工(尤其是基层员工)做一些通常是由他们上级管理人员完成的任务,这其中最能吸引员工的是允许甚至督促他们自己去计划、评价自己的工作。

比如,餐厅领班可以在自己班组范围内决定如何开展月度员工培训计划,可以自行决定与设计培训科目、教材,安排培训时间,以及组织培训考核的方式,甚至可以宣布考核结果将影响班组员工岗位的调整等。而在过去,这些都是餐厅主管或经理直接安排好了以后才公开宣布,再由领班负责在班组具体落实的内容。也就是说,领班个人对培训的看法对培训计划没有什么影响。

丰富后的职务设计将给员工带来更大的自主权、独立性和责任感,并鼓励员工尽可能从头到尾地去完成一项完整的活动。更重要的是,前后连贯起来并且由员工或小组主导完成的任务更容易衡量其绩效水平,方便员工清晰地评价和改进所承担的工作。

比如在厨房内部,不同技术班组间也可以进行类似调整。有些餐厅将蒸菜师傅单列出来,自主管理,独立核算,其工资结算也与厨房独立开来,效果相当不错,很多新式菜品迅速被挖掘出来。

(二)股权和期权激励

对于快速发展的餐饮业来说,员工持股或者期权激励等新型分配形式有很积极的意义。尽管目前对于非上市企业来说,股权激励在实施上还有很多实际障碍,在技术上也很不完善,但这在很多行业已经被证明是一种趋势。

在餐饮业实行员工持股或者期权激励,难度比一些高科技企业大得多。原因在于即使餐饮企业有健全的公司治理制度,也难以用市场数据来表达其企业价值的市场增值部分,直接从财务报表上核算收益也比较困难。因此,即使一些餐饮企业的部分核心员工拥有干股,但他们并没有财产处置权,仅可以分红。事实上,实际操作起来还缺乏必要的透明度,这样的股份还不如定额分红来得可靠。

在一些由国有企业改制而来的股份合作制餐饮组织里,员工持股制实施得比较到位,但随着时间推移,员工们越来越发现过分分散的股权并不利于管理,于是经过协商后,由一些资本实力较雄厚的员工进行收购,体制重新向传统模式发展。

至于期权激励,难度就更大,因为期权的本意就是参与现期分配,从而避免核心员工的短期行为,但因为餐饮企业普遍没有进入资本市场,所以实施起来非常复杂,对于权益的货币界定不易操作。

从某种意义上来说,核心员工的股权更多地只能体现在具体项目或者部分承包经营者身上,只有在完全的两权分离情况下才能谈得上真正意义上的股权激励。作为一些专门技术的拥有者,有些核心员工可以在具体项目或者产品上享受股权,但这些都属于智力入股性质,应另当别论。目前在业界见到的其他一些员工持股,大多是名义的红利分配权,本质上是对员工的一种褒奖。

(三)薪酬激励

核心员工不等于核心管理团队,薪酬仍然是对这部分员工进行激励的主要手段。建立以核心员工为本的薪酬制度在某种意义上来说是餐饮企业管理的一种重要手段。

很多餐饮经营者因为没能仔细研究核心员工的心理特征,也没设计出富有针对性的薪酬机制,直到核心员工大量流失,才会花大代价去"亡羊补牢",这时便有了股权、期权和红利之类承诺的泛滥。

薪酬是员工个人价值的一种体现,对核心员工价值的认可必须体现在为其提供的接近甚至高于同类企业的市场平均薪酬。只有确保其薪酬水平与其创造的价值相适应,才能避免他们被竞争对手挖走。

通过有效的绩效评估可以对核心员工的功绩做出客观公正的评价,从而充分体现他们的价值,并促使核心员工在同一薪酬区间内展开竞争,通过提高绩效来取得更高的薪酬。

餐饮经营者要完全杜绝高水平员工流失是有一定难度的,但有一定阅历的员工对于暂时的高薪也会有清醒的认识。

建立以核心员工为基础的薪酬机制,应该注意以下两个问题。

1. 以能力为导向,实行弹性工资制度

在餐饮组织内部,不同员工的边际贡献有很大差异。为了能引导员工不断提高岗位技能和专业水平,应该设计以能力为导向且能对员工能力增长做出及时反应的薪酬方案。比如,在基层服务员中设立定期等级专核制度,在配套高密度的岗位培训的同时,聘请外围专家对员工进行半年一次的岗位技能测试,测试成绩结合平时表现将成为员工岗位定级的依据。

2. 员工岗位设计可以有一定的层次性

设计一定层次性的岗位,如特级服务师、高级服务员、中级服务员和初级服务员等,拉开不同级别员工工资待遇,同时又开设了可以申报晋升的通道。此外,积极鼓励员工利用业余时间自学岗位技能,如果参加专业资格考试并取得证书,也可以在工资待遇上有所体现。

(四)任期激励

一些餐饮经营主体为了培养员工的忠诚度,为员工设置以在店工作时间长短为依据的

"年功序列制",规定员工只要能在店工作达到一定年限,其工作岗位、职务级别和工资待遇都将有显著提升,提升幅度非常诱人。

在具体的实践中,有些餐厅规定,新进服务员连续在店工作两年以上(近几年来,随着服务员流动性增大,该年限已经缩短至半年)即可转为管理人员并享受相应待遇,领班级别的工作人员在店连续工作两年则可以享受主管待遇,即使暂时没有职位空缺,其工作待遇也可以先落实,并自动成为主管候补人选。

"年功序列制"绝不是鼓励员工们论资排辈,与其配套的是一个非常苛刻的考评淘汰制度,每个级别的员工逐月考核其工作表现和受训情况,只有考评合格并且能通过严格的培训考试才能自动晋升,而没能通过考核的员工不但不能晋升,反而会因为能力的限制被要求另寻出路。

二、餐饮人力资源危机管理

餐饮人力资源危机可能潜伏在人力资源管理的各个方面和各个时期,不仅表现为通常可见的罢工事件,还有主要管理者突然辞职、重要的培训项目失败、薪资系统的建设存在明显漏洞等表现形式。人力资源危机事件给餐饮经营带来的损失主要包括利润下滑甚至倒闭破产、人心涣散、工作效率下降、销售急剧下降、重要客户流失等。

餐饮经营者在应对和处理突发的人力资源危机事件时应该遵循理智原则、公平原则、双赢原则、乐观原则和事前预防原则。针对不同类型的人力资源危机事件,应有不同的应对措施。

(一)管理层

1. 预警机制

适当的防范和应对机制的建立能在危机发生时管理员采取正确的反应措施。目前,部分餐饮企业危机防范意识还比较薄弱,人力资源部门有待强化危机管理这一职能。从具体工作中看,有关餐饮危机管理相关理论和实践也在不断形成和丰富中,相信在未来管理中,餐饮企业管理人员在处理危机或危机预警方面的能力会不断加强。

2. 沟通机制

沟通始终是经营管理中一项非常重要的内容,在人力资源管理领域显得更为关键。员工的突然离职、消极怠工、出现抵触情绪都可能与低效的沟通有关。在面试中强调公正、全面的交谈;在绩效评估中强调评估者一对一的面谈,在危机事件发生后要更加强调公平诚恳的沟通。

良好的沟通过程不仅仅是一种信息传递过程,更是一种情绪和情感上的互动过程。高质量的沟通如果在危机发生前、日常管理中很好地实施,这本身就能大大降低人力资源危机发生的频率和强度。

3. 接班人计划

由于种种原因,餐饮组织内的核心管理人员可能突然提出辞职。在这种情况下,接班人计划具有重要的意义,这是餐饮组织长期生存的有力保证。

4. 核心能力理念

彻底改变传统的薪酬设计理念。薪酬要与能力和工作绩效关联,以激励员工的工作积极性。其一,要明确餐饮企业经营发展战略,然后对面试中发掘的个人能力进行认证,证实其有助于餐饮企业经营发展战略的实现。其二,将核心能力与人力资源体系相整合,只有能力完全被整合到现有体系中才能取得成效。

(二)员工层

1. 试用和考察

虽然各个餐饮经营主体对新进的员工基本上都有试用期,但在实际管理中真正让这个试用期发挥作用的却只有少数。餐饮经营者似乎更看重招聘过程中笔试和面试对员工的考核作用,却忽略在实际工作中对员工进行观察和评估。

实际上,试用期内餐饮组织能够观察新员工真实的工作能力、工作态度和工作风格,并且这些信息在短短的面试过程中往往很难体现出来。通过若干个月的试用,不但可以及时地淘汰那些不符合要求的员工,而且可以对留用的新员工及时提出反馈意见,给予正向精神激励。

2. 选聘机制

员工选择不当,是引发跳槽、人员流失的首要原因,并直接导致餐饮人力资源管理成本的上升。因此,在选拔员工时,应首先对空缺的职位进行细分,按照岗位的不同要求选拔符合要求的员工。

3. 员工职业生涯规划

餐饮经营主体应该为每一位员工设计职业发展规划,尤其是对大学生等高素质人才的职业发展要有一套明确的规划方案,使其能看到未来发展的方向和目标。在招聘时,应该选择有潜质并热爱餐饮工作的大学生,按照其性格特点和兴趣爱好,分配到相应的部门,给予其一段时间的基层工作锻炼。如果达到了特定的指标并通过考核,可以提升到一定的职位。这样,通过不断的磨炼和培养,使其成长为优秀的管理人才。

4. 员工参与

在知识经济时代,员工更加重视个人价值的实现和个人的成长空间。所以,管理者一旦确信自己已把合适的人安排在合理的岗位上之后,就应授予他一定的权力,为员工创造参与管理的机会,满足其精神上高层次的需求。员工与其他人合作一起解决问题时,其社会需求得到了满足;当员工认识到餐饮经营发展很重要时,其尊重需求得到了满足;当员工为自己的贡献而兴奋时,其自我实现需求得到了满足。通过这种内部"员工参与"的激励手段,不仅可以激发员工的主动性和创造性,还可以给他们提供更多的成长机会,进而留住优秀人才。

5. 交叉培训

交叉培训,是一种员工通过接受额外服务技巧的培训来满足不止一个工作岗位需要的培训方式,现在越来越多的酒店将其作为提升人员素质的重要手段。实施交叉培训有助于餐饮组织更加有效地控制成本,在餐饮不同部门出现工作缺位时能够及时补充,同时还可以降低员工跳槽率。

(三)文化层

在市场竞争日益激烈的今天,已经有越来越多的餐饮企业意识到了企业文化的重要性。餐饮产品和服务的创新、人力管理思想的定位,都是企业文化的本质体现。文化的竞争将成为餐饮企业之间新一轮竞争的重点。因此,企业文化的建设就成为餐饮业发展的突破口。企业文化是企业内部长期而稳定的氛围,扎根于每个员工内心。如果把餐厅比作一个人,那么环境、服务、菜品、营销就是其家庭,外表、穿着打扮、待人接物等是其外在条件,而企业文化就相当于一个人丰富、温暖、有趣的灵魂。众所周知,人们都喜欢在一个具有良好氛围的团体里工作、生活,因此面对餐饮企业内部的人力资源问题,根本之策还是要从企业文化入手,要千方百计打造一个与餐饮组织发展定位相契合,与其管理制度相适应,且特色鲜明、凝聚力强的企业文化。

本章小结

(1)员工的招聘与培训是餐饮企业人力资源管理的开端。员工招聘在识别招聘的需求和目标的基础上,经过准备筹划阶段、宣传报名阶段、考核录用阶段。

(2)员工培训是人力资源管理的重要内容。餐饮企业在对员工培训前,首先要确定培训的需求,常见的方法有观察法、问卷调查法、面谈法、客户调查法、资料分析法、申报法、工作任务分析法等。一旦培训需求确立之后,下一步要考虑的问题便是如何设计培训项目以达到培训所要达到的目标。一般情况下,合格或者优秀的培训项目设计需要考虑四个方面条件:培训目标是什么?受训人员训前的准备情况如何?学习或培训的原则是什么?培训老师有何具体特点?培训结束后可以通过柯氏四段培训评估理论和霍氏培训评估理论来进行培训效果的评估。

(3)新员工经过招聘与培训后,考核合格后正式进入岗位。餐饮企业对所有在岗员工的日常管理主要通过工作绩效评估来进行。工作绩效评估是对员工完成组织目标程度进行的可观察、可评价因素的评估,是判断员工是否适合该岗位和给予合适薪酬的主要方法。员工绩效评估的方法主要有特征评估法、行为评估法和结果评估法。

(4)餐饮企业管理者在日常管理过程中,为了留住员工,除了工作绩效考核外,很多企业还对员工进行一系列激励措施,鼓励员工在工作中积极表现,获得额外收益。员工激励分为职务激励、股权和期权激励、薪酬激励和任期激励。如果遇到突发人力资源危机,餐饮经营者应该遵循理智原则、公平原则、双赢原则、乐观原则和事前预防原则。针对不同类型的人力资源危机事件,采用不同的应对措施。

思考与练习

1. 试述餐饮企业员工招聘的基本程序。
2. 简述餐饮企业员工培训需求分析的内容。
3. 试述餐饮企业职业培训的主要内容。
4. 试对比特征评估法、行为评估法和结果评估法三种工作绩效评估法,并简述它们的优缺点。
5. 结合实例,谈谈员工激励的不同方式对你的吸引力,并说明原因。
6. 查阅资料,试以某一餐饮企业人力资源危机事件为例,简单评述该企业处理危机的过程和方法。
7. 举例说明,疫情期间餐饮企业进行人力资源招聘与培训的方法。

案例分析

一个员工的离职成本

餐饮企业一个员工离职后并不是想象中的找个人填上就万事大吉了,如果是优秀员工,离开了就是餐饮企业的巨大损失。

一般而言,如果需要找到一个优秀的服务员,那么至少需要花1个月时间招聘,新员工还需要3个月的适应期、5个月的融入期,工作1年以后才能成为餐饮企业的优秀员工。

餐饮行业招人越来越难,招募一个优秀员工的成本很高,不仅需要在各家招募平台上付费,就算是员工介绍也需要支付一笔介绍费,一般情况下,招募的失败率超过60%。

餐饮企业员工离职后,从开始招聘新员工,等到新员工上手且熟练工作,仅仅这段时间的替换成本就高达离职员工年薪的30%,如果是店长等核心管理人员离职,那么门店需要付出的代价更大。

国外某一知名咨询机构计算,一个餐饮企业员工的离职会引起大约3个员工产生离职的想法,如果是店长领班离职会引起4个员工产生离职的想法。

不同阶段员工离职原因分析如下。

1. 入职1周离职

在餐饮业,很多新员工试岗不到3天就突然不来了,于是有些企业规定,试岗3天不发工资,第4天入职以后才正式算工资。

但其实这种做法是违反《中华人民共和国劳动法》的。

新员工入职后不到一个星期就离职，原因其实就是在餐饮企业看到的实际情况与预期形成了很大的反差，比如食宿条件达不到要求、工作强度过大等。因此，企业在员工招聘时，应实事求是地介绍工作环境、条件与待遇，让员工做出合理决策。

2. 入职3个月离职

如果餐饮企业门店的员工入职3个月后离职了，那就说明主要原因就是出现在工作上。

可能是岗位设置不合理，工作职责不够明确，或者是员工在日常工作中受到了委屈，或者是员工在餐饮企业看不到晋升的期望，针对这些问题，管理人员需要及时与员工进行沟通，解决员工的问题。

3. 入职6个月离职

如果一个人工作了6个月离职，那么离职多半与直接领导有关，比如说跟领班或者店长有直接的关系。

领班或者店长，其实本身就是培训者，就像师徒制一样，领班和店长就是"师父"，有义务和责任去发掘培养新员工。

如果一家门店换了店长，同一批员工的表现可能截然相反，上个月做50万的业绩，换了店长后可能就只做了35万的业绩；同理，同一批员工，换了一个更适合的店长，可能上个月才30万业绩，下个月就完成了50万。

4. 1~2年离职

工作1~2年离职的员工，一般离职原因都与企业文化有关系，很多餐饮企业经营管理者认为企业规模不大，不需要企业文化，也不需要做品牌，这种想法是错误的。

想要一个优秀员工长久发展，薪资只是最基本的需求，根据马斯洛需要层次论，人还有自我实现方面的需要，员工会考虑这家餐饮企业的人际关系、发展前景、晋升空间、老板的人格魅力等，是否有助于其自我价值的实现。

留人比招人更重要。

在实际工作中员工离职的原因有很多，餐饮企业应该把离职率控制在30%的合理水平，如果离职率过高，受损害最大的是餐饮企业本身。

面对如今招聘难，面对高昂的员工离职成本，最重要的是善待员工，尤其是那些能力出众的优秀员工。

（资料来源：根据相关资料整理。）

问题：

请结合材料阐述如何才能留住员工，不仅留住员工的人，还留住员工的心？

第五章
餐饮人力资源管理

案例分析　　员工管理

第六章

菜单管理

学习导引

菜单是餐饮企业销售产品一览表,也是消费者的消费指南,它是餐饮企业与消费者之间的桥梁和纽带。菜单一头连接市场需求,一头连接经营者的产品供给,它是开展市场营销活动和完成产品交易的工具。消费者根据菜单选择菜品,因此设计科学、制作精美的菜单能吸引更多的消费者,从而提高餐饮企业的效益和知名度。餐饮业的激烈竞争,又使餐饮企业的经营管理者进一步认识到菜品营销在经营管理中的重要性,同时菜单在反映餐饮经营特色、菜品营销中起着不可替代的作用。

学习重点

通过本章学习,重点掌握以下知识要点:
(1)了解菜单的基本内容及分类;
(2)掌握菜单的设计原则及设计标准和步骤;
(3)掌握菜单定价的方法;
(4)能够根据餐饮企业实际情况与市场需求制定菜单。

第一节 菜单的概述与功能

一、菜单的概述

(一)菜单的定义

菜单英文名为"menu",最早源于法文,有"细微"之意。据《牛津词典》定义,菜单是"在宴会或点餐时,供应菜肴的详细清单、账单"。法国人认为"菜单"源于蒙福特公爵,在1498年,他每次宴会前都用羊皮纸写下菜名;英国人认为菜单始于厨师记录烹饪菜肴的备忘录;西方有文字记载的最古老的菜单出现于1571年法国一个贵族的婚礼上,其列有各项菜肴细目。在中国,与菜单类似的说法为"食谱""食单""席单",即介绍菜肴做法的书,或者制定的每顿饭菜的单子,如唐代韦巨源官拜尚书左仆射时,向唐中宗进献的《烧尾宴食单》,四川厨师们则口口相传为"席单",著名作家李劼人在《旧账》一文中,将家族一百多年的宴席菜单称为"席单",和菜单意义近似。因此,菜单在不同的国家和地区有不同的解释,综合起来,我们将菜单定义为:菜单是餐饮经营者为餐饮消费者提供的菜肴种类、菜肴解释和菜肴价格的一览表或说明书。

　　从餐饮经营角度来看,菜单是餐饮销售的控制工具,是传递餐饮企业销售、生产、服务等信息的重要媒介,是促进有形、无形产品销售的重要载体。菜单是一份知识手册,也是一份宣传册。装帧精美的菜单既可以告诉就餐者本餐厅提供的所有食品和饮品,又可以对提升餐厅形象起到推波助澜的作用。在某种程度上,菜单决定着餐饮企业的档次、风格和服务规格,反映餐厅的市场定位,体现经营特色。从餐饮管理角度来看,菜单决定食品原料的成本高低、采购与储存方式,决定餐饮设备的购置和厨房的布局。此外,菜单是餐饮企业服务人员为顾客提供各项服务的准则,决定着餐饮企业服务的方式和方法,顾客从服务人员提供的菜肴和服务中得到视觉、味觉、嗅觉等方面的满足。

(二)菜单的种类

1. 按用餐时间分

按用餐时间分,菜单可以划分为三种:
①早餐菜单;②正餐菜单;③宵夜菜单。

2. 按用餐方式分

按用餐方式分,菜单可以划分为六种:
①团队菜单;②宴会菜单;③冷餐会菜单;④自助餐菜单;⑤客房菜单;⑥特种菜单。

3. 按菜单经营特点分

按菜单经营特点分,菜单可以划分为三种:
①固定菜单;②循环菜单;③限定菜单。

4. 按菜单定价方式分

按菜单定价方式分,菜单可以划分为四种:
①零点菜单;②套式菜单;③无定价菜单;④混合菜单。

5. 按菜单餐别分

按菜单餐别分,菜单可以划分为三种:
①中式菜单;②西式菜单;③其他菜单。

(三)菜单的内容

菜单的内容一般包括五个层面。

1. 菜品名和价格

菜品名会直接影响顾客的选择。顾客未曾尝试过某菜,往往会根据菜品名去挑选。顾客会就菜单上菜品名在头脑中产生一种联想。顾客对某一餐厅是否满意在很大程度上取决于看了菜品名后对菜品产生的期望值,而更重要的是,餐厅提供的菜品应满足顾客的期望。根据国际菜单法规,菜品名和价格要具有真实性。这种真实性要求全面,它包括:

(1)菜品名真实。

菜品名应该好听,也必须真实,不能太离奇。

(2)菜品的质量真实。

菜品的质量真实包括原料的质量和规格要与菜单的介绍相一致。

(3)菜品价格真实。

菜单上的价格应该与实际供应的一样。如果餐厅加收服务费,则必须在菜单上加以注明,若有价格变动要立即改动菜单。

(4)外文菜品名正确。

菜单是餐厅质量的一种标记。如果西餐厅菜单的英文名或法文名拼写错误,说明该西餐厅对外国菜品烹调根本不熟悉或对质量控制不严,这样会使顾客对餐厅产生不信任感。

(5)菜单上列出的产品应保证供应。

2.菜品的介绍

菜单上要对一些产品进行介绍。这种介绍可以减少顾客选菜的时间。菜品介绍的内容有:

(1)主要配料及一些独特的浇汁和调料。有些配料要注明规格,如肉类要注明是里脊还是腿肉等,有些配料需注明性质,如新鲜橘子汁等。

(2)菜品的烹调和服务方法。某些菜品具有独特的烹调方法和服务方法,必须加以介绍,而普通的方法则不需介绍。

(3)菜品的份额。有些菜品要标注每份的量。如果以重量表示是指烹调后菜品的重量,有的菜品注上数量,如美式早餐套餐注明有两个煎蛋。

菜品的介绍便于推销菜品。菜单上的介绍可以引导顾客去点那些餐厅希望销售的菜肴,因此要着重介绍特色菜、名牌菜。同时,还要介绍一些名字不清楚的菜。菜品的介绍不宜过多,非信息性介绍会使顾客感到厌烦,使顾客产生不购买行为或不再光顾餐厅。但如果一张菜单就像产品、目录那样机械地列出菜名和价格,未免显得过于枯燥。

3.告示性信息

每张菜单都应提供一些告示性信息。告示性信息必须十分简洁,一般有以下内容:

(1)餐厅的名字。

(2)餐厅的特色风味。

(3)餐厅的地址、电话和商标记号。

(4)餐厅经营的时间。

(5)餐厅加收的费用。

4.机构性信息

有的菜单上还介绍餐厅的历史背景和餐厅的特点等。许多餐厅需要推销自己,而菜单是推销的最佳途径。例如,肯德基家乡鸡餐厅的菜单就介绍了该集团的规模、炸鸡的烹调特色,以及肯德基家乡鸡餐厅的产生和历史背景。

5.特色菜推销

如果每个菜品与其他菜品做同样处理就显不出重点,一张好的菜单应有一些菜品得到"特殊处理",以引起顾客的特别注意。从餐厅经营的角度出发,有以下两类菜品应得到特殊处理。

(1)能使餐厅扬名的菜品。一家餐厅总要有意识地推出几种菜品使餐厅出名,这些菜品应独具特色且价格不能太贵。这些能使餐厅出名的菜品应该得到特殊处理。

(2)愿意多销售的菜品。价格偏高、毛利大、容易烹调的菜是管理人员最愿意销售的菜。西餐中的开胃品、主菜、甜品一般盈利较大且容易制作,应列在显眼的位置。

特殊菜品的推销主要有两大作用:为畅销菜、名牌菜做宣传;为高利润但不太畅销的菜做推销,使它们成为畅销且利润高的菜。

知识活页 2022北京冬奥会菜单

(四)菜单的结构

1.封面

菜单封面犹如餐厅的形象,除了设计表现餐厅档次与品位外,还应该包含的信息有图案、餐厅名称和标识。

2.菜单菜肴

根据餐厅类别和档次,大部分菜单都由以下几部分构成。

(1)特色菜或厨师特选菜肴:重点介绍菜肴风味、选材、烹饪等方面的特色,一般配有精美且令人垂涎的图片。

(2)凉菜:包含荤素两类,一般根据时令菜的变化而变化。

(3)热菜:包含荤素两类,一般包含餐厅特色菜。

(4)汤:包含荤素两类,素汤类一般又分为咸、甜两类。

(5)主食:饺子、面条、米饭或其他。

(6)面点类:主要包含包子、各种面点,咸甜、荤素都有,会根据酒店档次和规模数量有所增减。

(7)酒水:中外各类酒和饮品都有可能出现,有的餐厅有单独酒水供顾客点选。

3.封底

菜单封底与封面一样,其宣传的功能主要体现在一些告知性信息中,主要包含以下几个方面:餐厅基本信息、地址等告知性说明;餐厅的餐厅营业时间、服务内容;餐厅电话号码、预

订方法、联系人等内容，以及餐厅荣誉性说明。

二、菜单的功能

（一）菜单是餐饮市场定位的集中体现

市场定位是企业开展营销活动的前提和基础，也是保证企业客源和产品销售的关键。在餐饮管理中，菜单是餐厅市场定位的集中体现，因为菜单一经确定，其目标市场、客源对象和客源层次也随之确定。同时，菜单一经制定和公布使用，其餐厅所经营的产品风味、花色品种、产品规格、食品主要原料、对厨师技术水平的要求等也就确定了。餐饮管理人员只有按照菜单市场定位的方向去组织客源，开展生产经营活动，才能获得成功。

（二）菜单是餐饮市场营销的工具

市场营销是由供求双方决定的。从需求关系看，菜单必须根据市场的需求确定产品风味、花色品种和产品价格。从供给关系看，菜单上的产品风味、花色品种、产品价格必须与企业的等级规格、技术力量、成本消耗和利润目标相适应。两者有机结合，才能合理制定菜单。

同时，市场供求关系发生变化，菜单必须随之进行调整，以适应供求关系的协调发展。餐饮经营者必须根据市场供求关系及其发展变化来设计、制定、调整菜单，菜单一旦确定，就必须根据其内容和价格来加工、制作并销售其餐饮产品，提供相应服务。

（三）菜单是餐厅产品推销的广告载体

菜单是顾客了解餐厅产品的唯一渠道，也是餐厅提供产品的目录，因此餐厅产品推销的主要方式也必然通过菜单来体现。例如，餐厅通过菜单的内容、形式、装帧，以及富有吸引力的花色品种、多档次的产品价格来招揽顾客，起到组织客源、扩大产品销售的作用。

（四）菜单是顾客消费需求的依据

菜单是根据市场需求制定的，它充分考虑了菜品的花色品种、价格、地区饮食习惯、营养卫生等方面的要求，顾客根据菜单目录，选择自己喜欢的菜肴，即菜单是顾客饮食消费的依据。

（五）菜单是餐饮生产经营活动的凭借

餐饮产品生产经营活动是以菜单为主要依据的。餐饮管理人员必须以菜单为基础，根据客人点菜要求或宴会标准，组织食品原材料，安排生产经营活动。同时，每种菜品的制作、加工、用料、投料等都必须符合产品风味、成本控制的要求，才能在维护消费者利益的同时，获得必要的利润。因此，菜单必然成为餐饮生产经营活动的工具，起到控制餐饮产品生产和销售的作用。

三、中国式菜单的文化内涵

中国饮食文化博大精深，中国是一个美食大国，自古以来就有"民以食为天"的说法。各地美食种类繁多，制作精良，最有代表性的是鲁、川、粤、闽、苏、浙、湘、徽八大菜系，深受人们喜爱。而各式各样、五花八门的中国菜名，或写实，或浪漫，或饱含历史韵味，不仅文雅别致，更折射出了丰富多彩的中华文化。读懂中国菜名的文化意蕴，就是了解一段精彩的中华文化。

(一)反映历史文化典故、民间传说

中国菜名有相当一部分是从历史文化典故、民间传说延伸而来。如传统浙菜"东坡肉",源于宋代大文豪苏轼(号东坡居士,世称苏东坡)任徐州知府时期,有次黄河决口,苏轼身先士卒,带领全城百姓筑堤保城。击退洪水后,徐州百姓杀猪宰羊,送至苏轼府上。苏轼见难以推辞,于是和家人将肉烧好后回赠给当地百姓,"回赠肉"因此而得名。后苏轼被贬黄州时,作有煮肉歌,人们就开始竞相仿制,并戏称其为"东坡肉"。哲宗元祐年间,他二任杭州知府,因疏浚西湖有功,当地百姓在过年时抬酒担肉给他拜年,他命人将肉和酒一起烧,分给百姓,百姓尝后,更觉味美,此后"东坡肉"的美名渐渐传遍全国。又如著名川菜"金屋藏娇",源于汉朝班固《汉武故事》:"若得阿娇作妇,当作金屋贮之也。"意为汉武帝自小喜爱阿娇,若能娶为妻,则愿为其造一座金屋让她居住。这道菜的做法就是将土豆酥饼盖于香酥鸭上,周围放葱花点缀,与"金屋藏娇"这一历史故事的意义相呼应。

(二)反映儒家文化、道家思想

由于历代统治者的提倡和利用,儒家文化在中国传统文化中影响深远而广泛。它强调"仁"与"礼"的结合,提出"学而优则仕"的"官本位"思想。这一思想的影响反映在社会生活的各个领域,在中式菜名中也不难发现其踪迹。如"孔府菜"(乾隆时期官府菜)中的"御带虾仁",是以剥掉虾皮而中间留有虾壳的大虾为原料,放入锅中翻炒。因盛盘后保留的虾壳呈红色,似官员朝服上的革带,故而得其名。这是"官本位"思想在现代饮食文化中的反映。庄子和老子是道家思想的代表人物,相信人的精神不死,灵魂不灭,留下了"庄周化蝶"的美谈和"大鹏展翅"的浪漫,对后世也产生了十分深远的影响。比如现今升学宴上常见的一道菜,"大鹏展翅",源于庄子《逍遥游》中的"北冥有鱼,其名为鲲。鲲之大,不知其几千里也;化而为鸟,其名为鹏。鹏之背,不知其几千里也;怒而飞,其翼若垂天之云。是鸟也,海运则将徙于南冥。南冥者,天池也。"寓意为鹏程万里,前程似锦。设宴者和赴宴者见此菜名,更添后辈升学之喜气与祝福。

(三)反映中华民族图腾崇拜

龙凤文化在我国已有五千多年的历史,龙和凤自古就是中华民族崇拜的对象,中国各民族一致认为龙凤是自己祖先的化身,相信自己与之有血亲关系,是龙凤的子孙后代。中国人用"望子成龙、望女成凤"来表达对子女的殷切期望。龙、凤在中华文化中代表美好寓意和良好祝福,这在中国菜名中也体现得淋漓尽致,中国随处可见以"龙""凤"命名的菜肴,如"龙凤呈祥""百鸟朝凤""游龙戏凤"等。久负盛名的粤菜"龙虎斗",以蛇喻龙,以猫喻虎,是以蛇肉为主的一款羹汤菜,相传是清朝同治年间一位叫江孔殷的人为庆祝自己八十大寿而做。吃蛇肉在广州很普遍,但在中国其他地方则不易被接受,甚至被认为是一件恐怖的事情。但将其命名为"龙虎斗",就会给食客舒服的感觉。又如川菜中的"凤爪",即鸡爪,这种普通的食材一旦与"百鸟之王"——凤结合在一起,便不再普通,而给人一种吉祥、美好的印象。

(四)反映传统中医药文化

中医药文化是中华优秀传统文化中体现中医药本质与特色的精神文明和物质文明的总和。"药食同源"是中医药文化的传统理念,并渗透人们的日常文化生活之中,中国菜名中也有很多体现。如大家熟知的药膳银耳莲子枸杞羹、归参炖母鸡等直接用药膳配方命名;有些

药膳配方多样,就用一个数字加以概括,如"十全大补汤",包含10种中药材,主要功效为补益。这些菜名,让人们非常直观地感受到中医药文化的丰富性和多样性。

总之,各式各样的中国菜名不仅是简单的词汇和名称,而是承载着丰富的中国文化,具有丰富的文化内涵,是中华文化的缩影和反映。研究中国菜名所蕴含的文化意蕴,就是解读绚丽多彩的中华文化。

第二节 菜单设计

一、菜单设计的原则

菜单是餐厅必备的销售工具,是餐厅的名片,是产品和服务的宣传品,也是餐饮经营过程中的最佳指导方针,展示的是餐厅的品位。一份制作严谨、精美翔实的菜单,便是餐厅介绍自身产品的最佳代言人,也是餐厅与顾客之间沟通的桥梁。从形式上看,常见的菜单有点餐菜单和套餐菜单。

点餐菜单在零点餐厅普遍使用,是餐厅经营菜品品种和价格的目录,菜品种类丰富齐全,使顾客有更大的选择空间。套餐菜单是按照一定格式组合而成的综合菜品,提供数量有限的菜肴,并且有固定的上菜顺序,可以减少顾客点菜时因不熟悉而造成的麻烦。菜单设计也是一门学问,要设计一份好的菜单,首先要明白菜单设计和制作的六个重要原则。

(一)菜单要彰显品牌形象和价值观

一个品牌的自身形象和价值观要通过菜单准确地传递给顾客,餐厅设计的主色调与菜单设计的主色调,要和产品一脉相承。例如彰显高端与工艺严谨的品类,菜单设计往往要突出端庄与古典韵味,色调选择上往往以暗黑色系为主;年轻时尚、热情奔放的快餐品牌,往往喜欢红色、黄色等亮色;主打健康的轻食、蔬果以及果汁饮品的店,则往往以绿色等健康色调为主。因此,菜单的设计要突出品牌的形象,彰显品牌价值观。

(二)菜单要反映顾客的需求

很多做得比较好的餐厅都会定期更新菜单,根据销量进行产品调整,将最受顾客欢迎的菜品打造成招牌菜。以顾客的购买行为作为依据来决定菜单的变化,这样的做法更顺应市场发展,因为经过顾客检验的结果,总比设计人员自己琢磨出来的更有说服力。比如杨记兴的臭鳜鱼,就是一步一步通过顾客的行为反馈逐步确立成核心产品。还有阿五黄河大鲤鱼等,都是通过顾客反馈,逐步建立起自己的产品定位以及品牌定位。

(三)菜单要适应市场新形势

市场在变、潮流在变,餐饮市场的风向标也在不断转换。围绕颜色及其深浅结合食品可以构筑消费者特定的社会心理,反映他们对于当前社会现状所抱有的情绪。如今,蓝紫色调盛行,这正是消费者寻求身心慰藉、渴望提升情绪健康指数所释放出来的信号。为此,美国艾地盟(ADM)全球产品营销副总裁表示:"能提升人们整体幸福感的产品色调成为促成许多消费者发生购买行动的关键因素。2021年快消圈内蓝色、紫色正夯,这是因为新一代消费者不仅在寻找一种能够改善睡眠、释放压力的产品,同时也在找寻能激发想象力和灵感的途径。"

(四)菜单要体现创新精神

大部分传统的菜单单调枯燥,网上找来的模板又千篇一律,对很多餐饮店来说,菜单只是起了一个价目表的作用,让顾客知悉产品的价格。试问这样的菜单,怎样突出特色?怎样引导顾客消费?一个具有创新精神的餐饮店,应当让创新体现在每一个地方,菜单就是首要的。菜单形式上别出心裁、设计上独具匠心、内容布局上简单清晰,这样的菜单就很受用,能引导顾客多点几个菜。

(五)菜单要简洁又有力量

顾客点餐时,最怕的一类菜单就是密密麻麻,或者花里胡哨,看了半天还是找不到重点,这样的菜单让人在视觉上就疲劳了,更别说再多一点营销的功能了。好的菜单要简洁又有力量:简洁就是排版简单清晰、分类明确,字体看着舒服,整体给人一种简单明快的感觉;有力量就是指在菜品的编排要有主次之分,突出重点,标出特色菜和推荐菜,在菜品的搭配上有合适又恰如其分的建议,让顾客在最短的时间内做出让自己最满意的决定。

(六)菜单要有创造经济价值的作用

好的菜单设计要兼顾经济价值,让顾客消费并觉得物超所值。聪明的餐饮品牌早已洞察一切,所以在菜单上不仅有超低价的特色菜,有利润高的主打菜,还有出餐快的招牌菜。所有不同功能类别的产品组合起来的"组合拳",才是最有价值的。

知识活页 沈超群和他的红色文化主题餐厅

二、菜单设计的影响因素

影响菜单设计的因素多种多样,但总体说来,设计制定菜单要以餐饮顾客需求为中心,以餐饮物质技术条件为基础,综合分析影响市场供给和需求的各种因素,包括产品风味、花色品种、产品质量、产品价格、成本消耗、厨房技术、外观形象、推销能力、顾客感受等。主要的影响因素有以下几个方面。

(一)目标市场的需求

菜单设计必须以目标市场的需求为首要依据。目标市场是一个消费群体,要成功地设计菜单,还要进一步分析主要客源,了解消费者所属阶层、消费水平、职业特点、年龄结构、风俗习惯、饮食嗜好等特点,以及他们对餐厅环境、花色品种、产品质量、产品价格的具体要求。

只有对目标市场各类顾客进行深入细致的调查,掌握其相似特点,才能正确掌握菜单设计的原则与方向。餐饮目标市场的顾客需求对菜单的影响主要有以下几方面。

1. 顾客消费层次

顾客消费层次越高,菜单设计要求越高,菜点规格越高,对菜点的质量、价格品种影响越大。

2. 消费方式

零点消费、团体用餐、宴会消费方式不同,菜单设计的内容和要求也不同。

3. 用餐目的

根据顾客结婚祝寿、社交宴请、休闲娱乐等目的的不同,菜单设计要求也不同。

4. 年龄结构

年轻人喜欢高热量食品并喜欢尝试新奇食品,老年人喜欢清淡食品,这些必然影响菜单设计。

5. 性别结构

不同性别的消费者对菜品的种类和热量要求不同,成为菜单品种搭配的依据。

6. 宗教信仰

不同宗教信仰对食品的种类和加工制作方法往往有不同的要求和禁忌,这也是菜单花色品种安排的重要参考依据。

7. 饮食习惯

不同国家和地区的顾客都有自己的饮食习惯,菜单设计必须在品种选择、品种安排、菜点搭配上同目标市场的顾客的饮食习惯结合起来。

8. 支付能力

消费者的消费水平与其经济地位相关,收入水平及支付能力对菜单设计的价格结构产生影响。

(二)食品原材料的供应状况

原材料供应是餐饮产品生产的先决条件。菜单设计再好,如果原材料供应没有保证,造成缺菜率高,也会影响销售额和声誉。因此,凡是列入菜单的产品,必须无条件地保证原材料供应。它要求菜单设计人员必须根据企业的地理位置、交通条件认真分析食品原材料的市场供应情况、采购和运输条件、原材料供应的季节变化等信息,然后利用这些信息来设计、制作菜单。

菜单菜品确定时,原材料供应会限制菜品供应,从原材料供应方面考虑,菜品确定的基本原则有以下几点。

一是尽量使用当地生产、供应充足的食品原材料,保证菜单需求。

二是需要从外埠或国外购进的原材料,必须事先签订保证及时供应的合同,以免影响销售。

三是需要库存的食品原材料,要能够保证库存供应和厨房使用,才能列入菜单。

四是季节性食品原材料,在菜单设计中只能作为季节菜、时令菜处理。这样,凡是列入菜单的各种产品,都能保证原材料供应,满足顾客消费需求,避免因缺菜引起顾客的失望和不满。

(三)餐饮产品的风味品种

风味品种对菜单的影响表现在以下方面。

一是花色品种的选择要尽量做到多样化,能够满足目标市场多方面、多层面的用餐需求,为此,菜单产品组合要多样化。

二是所选择的花色品种必须保证产品质量,有利于充分发挥厨师的烹调技术,尽量做到每一种产品都色泽纯正、香气四溢、味道可口、造型美观,能够给顾客营造色、香、味、形俱佳的感受,为此,菜单产品展示要形象化。

三是所选择的花色品种在烹调技术上要尽量全面,煎炒煮炸、烤烩焖扒、煨炖煸烧等能够使顾客获得良好的饮食文化享受,为此,菜单菜品分类要合理化。

四是不同花色品种的口感和味道要综合搭配,清冷热温、酥嫩细脆、软香鲜滑、酸甜苦辣各得其所,能够增进顾客食欲,刺激顾客消费,为此,菜单菜肴口味要多元化。

(四)不同菜点的赢利能力

菜单设计的最终目的是扩大销售,增加餐饮利润。不同品种的赢利能力是不相同的。各种菜点的赢利能力主要受产品成本、价格高低和销售份额三个因素的影响。

1. 按赢利能力,对菜点分类

这就要求菜单设计不仅要合理安排花色品种,而且必须充分考虑不同菜点的赢利能力,合理安排产品结构。就一份具体的菜单而言,其菜点的赢利能力可大致分为四类:

一是成本低、销量大、利润高的菜点;

二是销量大但成本高、利润低的菜点;

三是销量小但成本低、利润高的菜点;

四是既不畅销又缺乏赢利能力的菜点。

2. 安排菜点结构时要考虑的因素

菜单设计者应事先分析各种类型菜点的赢利能力,合理安排菜点结构。具体安排菜点结构时要综合考虑三个方面的因素:

一是各类菜点的成本、价格和毛利的高低,确定其成本率和赢利能力;

二是各类菜点的畅销程度可能引起的赢利能力变化;

三是某类菜点销售可能对其他菜点带来的影响。

3. 制作菜单时对不同菜点的安排

在此基础上,制作菜单时对上述四种类型的菜点分别采取以下不同的态度。

(1)一般来说,成本低、销量大、利润高的第一类菜点的比例应安排在60%~70%。

(2)销量大、成本高、利润低的第二类菜点,应尽量少安排或不安排。因这类菜点销售得多,必然影响其他菜点的销售,应改变餐厅各类菜点的利润结构,最终使整体利润减少。

(3)不畅销但利润高的第三类菜点,应该保留,可在菜单中安排15%~20%,因为这类菜点虽然销量小,但利润高,可以作为重点推销菜。

(4)销量小、利润低的第四类菜点,可安排5%~10%。虽然这类菜点赢利少,但销售也少,不会影响其他菜点销售,还能丰富菜点花色品种,起到配合作用。

（五）产品生产的技术水平

菜单设计的菜点安排和菜点规格选择直接受厨师技术水平和厨房设备的限制。没有特级厨师的餐厅，即使设计出规格较高的名点名菜，也无法烹制出名实相符的产品，反而让顾客感到失望。菜单的品种、规格和水平超越了厨师技术水平和设备生产能力，菜单设计得再好，也是空中楼阁。因此，设计制作菜单要从餐厅的厨师技术力量、技术水平和厨房设备条件等实际出发，量力而行，实事求是，防止凭空想象而造成名不副实的情况，影响顾客需求和餐厅形象。

（六）食物的营养成分

菜单设计中往往容易忽视为顾客提供营养成分搭配得当的饮食的必要性和重要性。随着生活水平的不断提高，餐厅已不仅仅是解决饥饿这一基本生理需求的去处，而是人们品尝名菜美点、珍馐佳肴的场所；外出就餐也不再是偶尔为之，而是成为人们经常性的活动。更重要的是，饮食需讲究科学搭配，营养需求均衡，大鱼大肉、酒足饭饱并不意味着科学饮食。菜单不仅要反映各种食物所含的营养成分，还应当搭配出符合营养科学原理的饮食。

三、菜单设计的标准与制作步骤

（一）菜单设计的标准

虽然菜单是餐饮经营者为经营活动而独立设计的，不存在统一的行业规定，但一份科学合理的菜单，其设计标准应该达到以下要求。

1. 外观要求

外观设计美观、典雅、舒适，图案配置适宜，要能够和餐厅的等级规格、接待对象和销售方式相适应。在方案选择、图案设计、颜色选用、规格尺寸等方面都有利于树立餐厅形象，能够给顾客留下深刻印象。

2. 文字要求

菜点名称与文字说明能够引起顾客食欲。各种菜点均能以优美文雅的语言和恰如其分的文字描述，以迎合顾客的需求。

3. 搭配要求

花色品种的选择搭配和比例结构的安排科学合理。要根据目标市场顾客的特点合理搭配菜肴，以满足顾客多方面、多层次的需要。

4. 价格要求

不同菜点的产品价格和毛利掌握合理。要做到高中低档搭配，畅销菜点和一般菜点、高赢利菜点和低赢利菜点比例安排适当，能够保证菜单设计的利润目标。

5. 技术要求

菜单设计和厨师技术水平及厨房设备紧密配合，要既能充分利用和发挥各级厨师的烹调技术，有利于各种设备用具的综合利用，又能促进原料加工、切配和烹调制作等厨房生产过程的标准化管理，有利于降低消耗，提高综合经济效益。

6. 弹性要求

菜单内容安排具有灵活性。能够根据目标市场顾客的需求变化、食品原材料的季节和时令变化而调整,有利于菜品的推陈出新,给顾客以新鲜感。

7.出品要求

设计出的菜单必须保证各种菜品的供应,缺菜率不能高于2%。

(二)菜单的制作步骤

菜单设计由行政总厨和厨师长负责,餐饮部经理和各有关管理人员参加,其设计方法和过程可大致分为以下五个步骤。

1.区别菜单种类,确定设计方向

根据餐厅的经营方式和服务项目确定菜单种类。菜单种类不同,其设计内容和要求也不相同。根据餐厅性质和规格确定菜单设计档次。饭店星级和餐馆档次规格越高,菜单的规格也越高。就是同一家饭店的宴会厅、零点餐厅、高档西餐厅、一般团队餐厅、咖啡厅,也会因餐厅性质不同而使菜单规格及其设计内容和要求有很大区别。

根据市场特点和销售方式来确定菜单具体形式,则有固定菜单、循环菜单、季节菜单、限定菜单或其他菜单。

2.设计菜单内容,安排菜点结构

在确定菜单种类、明确设计方向的基础上,要根据餐厅类型、目标市场的顾客需求,厨房技术及设备条件等选择经营风味,设计菜单内容,安排菜点结构。

就经营风味而言,可分为中餐、西餐、日餐、韩餐和其他国家或地区的饮食风味。就中餐风味而言,也有广东、四川、山东、淮扬、宫廷、海味、野味等各种各样的具体风味。菜单设计要明确经营风味,切忌不伦不类。

(1)菜单菜品花色品种的数量控制。

菜单种类不同,其花色品种的数量要求也不相同,既不能过多,也不能过少,应满足不同顾客的需求。就一个具体的餐厅而言,任何一种风味的餐饮产品都有成百上千种菜,具体选择哪些品种,往往是菜单设计过程中最难解决的问题。菜点品种的选择与确定,要掌握四个原则:

第一,要以那些能够代表所选风味特点的菜肴为主,同时又有不同的侧重。

第二,要选择那些与餐厅等级规格和接待对象相适应的菜肴,能够反映多数顾客的需求特点。

第三,要选择比较新鲜,能够引起顾客食欲的菜肴。

第四,要选择那些饮食营养互相搭配,有利于促进顾客身心健康的菜肴。菜单菜品设计的一大忌讳便是在菜单中给出太多的选择。研究发现,对于食客来说,一次性能关注的菜品最多为7个,超过这个数量则会顾不过来。所以一个好的办法就是将菜单分为若干部分,每个部分5～7道菜。这个数量可以略有增加,但仍以10道以下为宜。而宴会菜单则只能根据顾客的预订标准和双方协商结果来确定菜点的数量。

(2)菜单菜点花色品种结构比例的确定。

一份科学合理的菜单,菜点的花色品种结构十分重要。

菜单具体结构安排要从能够刺激消费、扩大销售、增加利润的角度出发,可分为冷荤、热菜、面点、汤类等不同类型的菜点结构;肉类、海鲜、禽蛋、素菜等不同营养成分的菜点结构;高档、中档、低档等不同规格和价格水平的菜点结构;畅销程度不同的菜点结构;高赢利、一

般赢利、较低赢利和微利等不同赢利能力的菜点结构。菜单设计要将上述五种结构结合起来,确定不同种类的菜点数量和比例。

3. 确定菜单程式,突出重点菜肴

菜单花色品种数量和各种比例结构确定后,还要将各种菜点按一定程式排列起来,便于顾客选择。

(1)确定菜单程式。

从总体上来说,中餐菜单可以按冷盘、热菜、主菜、汤类、面点的顺序排列,然后再分为冷荤、鸡鸭、猪牛肉、海鲜、蔬菜、主食、汤类、点心等不同的种类。西餐菜单可以按开胃菜、汤类、主菜、甜点等顺序排列,然后再分成开胃菜点、汤菜、海鲜、鱼虾、猪牛羊肉、素菜、甜点等不同的种类。此外,团队菜单、宴会菜单、套式菜单、客房菜单等,其菜单程式又各不相同。早餐、正餐的菜单程式也有区别。所以,必须根据菜单种类、饮食风味和具体销售方式的不同,分别确定。

(2)突出重点菜肴。

将重点推销的菜点安排在菜单最显眼的位置,并编号,改换字体或加框边装饰,引起顾客的注意和重视。

(3)配有文字说明。

除菜点名称外,每道菜式应用简捷、准确、优美的语言描述其主要原料、烹调方法、口味特点。特别是重点推销和以形象取名的菜点更应如此。

4. 核定菜品成本,合理制定价格

价格是影响产品销售和市场竞争的重要因素,而饮食产品的价格又是由成本和毛利决定的。在具体核定菜单成本、制定价格的过程中,要注意以下三个方面的问题。

第一,成本核定要根据菜单种类不同而变化,做到准确、稳定。

第二,毛利的确定要灵活,应区别不同菜点种类,该高则高,该低则低。就成本和毛利的关系来看,要做到有的高进高出,有的高进低出,有的低进高出,有的平进平出,使各类菜点的毛利灵活多样,而菜单毛利的控制重点则放在综合毛利率的掌握上。

第三,菜单价格的确定与掌握要有利于促进销售,开展市场竞争。如零点菜单价格要高中低搭配,套式菜单和自助菜单价格要充分考虑目标市场多数顾客的承受能力。时令菜、季节菜和特别推销菜点的价格可以随行就市。

5. 注重外观设计,突出美感效果

(1)菜单装帧协调。

菜单外观与餐厅等级规格、菜单内容及整体环境相协调。如宫廷餐厅菜单装帧要高雅、古色古香,暗含宫廷气氛;宴会厅的菜单装帧要豪华、雅致,具有形象吸引力;咖啡厅的菜单要清新、随意,富于情趣。菜单内容和餐厅规格不同,菜单装帧的要求也不一样。

(2)菜单图案鲜明。

菜单图案的选择要有利于突出产品风味,如西餐菜单要选择能够反映西方文化特点的图案,中餐菜单要选择能够反映中华民族文化特点的图案,海味餐厅菜单要突出海洋风格。

(3)菜单色彩和谐。

各种菜单在设计外观图案和表面装帧时,都要选好主色调,大胆使用陪衬色调,使各种色调的运用有主有次、深浅适宜、明暗搭配。如规格较高的餐厅,菜单应有大块主色调和鲜艳的图案以及赏心悦目的标题。宴会厅菜单可以红色为主,咖啡厅菜单可以蓝色为主等。

(4)菜单尺寸适宜。

菜单的尺寸规格一般不宜过小,单页菜单尺寸可采用28厘米×40厘米规格,对折菜单可采用25厘米×35厘米规格,三页菜单可使用18厘米×35厘米规格。

(5)菜单材料实用。

菜单封面应由美观、耐用、不易折损、不易弄脏的材料制作。一般不宜选用塑料布、丝绸、布做菜单封面。

(三)电子菜单

1.电子菜单概述

在国内餐饮业快速发展的背景下,越来越多的餐厅通过高科技手段,实现了菜单的电子化。电子菜单是结合无线点菜系统,通过Wi-Fi或者无线传输系统而实现的可视化操作,是物联网和计算机云技术为饭店、酒店专门量身定制的智能化管理系统。

2.电子菜单的应用价值

(1)扩展推广渠道。

互联网时代背景下,餐饮行业开始强调数据、创新、智能的同时,也保有着原本注重体验和特色的内涵,而餐饮行业的新风口——点餐类App,就成了餐饮业对接互联网的重要通道。电子菜单能够帮助餐饮企业实现由传统传播方式向互联网传播类型的转变。

(2)提升企业形象。

良好的App用户体验能够提升企业的形象,从而在竞争中占据有利地位,这一点已经从饿了么、美团外卖等外送餐饮平台的竞争当中得以体现,顾客可对商户及产品进行点评等,"好评"在一定程度上提高了商户的美誉度。代替了传统的模式,现在餐饮App中都会加入评论和分享的模块,食客可以进行分享、点评、交换意见,这就为企业积攒了人气,增加了客户量,同时企业改进评论中提到的不足之处,通过更好的服务带动口碑和形象的提升。

(3)节约成本。

在海底捞,顾客要用到它的电子点餐系统,首先要打开它的登录界面,而在用户注册账号、接受各种优惠活动、预约点餐的时候,就相当于默许了海底捞在它的移动App上推送各式宣传信息以及文章信息到客户手机中了。这种利用电子点餐和互联网进行宣传的模式大大减少了餐饮企业的宣传成本,降低了运营费用。不仅如此,点餐系统还节约了企业的管理成本。点餐App利用移动支付有效解决了收银的问题,且非现金的模式也免去了审计、财务管理上很多的麻烦,从而节约了管理成本。

(4)订餐方便。

目前涌现出的一大批外卖平台,实际上也属于广义上的一种电子菜单模式:人们通过在线点餐,餐品会尽快送到面前。在对美团外卖进行研究时发现,使用美团外卖的人群主要为18—25岁的在校大学生,选择外卖订餐的主要原因是图个方便。人们通过在线点餐平台订购外卖配送到家,也可以在平台指定餐厅在线点餐,提前预约上菜,然后到店堂食,节约了大量的等待时间。对于年轻人来说,在线订餐方便、快捷、选择自由,且点餐App都支持在线

支付,避免了找零钱等麻烦,节省了时间。

四、菜单设计的创新途径

(一)文化创新

1. 营造挖掘餐饮企业特色文化

企业特色文化是企业理念、精神、追求、形象和习惯的集中反映。培育企业特色文化,进而提升企业核心竞争力是餐饮企业可持续发展的必由之路。在菜单设计中应以精良文化为支撑,将餐饮企业的定位、风格、经营理念等企业文化融合浓缩到餐厅的菜单设计中。

企业文化的营造可借助主题文化,通过特色主题文化元素在菜单中的运用来凸显文化和传递文化信息。餐饮企业特色文化的挖掘应结合当地人文、风俗、历史资源,将这些历史和文化资源挖掘、发挥出来,融入菜单设计中,使其成为餐饮企业的亮点之一。

北京紫云轩餐厅,崇尚自然,在环境营造上融合中国古典文化元素,形成独特的企业文化。其菜单设计以散文集形式呈现,以优美的散文为载体呈现菜品名称的内涵,让就餐者过目难忘。还比如,上海A390飞机主题餐厅选取航空这一独特主题,打造出模拟真实情境的空勤世界,营造出不同于其他餐饮企业的就餐环境。其菜单以A390国际航线为背景,在策划与设计时按照不同的航线提供世界各地多种风味的食物,将主题文化贯穿于菜单的策划与设计当中,就餐者可以在飞机上享受浓郁异国风味。因此,餐饮企业自身特色文化的营造和挖掘是菜单策划与设计文化创新的一种方式。

2. 充分展示饮食文化

菜单在向就餐者展示美食魅力的同时,也能够宣扬美食文化。我国饮食文化历史悠久,烹饪技术品种繁多,历史上有著名的四大菜系、八大菜系,不论是口味上还是制作方法上,甚至文化内涵上都各有千秋。在菜单设计时,通过对菜品特点及所属菜系内容的说明,可以使客人透过菜单对我国饮食文化了解一二。如今,我国还有许多少数民族菜品通过菜单介绍其民族的饮食习俗、饮食特色,满足其求新求异的心理。

(二)形式创新

1. 菜单样式的创新

形式独特,构思巧妙的菜单可以给人以深刻的印象。餐厅设计出独特的菜单不但能起到良好的宣传作用,而且还可以当成艺术品来珍藏。菜单的设计可以突破常规方形菜单,将菜单制作成不规则形状则会给就餐者以视觉的冲击感。当然菜单设计时应充分考虑其实用性,方便就餐者翻阅,只有把形式的创新与实用性融合为一体,才能设计出更完美的菜单。北京紫云轩餐厅的菜单把我国书法艺术、绘画技艺和精美菜肴融为一体,以中国古代点戏用的折子为菜单设计灵感的水墨画意境的折子菜单,让造访者赞叹不绝。

2. 菜单材质的创新

一些餐厅抛弃传统纸质菜单,对菜单的材质进行创新,运用不同的材质制作菜单。这样的菜单不仅形式独特,还可以给人以深刻印象。丽江一家餐厅运用木材制作菜单,并将其所提供的特色菜写于木片上悬挂在店门前,就餐者不进店即能方便快捷地了解餐厅提供的特色菜品及其价格,也增强了餐厅对就餐者的吸引力。菜单设计的独特创意还可以与餐厅特色结合起来。一些餐厅以竹子为材料制作菜单,菜单如古时候的竹简,与餐厅古香古色的风格相呼应。

3. 菜单字体的创新

目前市面上提供的菜单内页设计样式相似,文字工整,字体统一但很难形成独特的风格,给就餐者眼前一亮的感觉。因此,在菜单策划与设计时,可以运用别致、生动的艺术字体,替换传统的文字,从而形成别具特色的餐饮企业菜单,使菜单具有趣味性。例如,在儿童菜单中,可以使用一些象形文字,将卡通图案等运用在菜单里,使菜单具有趣味性,且易于儿童的认知和阅读。

(三)技术创新

现代科学技术在餐饮企业中的应用不仅可以给企业带来科学的管理手段,还可以给企业带来可观的经济效益,在菜单设计上可见一斑。电子菜单的产生即是在设计传统菜单时运用了技术创新的思路。电子菜单可以逼真地展示餐厅的菜品,根据就餐者需求为其提供服务。更重要的是,采用电子菜单有利于餐厅对客户反馈信息的收集,为管理层提供及时的销售信息和统计数据,方便餐饮企业的管理。同时,电子菜单程序的使用便于菜单的更新,餐厅可以根据经营情况及时调整菜单内容,真正做到"即时菜单"。

目前许多餐厅都在启用平板电脑作为菜单,方便就餐者点餐。就餐者只需用手指轻触电脑屏幕,便可看到各式菜肴照片和口味介绍。在遇到不同需求时,点餐程序会自动弹出窗口,让就餐者根据个人偏好进行选择。点餐程序会不断更新,自动删除当天已经卖完的菜肴。餐厅运用技术创新在菜单策划与设计中,融点餐与娱乐为一体,让就餐者更好地了解餐厅提供的菜肴。正如餐厅顾客所说:"看到纸质菜单时,你可能想象不出是什么东西。如果在电脑屏幕上看到菜肴的样子,我会更愿意点餐。"这种独特的菜单形式在增强了就餐者参与性的同时,还在一定程度上促进了就餐者消费,为餐厅带来更多的经济利润。

第三节 餐饮产品定价

餐饮产品定价是菜单赢利规划的重要部分,是餐饮企业的主要竞争手段,是赢利模式的重要构成,也是经营者经营思路体现。

餐饮产品(特别是菜肴)定价一般由厨师长(或行政总厨)负责,但作为餐饮管理人员,了解餐饮产品定价过程非常必要。餐饮产品定价是菜单营销的重要环节。它影响餐饮市场需求的变化和赢利水平。餐饮产品定价需要考虑多方面因素,也需要适宜实务的定价策略。

一、餐饮产品定价的原则

(一)餐饮产品价格的构成

餐饮产品的价格以其价值为基础,由四部分构成:成本、费用、税金和利润。其中,成本包括菜肴主料、辅料和调料构成的原料成本和燃料成本两部分;费用包括人工成本、管理费用、经营费用、财务费用等;税金包括营业税、城建税、教育费等;利润是指一定时期内营业收入额扣减去成本、费用和税金后的余额。毛利是指餐饮产品价格中费用、税金和利润构成的

部分,是餐饮产品价格减去成本后的差额。所有餐饮产品价格还可表示为产品成本与毛利之和。用公式表示为:

$$产品价格＝产品成本＋毛利$$

其中,毛利率是指毛利在销售价格中所占的比重,即

$$毛利率＝毛利/销售价格\times100\%$$

(二)餐饮产品定价的原则

1.餐饮产品的定价必须反映餐饮产品的价值

餐饮产品的定价由成本、费用、税金和利润四部分构成。餐饮产品的定价应当是以上四部分的准确体现,并且应符合价值规律的要求,以价值为核心。

2.餐饮产品的定价必须适应餐饮市场需求

随着市场供求状况的变化,在价值规律的作用下,餐饮产品的价格总会围绕价值上下波动,因此餐饮产品的定价应反映供求状况,以适应市场需求。供不应求的餐饮产品的价格可略高一些,供大于求的餐饮产品的价格应略低一些。当供求关系发生变化时,餐饮经营者应及时对餐饮产品的价格做出调整。

3.餐饮产品的定价应保留一定的弹性

由于餐饮消费具有较强的随意性和季节性,因此,餐饮产品必须根据季节变化制定合理的餐饮产品差价。另外,由于各地区消费者的消费观念、消费习惯、消费需求、消费水平等存在差异,导致了餐饮消费具有地区性的特点。餐饮产品,应制定较为灵活并且具有弹性的价格,以满足消费者的不同要求。

4.餐饮产品的价格应保持相对稳定

餐饮产品的价格虽然应具有一定的灵活性,但也不能频繁加以调整,因为餐饮产品的价格代表了该餐厅在市场上的形象,变化无常的产品价格会给顾客造成不稳定的感觉,甚至会挫伤潜在顾客的消费积极性,从而使需求量下降。因此,餐饮经营者不能随意调整价格,而且每次调价幅度也不宜过大(最好不超过15%)。无论是否调价,在餐饮产品质量上,企业经营者都不应存在任何侥幸心理,即调高价格,菜肴质量应该适当提高。

5.餐饮产品定价应遵守国家的价格政策

餐饮经营者在制定餐饮产品价格时要严格遵循国家的相关政策与法规,如《中华人民共和国消费者权益保护法》《中华人民共和国反不正当竞争法》等。餐饮企业经营者不应利用信息不对称对消费者进行价格欺诈。

二、餐饮产品定价的影响因素

价格是决定餐饮产品市场份额和经营利润的重要因素之一。因此,餐饮经营过程中必须要处理好定价问题。要制定和调整好价格,必须全面考虑各种因素。

(一)餐厅档次

餐厅的档次会直接影响餐饮产品的定价。相同的菜肴,在一般餐馆、一家三星级酒店和一家五星级酒店出售,其价格可能有着天壤之别。

一是高档餐厅的服务和环境质量比低档餐厅要高得多,餐厅的环境及服务都是餐饮产品的组成部分,其价值理应反映在餐饮产品的定价之中,因此,即便是色香、味、形、口感、分量等一模一样的菜肴,高档餐厅的定价也会比低档餐厅高。

二是高档餐厅与低档餐厅所追求的利润目标不一样,高档餐厅无论是在硬件设备设施上的投入还是在人员素质、服务技能及管理要素上的投入都要高于一般餐厅,为了保证餐厅的正常运转和持续经营,必然要获得较高的利润,这也直接导致其产品的定价高于低档餐厅。

三是高档餐厅为保持其高档的形象,其餐饮产品的原材料、烹制过程都精细得多,从而导致其餐饮产品价格较高。

(二)市场定位

市场定位是指餐饮经营者根据餐饮市场的竞争态势,在消费者的心目中为自己的产品寻求和确定一个最为恰当的位置的过程。餐饮市场定位以餐饮产品为出发点,其定位目标是针对餐饮经营的潜在顾客,从各方面创造特定的市场形象。要与竞争对手的产品相区别,以求在目标市场顾客的心目中形成特殊的偏好。不同的餐饮经营主体,可以根据目标市场顾客的特点,结合自身的资源实力产品特色等条件,选择不同的市场定位。一些餐厅将自己定位于为高收入者提供高档次菜品、环境和服务的高档餐厅,而有些餐厅则选择为经济实力有限的低收入者提供服务。在具体的产品定价上,同样一份菜单,前者一般会高于后者。

(三)定价目标

餐饮产品定价目标主要实现经营利润最大化,以及实现餐饮经营预计的市场份额。

1.维持生存或现状的目标

一般是在经济不景气或市场竞争过于激烈时,在迫于压力的情况下,餐饮经营者才会选择这种目标。在这种情况下生存重于利润,这时价格只要能够弥补可变成本和一部分固定成本即可。此外餐饮经营者被动地应付竞争,其产品价格与竞争对手会十分接近,并随竞争对手的价格调整而调整。

2.实现利润最大化目标

一是当期利润最大化。为实现这一目标,餐饮经营者可能会提高价格,但如果价格过高,就会排斥部分顾客,从而使销售总收入减少,因此要正确估计成本和需求,并据此选择一种最佳价格。

二是长期利润最大化。餐饮经营者必须充分估计产品的成本以及不同价格水平下的需求,从而确定最合理的价格。选择这一目标,其价格往往需要经常调整,比如为了争取更多的顾客,在短期内会采取低价策略,甚至不惜牺牲一部分利润,来培养顾客偏好,再提高价格。

三是较满意的利润。如果餐饮经营者既希望得到较多的利润,同时又希望能长期生存和发展。当最大利润很难确定的时候,常常以较满意的利润作为定价目标。在这种情况下,餐饮经营者往往提出将来一段时间内的目标收益率或利润额或利润增长率,并依此制定价格。

3.市场份额目标

一是保持市场份额。对于规模较大的餐饮经营主体来讲,保持市场份额就意味着保持了地位和声望,而是否实现了最大利润则是次要的。在此情况下,往往比较注重销售的数量,有时不得不为此而降价销售产品。

二是实现市场份额领先。为了扩大销售、扩大市场份额并最终处于领先地位,餐饮经营者会制定尽可能低的价格。但盲目压低价格,结果可能也会导致亏损或破产。

(四)市场需求

对于普通商品而言,需求与价格之间的关系非常密切,价格的微小变动都可能带来需求的变动,从而改变销售水平并对销售目标产生影响;反过来,需求的变动同样会对价格产生影响。通常情况下,需求和价格呈反向关系,价格越低,需求越多,价格越高则需求越少。对于有些特殊商品则不同。一些价格下降导致需求减少的商品,例如稀粥,降低稀粥的价格,结果可能使牛奶的消费量增加而使稀粥的需求量减少,这类餐饮产品,最好是取消;如果不能取消,也不必降低价格,因为降价也不会促进销售。而另外一些商品却由于价格的上升,需求量保持不变或者上升,这是因为价格代表的是此类商品的优越地位和身份,这类餐饮产品可以保持合理的、较高的价格,但过高的定价也会导致需求下降。

(五)餐饮成本

餐饮产品的价格在很大程度上是由需求限定的,即市场需求规定了价格的最高限度,超过这一限度,就会由于销售总量的减少而使销售收入和总利润的下降。如果其他条件相同,那么餐饮产品的价格越低,就越能够吸引顾客,销售收入就越高;但另一方面,餐饮成本规定了价格的最低限。低于成本的价格不仅不能带来利润,反而销售越多,亏本越大。餐饮产品定价应能够补偿餐饮成本。

(六)竞争对手

餐饮产品定价时还要了解竞争对手所提供的产品质量与价格,这有助于餐饮经营者最终确定自己的价格。如果本餐厅所提供的菜品、环境和服务与竞争对手相似,那么就可以参照竞争对手的价格来定价,可以略低于或与竞争对手的价格一致;如果本餐厅的产品质量明显不如竞争对手,则只能定低价;如果本餐厅提供的菜品、环境和服务都高于竞争对手,则可制定高于竞争对手的价格。以上是餐饮产品定价时必须考虑的主要因素,此外,还必须考虑国家的政策法规,以遵守法律法规为前提,综合考虑地理环境、风俗习惯、传统定价因素等。

三、餐饮产品的定价方法

一般来讲,菜单上的餐饮产品定价方法主要有以下几种:成本加成定价法、目标利润定价法、理解价值定价法、通行价格定价法。

(一)成本加成定价法

成本加成定价法是一种最基本、最简单的定价方法,即以成本为基础,再加上一定的加成来确定产品定价。成本加成法的使用十分普遍。

1.外加毛利率法

外加毛利率法就是首先确定生产和销售成本,然后加上毛利定价。比如生产和销售成本为2元的饮料,按照过去的经验和通常的做法,有60%的毛利率,加成则是1.2元(60%×2元=1.2元),价格应为3.2元(2元+1.2元=3.2元)。

2.价格系数法

首先计算出产品的成本,然后,根据过去的经验和判断,计算产品成本占菜肴价格的百分比,价格系数就是这一百分比的倒数,最后用成本乘以价格系数,算出价格。餐饮经营者一般都规定食品和饮料的标准成本率,可用成本比标准成本率确定餐饮产品的价格。如,某食品的成本是 25 元,食品成本率为 33%,则价格系数是 1/33%,其价格就是 75 元(25 元×3＝75 元)。

需要注意的是,成本加成定价法只考虑了成本因素,而没有考虑市场需求方面的因素。

(二)目标利润定价法

这是以成本为中心的另一种定价方法。根据餐饮经营的成本和要达到的目标利润或目标收益率来确定价格。用公式表示,即

价格(单价)＝(每份菜的原料成本＋每份菜的人工成本＋每份菜的其他经营费用)/(1－目标利润率－营业税率)

例如,某菜单每份菜的原料成本为 8 元,人工费为 5 元,其他经营费为 2 元,营业税率为 5%,餐厅目标利润率为 35%,则该菜肴定价应为

$$(8＋5＋2)/(1－35\%－5\%)＝25(元)$$

(三)理解价值定价法

理解价值定价法也称认知价值定价法,即把价格建立在产品理解价值基础上。定价的关键不在于卖方的成本,而在于买方的价值理解。餐饮经营者利用营销组合中非价格因素确定顾客对餐饮产品的认知价值,在此基础上进行餐饮产品定价。

理解价值定价法是以现代产品定位理论为根据的,餐饮经营者要准确估算顾客对餐饮产品的价值评价,计算出按计划价格能够出售多少数量的餐饮产品,算出计划的价格和成本,预测能否产生令人满意的利润,如果能,就按这种价格出售,如果不能,就要放弃。使用理解价值定价法制定价格,必须设法在顾客心中树立品牌的价值,餐饮经营管理人员要通过营销调研对市场的理解价值做出判断。采用理解价值定价法,关键在于要有自己的特色,能满足顾客在其他竞争对手那里不能满足的需求,这样才会有理想的理解价值,才能制定较高的价格而不至于失去顾客。

(四)通行价格定价法

通行价格定价法也称随行就市定价法,产品的价格主要取决于竞争者的价格,而很少注意自身的成本和需求。定价时,餐饮产品的价格可以与主要竞争者或行业的平均价格相同,也可以稍高于或稍低于竞争者的价格或平均价格。

1. 率先定价

率先定价即不是跟在别人后面,而是充当其他经营者的领袖和榜样,率先定价。如果这一价格能够为市场所接收,率先定价的经营者往往能获得较高的收益。

2. 追随定价

追随定价即追随行业内起主导作用的经营者,制定与之大体相同的价格,并且随着其价格变化而调价,一般规模较小的餐饮经营主体都是这样定价的。通行价格定价法是相当常见的定价方法,当经营者测算成本有困难或者需求及竞争对手不确定时,通行价格定价法就成为有效的解决方法,用这一方法制定的价格能产生公平的报酬,并且维持行业间的协调。不过,通行价格定价法会忽视产品的差别性,忽视顾客的价值观念,也不考虑成本,它带有一

定的盲目性,这样,优质的产品可能得不到相应的回报。

四、餐饮产品定价的步骤

不同类型的餐饮经营主体,通常会采用不同的方式来处理产品定价问题。小型餐饮经营主体的产品价格常由高层管理者决定;大中型餐饮经营主体的产品定价则由决策者会同财务、餐厅、厨房等部门的管理者共同制定。不论哪一种定价方式,其定价都有如下主要步骤。

(一)选择定价目标

首先要确定餐饮产品的定价目标。餐饮经营者在进行了市场细分并且选定了目标市场之后,要对其产品进行市场定位,根据市场定位则可以制定最终价格。如高档次餐厅,拥有出众的硬件产品与优秀的服务及管理人员,其目标顾客是追求豪华、舒适和体面的服务并且具备较强的支付能力的顾客群体,这就意味着餐饮产品是一种比较昂贵的商品。

餐饮经营者对其所要达到的经营目标越清楚,就越容易制定出准确、合理的价格。一般而言,餐饮经营者的定价目标主要有生存目标、利润最大化目标、市场份额目标和最高销售成长目标等。

(二)确定需求状况

不同的价格会影响需求的变化。餐饮经营者在制定餐饮产品价格时,必须根据以下影响需求的因素来确定价格。

1. 竞争对手的多少

如果竞争对手很多,餐饮产品的定价就应稍低;若竞争对手较少,餐饮产品的定价可稍高。

2. 顾客对价格的反映

顾客对价格的敏感度较高,产品的价格应偏低;顾客对价格的敏感度较低,产品的价格可偏高。

3. 顾客的餐饮消费习惯

消费者外出就餐的习惯普遍,就可将价格制定得偏高;消费者基本没有外出就餐的,就只能采取低价策略来吸引更多的顾客。

4. 经济形势

当经济形势较好时,顾客可自由支配的收入较多,外出就餐消费的次数会有一定的增加,此时,产品的价格可适当提高;反之,就只能制定低价。

(三)计算全部成本

餐饮经营者所制定的产品价格应该能够弥补其所有生产与销售的成本及税金,并能够获得一定的回报,也就是说,餐饮产品的定价必须能够抵偿所有的原料成本与费用,并获得一定的利润。

正确计算餐饮成本与费用是进行餐饮产品定价的前提与基础。餐饮成本包括制作和销售餐饮产品所发生的各项费用,主要包括原材料费用、燃料费用、物料用品费用、低值易耗品费用、工资、福利、水电费、企业管理费以及其他支出费用。

按照餐饮成本的性质分类,餐饮成本可分为固定成本、变动成本。成本结构对餐饮产品的定价、收入和利润的影响很大。固定成本是指总额不随产量或销售量的增加而变动的那部分成本,一般包括保险费、设备折旧费、利息费等。如折旧费不会因为接待的就餐人数增多而增加,也不会因为就餐人数的减少而降低。某些固定成本的数额会随着时间的推移而增加或减少,如折旧费会随着时间的推移而减少。换句话说,固定成本并不是绝对不变的。但是,固定成本的变化与产量或销售量的变化无关。虽然固定成本总额不随产量或销售量的变化而变化,但单位固定成本却与产量或销售量的变化有关。随着产量或销售量的增加,固定成本总额不变,但单位固定成本却是下降的。

变动成本是指其总额随产量或销售量的增加而呈正比例增加的成本,销售量的增减会引起变动成本的相应增减。如制作菜点的食品原材料支出和成本等,会随着销售量的增加而增加。虽然变动成本总额随产量或销售量的增加而增加,但是单位变动成本却不随产量或销售量的变化而变化,即无论产量或销售量是增加还是减少,单位变动成本是保持不变的,因为单位消耗定额是固定的,如每烹制一份糖醋排骨耗用的餐饮原材料是固定不变的。因此,随着产量或销售量的增加,变动成本总额呈正比例变化,但单位变动成本却固定不变。

(四)分析对手价格

竞争对手是指那些地理位置相近,提供的产品和服务在内容和档次上相似或相同,面对的顾客也相同的餐饮经营者。竞争对手的餐饮产品与价格会对自己经营的餐饮产品的价格和销量有很大的影响。充分了解竞争对手的产品种类与价格,有助于进行合理的定价决策。竞争对手分析包括以下方面。

1. 与竞争对手进行比较

比较所处地理位置、产品(包括菜品、环境与服务)质量和特色、经营实力、营销活动等。

2. 分析竞争对手的独特销售点

重点分析竞争对手的独特销售点。

3. 寻找和分析经营机会

对竞争对手成功的方面进行分析,还必须寻找竞争对手所忽略的经营机会。

(五)选择定价方法

餐饮经营决策者在掌握市场需求、成本与费用以及竞争对手状况的基础上,选择适宜的定价方法来制定餐饮产品的价格。餐饮产品的成本与费用规定了其价格的最低限。竞争对手的同类产品的价格是餐饮产品价格制定的参照,而相对于竞争对手的同类产品,自身产品可以因为体现出来的独特性而将其价格定制最高限。餐饮经营决策者可以通过上述因素中的一个或几个来选择定价,并最终制定出一个可行的价格方案。

(六)决定最后价格

餐饮经营决策者根据最终确定的价格方案,结合所选用的定价方法,就可以给具体的餐饮产品计算价格了。餐饮产品的价格确定以后,必须进行一段时间的试用,并多方考虑顾客、服务人员以及财务人员的意见,获得各方的一致认同。最关键的是要获得顾客的认同,只有顾客认同的产品价格才是最后的价格。

(七)制定价格体系

对于餐饮经营者来说,仅靠单一的产品价格参与市场竞争几乎是不可能的,因为面对的

是许多需求各不相同的顾客,同时,经营环境也在不断变化。这些变化因素将引起餐饮经营成本、经营目标、营销策略等方面的一系列变化,价格作为营销策略中的一个重要环节,也应随之进行适当的调整。

当总体的价格方案确定之后,具体的产品价格也就可以计算出来了。但如何合理确定不同产品的价格,以及在不同经营条件、不同营销方式条件下的产品价格,这就涉及餐饮产品价格是否能更好地适应餐饮市场的变化等因素。一般而言,餐饮产品的价格体系是一个全方位、多层面、多角度的价格系统,可以应对各种不同情况下的产品销售情况,更可以适应不同层面的顾客,它包括零售价、团队价、折扣价、促销价、差别价、组合价,等等。

本章小结

(1)菜单的功能:餐饮市场定位的集中体现、餐饮市场营销的工具、餐厅产品推销的广告载体、顾客消费需求的依据、餐饮生产经营活动的凭借。

(2)菜单设计的原则:要彰显品牌形象和价值观,要反映顾客的需求,要适应市场新形势,要体现创新精神,要简洁又有力量,要有创造经济价值的作用。

(3)菜单设计的影响因素:目标市场的需求、食品原材料的供应状况、餐饮产品的风味品种、不同菜点的赢利能力、产品生产的技术水平、食物的营养成分。

(4)餐饮产品定价的原则:餐饮产品的定价必须反映餐饮产品的价值,餐饮产品的定价必须适应餐饮市场需求,餐饮产品的定价应保留一定的弹性,餐饮产品的价格应保持相对稳定,餐饮产品定价应遵守国家的价格政策。

(5)餐饮产品定价的影响因素:餐厅档次、市场定位、定价目标、市场需求、餐饮成本、竞争对手。

(6)餐饮产品的定价方法:成本加成定价法、目标利润定价法、理解价值定价法、通行价格定价法。

思考与练习

1. 试述菜单的定义及其种类。
2. 简述菜单的营销功能。
3. 试述菜单设计的主要原则及影响因素。
4. 简述餐饮产品的定价原则及方法。
5. 结合实例,论述一家酒店确定菜单菜品类型品种的要求与方法。
6. 查阅资料,试以某一活动为例,制作一份既符合要求又有艺术性的菜单。

案例分析

冬奥菜单里的中国味道

北京冬奥会上,各国运动员享受了哪些美食?北京2022年冬奥会和冬残奥会运动员菜单中,678道来自世界各地的特色菜品"拼盘"而成"舌尖上的冬奥",向世界各地的冰雪健儿发出诚挚邀请。其中,在冬奥菜单中占比三成的中餐,充分展示"中国味道"的文化魅力。

防疫优先吃得安全　智能餐饮绿色办奥

北京冬奥会期间,各国运动员将在闭环内活动,这也对冬奥餐饮提出了更高的要求——既要吃得可口也要吃得安全。

赛时,冬奥村和冬残奥村将推出智能化餐饮,为运动员提供优质服务。例如,运动员主餐厅的进门处将设置热力图显示屏,实时显示用餐人数;在运动员餐厅出入口、取餐流线、餐盘回收等关键位置,设置防疫用品台,摆放口罩、手套、酒精棉片和免洗手消毒剂等防疫用品。

餐厅内设有智能保温取餐柜,帮助实现人员分流就餐。在餐厅中行走的智能引导机器人,可以为运动员提供咨询、引导服务。餐厅每层设有空间除菌仪,确保用餐环境。餐具是由玉米秸秆为原材料制成的可降解环保餐具,体现绿色办奥的理念。而在冬残奥会期间,为了便利运动员用餐,餐厅还将增设更多的无障碍餐饮服务,增设可移动座位、设计盲文菜单,并对菜签增加大字号标识。

数百菜品每天供应　各地美食榜上有名

与2008年北京奥运会一样,北京冬奥会的678道菜品中,中餐和西餐的比例为3∶7,既符合日常口味,也可满足尝鲜需求。三大赛区的餐饮服务标准、时间和内容同步,运动员无论身处北京、延庆或是张家口赛区,都可品尝同样的美食。

冬奥会赛会期间,冬奥村餐厅将设置世界展台、亚洲展台、中餐展台、清真餐台、比萨与意大利面展台、面包和甜品展台、鲜果展台等12种餐台,每天都有约200道菜品供应,并以8天为一个周期进行轮换。丰富的菜品可以为运动员提供更多选择,8天的周期则有助于打破思维定式,每天都有新惊喜。

哪些中餐登上冬奥会"赛场"?根据公布的部分菜单显示,浙江名菜西湖牛肉羹、川菜代表宫保鸡丁、鲁菜四喜丸子、粤菜虾饺等中国各地美食均榜上有名。冬奥会赛时正值中国传统节日春节,菜单围绕中国年节庆主题增添了不少特色饮食,源远流长的中国饮食文化将得到充分展示。

2008年北京奥运会时,令人垂涎的北京烤鸭成为最受运动员欢迎的菜品之一,平均每天会消耗掉700只。北京冬奥会上,人气颇高的北京烤鸭将如约"返场",并带上炮羊肉、木须肉、驴打滚、豌豆黄等京味儿菜品和小吃,一起出现在运动员的餐桌上。

严格把关营养健康　菜式多样"众口可调"

好吃，并不是冬奥餐饮的唯一标准。冬奥食谱既要符合各国运动员的饮食口味、宗教习惯等，更要满足运动员对热量、营养方面的需求，因此与百姓的日常菜单有所区别。

比如，有的比赛项目运动员在赛前需要食用大量高蛋白食品，比赛期间需要补充碳水化合物，比赛结束后喜欢吃一些高脂肪、高热量的食物，因此，冬奥食谱在营养成分的要求上比日常摄取的量更多。

冬奥菜单的制定极为严格，需要由运动、营养、餐饮等多个专家团队针对食材成分、菜品规格、制作流程进行研讨，在北京冬奥组委、冬残奥村餐饮服务商和营养师的指导下制定完成，并经国际奥委会审核同意。

为了满足不同项目运动员的赛期营养需要，冬奥菜单突出营养均衡、烹饪健康。例如，谷薯杂豆类涵盖糙米、燕麦、藜麦等全谷物，注意粗细搭配，保证充足优质能量来源；蔬菜水果类兼顾不同品种，提供丰富的维生素和矿物质，深色蔬菜占到蔬菜总量的一半以上；水产禽畜蛋类提供优质蛋白质；奶及大豆为运动员提供优质钙……

为了实现"众口可调"，菜单设置也下足了功夫。单是蛋卷就有原味煎蛋卷、菠菜蛋白蛋卷、火腿蛋卷等6种做法。比萨更是涵盖了烟熏鸡肉比萨、玛格丽特比萨、大虾比萨等9种口味。菜品涉及食材超过400种，并严格排除掉胡椒等食源性兴奋剂。此外，每餐均配备一系列素食和清真菜式，还可提供犹太洁食服务，以尊重、满足不同文化背景中的特定饮食需求。

（资料来源：《人民日报（海外版）》，http://www.haiwainet.cn/）

问题：
通过案例，如何做好高规格宴会菜单，以满足不同宾客的需求？

案例分析　　菜品定价的7个黄金法则

第七章

餐饮原材料的采购供应管理

学习导引

餐饮原材料的采购应受到充分重视,因为餐饮原材料采购事关餐饮产品成本核算以及最终的利润,采购供应管理更关系到菜肴的生产、加工以及顾客的餐饮消费体验,采购供应管理合理与否,是事关企业资金运转效率高低的关键因素。无论作为经营者还是管理者都需要了解并且掌握餐饮原材料采购的过程以及供应管理的基本要求。

学习重点

通过本章学习,重点掌握以下知识要点:
(1)原材料采购的流程以及具体操作方法;
(2)在选择采购员时应该遵守的原则及标准;
(3)采购数量的确定方法以及质量标准制定与保障;
(4)餐饮原材料验收、保管程序及其标准;
(5)餐饮原材料储存分类及库存管理。

餐饮原料的采购、验收、保管与发放是整个餐饮企业运营的开始和基础。采购过程直接影响企业资金的流动效率,进而影响产品成本核算;验收是保证食品质量的关键环节;保管对企业的成本计算有着直接影响;而发放则是保证厨房生产供应、控制原料使用的重要一环。

第一节 餐饮采购管理

一、餐饮原料的采购

餐饮原料的采购是指餐饮企业根据生产经营的需要,以适当的价格订货,并购买到所需质量的食品原料。采购是由餐饮企业的生产特点及原料供应情况决定的,实际上包括订货和购买两个部分。

(一)订货

订货是指根据餐饮企业的生产需要量、库存、质量要求和价格,考虑供应商的各项条件,综合其他方面影响因素,确定需要购买的原材料的具体数量和要合作的供应商的过程。

(二)购买

购买则是根据订货确定的具体数量进行购买,完成采购的过程。采购过程将影响资金的使用或流失。

具体来讲,采购工作的重要性主要表现在以下几个方面。

1. 采购价格影响餐饮产品利润

餐饮产品的价格受到市场竞争的影响,在供求关系的综合作用下产生价格波动,而购买价格对于餐饮企业来说就意味着成本,成本的多少最终影响企业的利润。

2. 采购影响企业流动资金的周转

餐饮企业,用于采购的流动资金周转的次数越快,利润就越多,即采购量少而次数多或采购占用的资金量少而周转快。但过于频繁的采购行为,会额外增加非食品原材料成本,如采购员的差旅费、采购物品的运输费等。

二、采购的流程和方法

知识活页　　　　　餐饮企业如何选择采购方式

采购过程由众多活动组成(图7-1),餐饮产品生产人员需要食品、饮料和其他辅料备制菜单菜肴。他们填写领料单,将写好的领料单交给仓库管理人员,然后由仓库管理人员发放所需的原料。在某些时点上,仓库的存货,即食品、饮料和其他辅料的存货数量必须补充。需要再次订货时,由仓库人员填写请购单交给采购部。请购单是详细描述所要购买原材料的凭证,包括所需数量、质量以及所需物品的使用频率,然后由采购部通过正式或非正式的采购预订系统向供应商订购所需货物,并将订购单的副联交给验收人员和会计人员。供应商将订购的货物送到验收处,并给验收员一张送货发票,供应商在发票上写明所送的货物及其数量、价格以及应付款的总额。验收员要对照请购单的副联或采购记录单对所送货物进行核查,同时检验货物的质量(有时可能是假冒产品)和损坏情况等事项。所送货物检验后接收,送货员将其转送到合适的储存地点,送货发票则送到会计部门,通知会计人员供应商已经将货物送来,他们可以处理有关单据,并支付供应商货款。尽管采购程序因企业的经营情况的不同而各异,但这些基本步骤却是相通的。即使电子数据处理代替了采购程序的全部或部分手工劳动,但其基本步骤却是类似的。

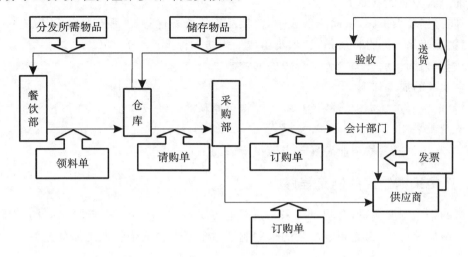

图 7-1 采购流程

(资料来源:Jack D. Ninemeier,《餐饮经营管理》(第 3 版))

餐饮经营中的采购方式多种多样,采用何种方式,需根据企业经营的业务要求,并结合市场情况来选择。采购方式通常有以下三种。

(一)市场即时购买

市场即时购买是指按现行食品市场上的品种、质量、价格进行选择购买。用这种方式购买的主要是一些价格起伏频繁、不易储存的食品。诸如新鲜的肉类、禽类、水产类和蔬菜等农副产品,购买的价格随市场的供应情况而变化。即时购买可以促使供货单位竞争性报价,根据实际情况做出最优选择。其缺点是市场价格变化快,很难确定购买价格是否为最优价格,也容易造成采购资金浪费,增加成本。一般情况下,采购部都会采取相应制度来杜绝市场即时购买的此类漏洞,例如,委派专门、独立的价格巡查员,记录每天要采购的原材料的市场价格,并禁止价格巡查员与采购员之间串谋。

(二)预先购买

预先购买是指预先确定了经营需要之后,提前购买以储存备用,或者由购买单位与供应单位订立正式购买合同,确保一定时期内的供应。采用这种方式的原因在于许多餐饮企业在确定了菜单上产品售价后,不便频繁变动,故必须用预先购买的方式使餐饮价格在几个月甚至一年中维持相对稳定,以准确、有效控制餐饮成本。采用此方法的前提是要对市场做精确的预测,尤其是目前市场上供应过量、价格低廉、不久将出现供应短缺或需求量大增的食品。当然,市场瞬息万变,对种类繁多的食品价格不可能都有准确的预测,所以,这种方法仅适用于某些类别,例如:易于储存,需要量大,市场供求相对稳定的产品。

预先购买需要考虑的因素:采购量要与储存的使用期限相匹配;与储存条件相适宜;储存的损耗和费用要与将来价格上涨后的差价相抵消,还要考虑储存后质量的变化。

(三)集中购买

集中购买是餐饮连锁集团总部专设一个中心采购部或配送中心来集中为所属企业进行采购。集中购买的优点如下。

(1)能得到较大折扣,从而降低成本,使菜品获得价格优势,增强市场竞争力。

(2)更易于保证原材料质量,达到集团统一规格和标准。

(3)能对采购员的舞弊行为进行较好的控制。

集中购买的缺点如下。

(1)餐饮企业选择本地有特色和本餐厅特色原料的主动权减少,限制了下属企业展示自己的特色。

(2)不利于下属餐饮企业发展与当地供应商的关系。

三、严格采购制度的制定程序

严格的采购制度体系,有利于对采购进行有效的控制,减少采购与厨房间的矛盾,同时也可以杜绝舞弊行为,因此制定严格的采购制度对于每个餐饮企业来说都是至关重要的。

(一)确定岗位职责

由于不同企业在规模、经营方式、特色上各不相同,其组织结构和管理方法也不尽相同,与此相适应,具体的岗位设置和岗位职责也就有所差别。大型酒店有专门的采购部,负责酒店所有用品与原材料的采购,有的酒店则是在餐饮部下设采购部,仅负责餐厅内的采购。在很多中、小型餐厅里,这项工作是由厨师、经理或老板直接安排。因此,在不同的企业里,负责采购工作人员的岗位职责并不完全相同,但有一点是相同的,即岗位明确,职责清楚,使采购员能明确采购过程中各细节的具体要求。

(二)明确采购权限

采购权限就是采购员进行采购时所拥有的权力范围。这个权限根据企业的性质特点及原料市场的不同而异。

正常情况下,采购员根据用料部门的请料单填写订货单,并据此外出购买所需原材料。但在有些情况下,市场上的原材料供应未必与订货单上物品、数量、质量甚至价格的要求完全一致。采购员如果严格按照要求去采购,很可能空手而归。为此,餐厅应授予采购员一定的权限,以便他们根据市场实际情况采购到基本符合要求的原材料,尤其是到外地采购,相应的采购权限应适当放宽,这样采购员才能灵活掌握,不致错失良机。

(三)制定食品原料的质量标准

要保证酒店提供的餐饮产品质量,就必须对餐饮原料进行质量控制,关键在于采购员是否按照食品采购标准去购买,当然食品质量标准本身的科学性也是非常重要的。

四、采购员的配备与选择

采购员必须要具有良好的道德标准以维护餐厅最宝贵的经营资产,采购员要对企业、合作伙伴和供应商负责,从而使自己与供应商在公平诚实基础上进行交易。

(一)采购员的道德准则

(1)要有餐厅利益高于个人利益的觉悟,不得损公肥私,不任意挥霍,每一元钱都能获得最大的价值。

(2)努力做好本职工作。勇于接受上级、同事和供应商单位业务员的有建设性意见。

(3)在采购活动中做到公正、诚实,有效履行岗位职责,增进与供应单位之间的关系。

(4)禁止接受礼物和收取回扣。

(二)采购员应具备的业务素质

1.了解食品制作的特点、程序和厨房业务

采购员不仅要了解餐厅的菜单,熟悉厨房加工、切配、烹调各环节,懂得各种原料的损耗情况,加工的难易度及烹调的特点,还要掌握餐厅菜品的季节供应变化及菜品的销售情况。

2.掌握食品原料的知识

采购员不仅要随时学习和掌握国家已经颁布的和即将出台的有关食品原料质量分类的标准、有关政策和规定,还要懂得如何判定各种原料的质量、规格和产地;了解什么产品容易存放,什么产品存放时间长质量会下降等,这些知识对食品原料的选择和采购数量的决策有很大的影响。

3.了解食品原料供应市场和采购渠道

了解餐饮企业原料的供应地点,如各大批发商与零售商的地址、电话,以便建立长期稳定的、相互信任的合作关系。

4.了解进价与销价的核算关系

采购员应熟悉菜单上每一菜品的名称、售价和分量,了解餐厅近期的毛利率和理想毛利率。这样在采购时就能决定某种食品原料价格是否可以接受。

5.了解财务制度

了解有关现金、支票、发票等使用的要求和规定,以及对应收账款的处理要求等。

五、供货单位的选择

有经验的采购员会意识到在选择供应商时,除价格外,还应考虑其他方面的条件,主要如下。

1.供货单位的地理位置

供货单位与餐饮企业距离较近,可缩短采购和供货时间,节省采购费用。

2.供货单位的设施及管理水平

可以根据供货单位的卫生条件是否良好、规章制度是否健全、设施设备是否齐全、是否有现代化的采购标准等,来判断供货单位的管理水平。

3.供货单位财务的稳定性

要对未来供货商的财务稳定性进行调查,以避免日后正常供应受到影响。

4.供货单位业务员的技术和服务水平

一个优秀的供销员不仅是接受订单,还应当熟知出售物品的性能,帮助购货单位高效使用这些物品,同时提供良好的售后服务。

5. 供货单位的信誉

良好的商业信誉能保证所提供的原材料货真价实,并降低因在不同供货单位之间选择而带来的风险和时间成本。

总之,餐饮采购不仅要求有合理的价格,而且要求及时送货,保证质量,获得有用的信息和良好的服务,因此要对每一家供货单位进行详细、客观的评估。

六、采购质量管理程序

采购质量管理是采购管理的重要内容,采购质量直接关系到餐厅出品质量以及顾客消费体验,因此应对采购质量需要进行制度化建设以保障原材料质量。

(一)采购质量标准

采购质量标准又称"标准采购规格",是指根据餐饮企业的特殊要求,对所采购的各种食品原料做详细而具体的标准规格,如原料的产地、等级、性能、份额、包装、外观、色泽、新鲜度等。图 7-2 是一家餐厅的采购说明书样本,可作参考。但目前,我国食品原料的质量标准还没有完全规范,一般餐饮企业只是针对那些成本较高的鱼、禽、肉以及高档原料,按自定的质量标准来指导采购。

```
                    (餐饮企业名称)
1.物品名称:_____
2.物品用途:_____
           _____
3.物品概述:_____
           _____
           _____
4.详细内容:_____
           _____
           _____
           _____
5.物品检验程序:_____
              _____
              _____
6.注意事项及要求:_____
                _____
                _____
                _____
```

图 7-2 采购说明书

(资料来源:Jack D. Ninemeier,《餐饮经营计划与控制(第 4 版)》)

质量标准的形式以采购明细单或标准采购规格的表格形式出现。质量标准内容包括以下方面。

(1)食品原料名称。

(2)食品原料用途。
(3)食品原料的质量或性质说明。
(4)食品原料的检验程序。
(5)食品原料的特殊指示和要求。

(二)编写原材料质量标准需考虑的因素

1. 企业类型

不同类型餐饮企业对原材料质量标准的要求不同,如快餐厅对原材料要求比较单一,即某种原材料是专门供制作某一特定食品的,质量要求相对明确简单。但在普通餐厅里,某种原材料一般可供多种菜品使用,其质量标准也就相对复杂多变。

2. 设备的配备情况

如果餐厅没有足够的食品加工设备,那么就需采购较多经过加工后的食品,如半成品。

3. 市场供应情况

从市场可采购到的食品原料及企业需求与市场供应之间存在的差距是制定质量标准应考虑的重要因素。在市场发展成熟的一些国家,市场上出售的大部分原材料都按统一标准进行包装和分类定级,所以编写质量标准相对容易,与此相对应的原材料质量也容易控制,但我国市场在这方面还处于起步阶段,所以编写质量标准时,其内容必然更复杂和详细,否则采购员无法根据质量标准进行采购。

(三)制定质量标准的作用

(1)把好采购关,避免因采购原料质量不稳定而引起产品质量不稳定。
(2)把采购质量标准分发给供货单位,使供货单位掌握该餐饮企业的质量要求,避免发生分歧和矛盾,同时便于供货单位通过招标选择最低价格的原料。
(3)便于采购的顺利进行,避免每次对供货单位提出各种原料的质量要求,减少工作量。
(4)有利于原料的验收,减少因质量标准不一致而造成验收时间的浪费。
(5)防止原料采购部门与原料使用部门之间产生的矛盾。

七、采购数量的确定及管理

食品原料采购的质量标准在一段时间内可以相对稳定,而采购数量则要随餐厅销售量的变化而不断进行调整。如果采购数量控制不当,就可能出现以下两方面的情况:一方面采购数量过多,占用过多资金,资金周转困难,并发生原料腐烂、变质,导致成本增加;另一方面采购数量过少,导致供应、库存中断而影响正常营业。

(一)影响采购数量的因素

1. 餐厅餐饮产品销售数量

产品销售量大,需要采购的数量就越大;产品销售量小,需要采购的数量也就越小。

2. 现有的仓储设施

如冷冻、冷藏空间过小,则不能采购过多的易变质的鱼、肉、禽蛋类原料;除湿能力低或设备差,就不能采购过多的干货。

3.采购点的远近影响

如采购点远,可以适当增加批量,减少批次,以便节约运费,防止断档;如果采购点近,则可以减少批量,增加批次。

4.企业财务状况的好坏

餐饮企业经营较好时,可适当增加采购量;资金短缺时,则应精打细算,减少采购量,以利于资金周转。

5.产品采购的内在特点

不宜久储的食品原料应"勤进快销";易于保存的干货,则可适当增加采购数量。

6.市场价格的涨落

当市场上原料供应较稳定时,采购数量可按照其消耗速度和供货天数计算;当原料的市场供应不稳定时,可以增加采购数量。

7.供货单位为施加影响而定的最低订货要求

比如,供货单位可能会规定最低金额、最少重量等限制性要求。

(二)采购数量的管理

对采购管理来说,食品原料可分为易坏性原料和非易坏性原料,对这两类原料的采购应区别对待。

1.易坏性食品原料的采购数量

易坏性食品原料一般为鲜活货,这类原料要求购进后立即使用,用完后再购进新原料。因此,这类原料的采购频率较高,一般使用的采购方法为日常采购法或长期订货法。

(1)日常采购法。

每次采购的数量可用下列公式表示:

$$应采购数量 = 需使用数量 - 现有数量$$

需使用数量是指在进货间隔期内对某种原料的需要量。例如,如果每三天进一次货,那么餐饮经理或行政总厨填写请购单时要根据自己的经验预测在此三天内大概使用多少这种原料。

现有数量是指某种原材料的库存数量,它包括已经发往厨房而未被使用的原料数量,这个量可以通过实地盘存加以确定。

应采购量是指需要量与现有量的差额。这个数量还要根据特殊宴会、节日或其他特殊情况加以适当调整。这个数字虽然是估计或预测的,不完全准确,但因为鲜活类食品原料采购周期较短,送货也较方便,如果这一次采购数量多,那么下一次采购量就可少一些。

餐厅可自行设计一个原料采购单,将所有易变质的鲜活类食品原料分类列入表内,这样既可以节省工作量,还有助于控制采购的数量和价格。

(2)长期订货法。

餐厅中有一些原料,其本身价值不太高,但其消耗量大,所需数量也较稳定,此类原料如果用上述方法采购就显得费时费力,因此,可采用长期订货法。

餐饮企业采购部门可与供货单位订立合同,固定价格,每天向其供应规定数量的原料。例如:某餐饮企业与食品公司约定每天送3箱鸡蛋,只规定需求量或结存量,有特殊变化时再增加或减少采购量。这类原料主要包括面包、奶制品、蛋制品、常用蔬菜、常用水果和常用饮料等。另外还可用于价值低、用量大、占据空间多、天天需补充的其他物品,如卫生纸、纸餐巾、啤酒等。

2.非易坏性食品原料的采购量

非易坏性食品原料不像易坏性食品原料那样容易腐败,但这并不意味着可以大批量采购。通常使用定期采购法和永续盘存法来对这类食品原料的采购量进行控制。

(1)最高或最低库存量调节法。

订货数量可以根据不同存货定额决定,即对各种食品原料确定它的最高或最低库存量,用采购量来调节这种库存量。举例如下。

采购品名:冬笋罐头

每天使用量:3听

采购周期:30天

采购周期内的使用量：　　　　$3 \times 30 = 90$(听)

订货到入库的时间:3天

(间隔期)

订货到购回入库期间使用量：　　$3 \times 3 = 9$(听)

库存安全系数：　　　　　　　　$3 \times 3 = 9$(听)

最低库存量＝订货到入库期间使用量＋库存安全系数

即

$$9 + 9 = 18(听)$$

最高库存量＝采购日期内使用量＋库存安全系数

即

$$90 + 9 = 99(听)$$

当处在最低库存量订货时:

订货数量＝采购周期内的使用量,

即

订货数量＝90(听)

在库存量未达到最低库存量时,确定订货采购数量,应先清点库存数量,然后从现有库存量中减去最低库存量。

现有库存量:30听

减去最低库存量:$30 - 18 = 12$(听)

订货量＝采购周期内的使用量－超过最低库存量

即

$$90 - 12 = 78(听)$$

使用这种方法首先必须确定每项物品的最低库存量和最高库存量,并向采购员说明不得在少于最低库存量时才订货,也不得在超过最高库存量时添购,以防积压。

(2)永续盘存法。

永续盘存法是指通过永续盘存表来指导采购,对所有入库及发放原料保持连续记录的一种存货控制方法。但由于使用这种方法需要由专业人员来进行相当精确的数字记录,所以采用此方法的餐饮企业并不多,只有那些大型酒店集团才会使用这种方法。

使用永续存盘法的目的是保证采购数量既能满足预期需要又不致造成过多的进货。采购要根据永续盘存表记录进行,大型酒店都会针对主要干货原料(非易坏性原料)建立永续盘存表,由仓库管理人员将每天的进货、发货情况,以及结余都反映在此表格上,一旦结余数量降至最低点时,即可按订单进行采购。所以它既是一种存货控制方法,也是一种采购方法。

例如:某餐厅罐装菠萝片的采购周期为14天,日平均消耗为10罐,最高库存量为160罐,最低库存量为50罐。6月10日当仓库管理人员发现发出10罐后还剩50罐,已到达最低库存量,于是发出订货通知,假设订单号码为637-43,若订货数量仍按前面介绍的公式计算,则当处在最低库存量时:

$$订货量 = 采购周期内的使用量 = 10 \times 14 = 140(罐)$$

考虑到以箱为采购单位,故实际订货12箱,即144罐,这样3天之后货物到达,库存量为164罐,扣除当天使用的10罐,库存节余154罐,详情见图7-3。

编号 637-43				
品名: 菠萝片			最高库存量: 160罐	
规格: 21/2罐			最低库存量: 50罐	
单价: 36元/箱(12罐)				
日期	订单号码	收入/罐	发出/罐	节余/罐
6月10日	637-43		10	50
6月11日			8	42
6月12日			10	32
6月13日			12	20
6月14日		144	10	154
6月15日				

图7-3 永续盘存表

(资料来源:吴克祥,《餐饮经营管理》)

八、采购价格管理

(一)最低报价法

餐饮原料品种多,采购次数频繁,许多产品市场价格波动大,价格很难标准化。为了以最优惠的价格购得原料,餐饮管理员和采购员必须在确定价格前调查市场行情,确定价格时,采购员需通过电话或直接与供应商商谈的方式,取得所需原料的报价。向供应商采购品种较多的大型企业,有时会将采购品种的空白报价单及其规格送交各供应商,各供应商将报价单密封寄回,防止供应商的报价信息扩散,联合抬价。

采购员要多找几家供应商，比较他们的价格。一般每种原料取得三个以上供应商报价，然后选择最低价。我国某酒店对日常餐饮原料的采购采取下述定价方法：该酒店由采购部于每月8日、18日、28日前将采购的空白报价单连同信封送交各供应商，令其在上述日期的中午12时前将封好的报价单放入报价箱内。开箱时，由成本控制组会同采购部人员在场，双方拆开报价，逐份签名确认。采购部分门别类地将各供应商所报价格填写在报价表上，这样各供应商的索价情况便一目了然。

（二）最低价法

餐厅经营所需的原料品种很多，如果完全按最低价格选择供应商，需要多次采购，势必产生不必要的采购、验收和处理账务工作。许多企业对同类食品饮料采取定期向同一供应商采购，例如肉类食品向同一食品公司购买，这样购买的原料多，不仅节省人力，而且能得到长期优惠。企业在得到各供应商对各种原料的报价后，不一定直接取最低价格，而是应对照各供应商的原料报价，考虑与各供应商的长远关系等因素，选择多数原料价格最低的供应商，与该供应商协商，使所采购原料的价格为最低。

第二节 餐饮原料验收管理

一、验收体系

（一）验收部门

验收部门的设立以及验收部门与其他部门之间的关系因酒店规模大小而异。大型酒店设有专门的验收部门，而中型饭店或独立经营餐厅有的只设一个验收员，小型餐厅则没有专职的验收员，验收工作由厨师长或经理亲自担任。无论如何，企业应根据自己的特点，设计和建立自己的验收体系，只要能发挥验收员的作用，控制好成本和原料质量，减少作弊行为，都不失为好的验收体系。

从验收工作岗位的隶属关系来看，目前许多餐厅都不一样，严格地说，验收工作应在总会计师的指导下，独立于餐饮部门，验收员应该是财会部门的正式员工，在验收时，仓库经理应给予必要的协助。有很多餐厅的验收工作是由仓库负责的，验收员隶属于仓库部经理，有些规模较小的独立餐厅，甚至不设专职验收员，验收工作是由仓储部经理和仓库管理员来兼职的。

餐饮企业的总经理应给予验收部或验收员一定的自主权，在企业组织结构或岗位职责中应明确规定验收员与采购员、厨师在对外交往中所享有的权利，使之处于相对独立的位置，这样才能排除干扰，严格按规定检查，为此，验收员绝不能设在采购部下。

（二）验收员

验收员的选择至关重要，作为一名合格的验收员，应具备以下素质。

(1) 验收员必须要有强烈的责任心，对验收工作有强烈的兴趣。

(2) 验收员必须诚实可靠，热爱本职工作。

(3) 验收员应具备丰富的食品原料知识。为此，验收员的选择一般从储存室职工、餐饮

成本控制人员或厨房工作人员中选择。

餐饮企业应制订完整、严密、科学的培训计划,对所有的验收人员进行培训,以提高他们的业务素质和道德修养。同时,也应使验收员明确:未经上级主管同意,任何人都无权改变采购规格,遇特殊情况,应及时向上级主管汇报请示,不得擅自行事;验收员应经常和厨师、仓储人员、餐厅经理及采购员接触,虚心学习,以丰富自己的知识和经验。

另外,验收员在工作时不应受厨师长和采购员的干扰,验收员的相对独立对整个采购过程的监督和控制是至关重要的。

(三)验收设备和工具

大型酒店一般设有验收办公室,并尽可能设置在离验收处和储存室都较近的地方,有些酒店验收员办公室的正面墙是由玻璃制成,这样,验收员就能从办公室观察到入口处至储存室的一切活动。

验收部门应备有足够的验收工具。既要有称重的磅秤,也要有称小物品的天平。各种称应定期校准,以保持精确度。此外,验收办公室还应有温度计、暗箱、起钉器、纸板箱切割器、榔头等工具,以及验收单、验收标签、购货发票、收货单、验收工作手册、采购食品原料的质量标准等单据材料。

二、验收的程序

(一)验收准备

验收的准备工作主要如下。

(1)验收办公室应设在验收处和储存室附近。

(2)验收办公室应备有足够的验收工具,包括磅秤、天平、温度计、暗箱、起钉器、纸板箱切割器等。

(3)验收部门应备有各种验收票据,主要有验收单、验收标签、购货发票、收货单、食品原料质量标准手册等。

(二)依据订货单或订货记录检查进货

在这个过程中,验收员首先应核实收受项目是否与订购单相符,然后对数量(个数、件数)逐一清点,对重量一一称重,对质量要根据标准规格手册进行验收核对。在验收过程中验收员一定要坚持原则,做到以下几点:

(1)未办理订货手续的物品不予受理;

(2)订货量与送货量不符的不予受理;

(3)不符合质量要求的不予受理。

(三)根据发票检验进货

根据发票检验进货一般有以下三种情况。

(1)供货发票通常是随同货物一起交付的。发票是付款的重要凭证,供货单位送来的或餐饮企业自行购运回来的食品数量、价格是开具发票的内容,应依此核实购进原料的数量和价格。

(2)如遇某些原因发票未随货物一起送到,可开具本餐饮企业备制的备忘清单,在清单上注明收到货物的数量、价格,在正式发票送到以前暂以此据为凭。

(3)有些食品原料,尤其是在农贸市场或向个体户购买的蔬菜原料等是没有发票的,这时应填写"无购货发票收货单",以便财务入账。

(四)受理货品

货品验收无误,即填写进货验收单,正确记录供货单位名称、收货日期以及各种原料的重量、数量、单位和金额。验收员在送货发票上签字并加盖验收章,接收货品。验收完毕,货品交由仓储部门负责保管。验收单的内容包括收货日期、验收员签字、采购员签字、成本控制员签字、主管人员签字等项内容。

如果货品分量不足,质量不符合订货标准或价格(一般指高于原定价格),而又没有通报给采购部,那么验收员有权拒绝收货。在退回食品原料时,应填写原料退回通知单,并让送货人员签字,将通知单连同发货单副本一并退回供货单位。

(五)送仓库储存

验收合格后,验收员要在货物包装上注明收货期(有助于先进先出原则的贯彻),对于鱼、肉、禽等成本较高的原料,应使用肉类标签,便于发货成本统计。工作一经完成,应立即将货品入库或直接送入使用部门,以免引起质量下降,造成损失。

(六)填写验收日报表或其他表格

按照规范仔细填写验收日报表或其他表格。

(七)将票据、表格及时送交财务部

将所有发货单、发票、有关单据及进货日报表及时送交财务部门,以便向供应单位付款。

三、验收日报表

验收日报表记录餐饮企业每日所购进的食品原料细目。验收日报表中不仅要记录原料的品名、规格、单价和金额,还要注明这些原料的去向,如是直接进入厨房还是入库,详见表7-1。

表 7-1 食品验收日报表

货品名	供应商名称	发货票	数量	单价	金额	直接采购原料				库房采购原料					
						一厨房		二厨房		一号库		二号库		三号库	
						数量	金额	数量	金额	数量	金额	数量	金额	数量	金额
合计															

(资料来源:吴克祥,《餐饮经营管理》)

填写验收日报表的目的并不在于记录所有验收物品的名称、单位、数量和价格,而在于区分当天验收的所有食品原料中有哪些是直接发入厨房,哪些进入仓库,哪些是食品原料以外的其他物品。所以,填写验收日报表的主要目的是成本控制。

知识活页　　食品采购要查验索取有关票证

第三节　餐饮原材储存管理

一、餐饮原料储存的目的

(1)保证菜单上的所有菜品和酒水得到充足的供应,不断档。

(2)弥补生产季节和登场消费之间的时间差。

(3)弥补空间上的距离差。从订货、购买到交货这一采购过程不是即时完成的,它需要2~3天的时间,因此,储存必须能保证近几天的原料供应,不得脱销、断档。

(4)从食品卫生的角度讲,冷藏可防止细菌传播和繁殖。

二、食品仓库的设计要求

大型饭店因为餐厅众多,厨房与仓库也特别多,这些用以存放各种食品与原料的仓库,因其性质的不同,对储存空间和储存条件的要求也各不相同。如蔬菜多适宜冷藏,乳类、鱼、肉及海鲜食品适宜冷冻,罐头类食品则适宜干燥环境。所以,设计食品仓库应当考虑以下几个方面。

(1)仓库应面朝北,避免阳光直接照进库房内,以保持库房阴凉;有良好的自然光和照明设备。

(2)仓库必须通风良好,不潮湿。湿气会使干货有霉味,诱发细菌生长,并使罐头生锈。

(3)仓库应处在方便收货和发货的位置。

(4)仓库应保持良好的卫生状态,墙与天花板相接处应无裂缝,并用油漆或瓷砖装饰,便于清洁。地板无裂缝且易于清洗,墙与天花板之间的连接成圆角,避免灰尘堆积。

(5)仓库应设有柜台,非相关人员不得入内,以降低失窃的可能性。

(6)仓库的贮藏场地应宽敞,有各种易于清洗的存货架;有各类食品分隔存放区;有深度冷冻室、冷藏室、冷却室、蔬菜箱等不同存放要求的特定区域;有存放容器的地方。

(7)仓库应备有适用且容易清洗的大小衡器。

三、餐饮原料的储存分类与管理

(一)干货的储存管理

干货主要包括糖、盐、面粉和谷物类、干豆类、饼干类、食用油类、罐装和瓶装食品类等。干货食品宜储藏在阴凉、干燥、通风处,离地面和墙壁有一定距离,不要放在下水道附近和水管下面,并远离化学药品。

1. 合理分类、合理堆放

按各种干货原料的不同属性对原料进行分类并存放在固定位置,然后再将属于同一类的各种原料按名称的部首笔画或拼音字母顺序进行排列。也可以根据各种原料的使用频繁程度存放。使用频繁的物品存放在库房门口易拿取的地方;反之,可放在距门口较远的地方。

2. 货架的使用

干货仓库一般多使用货架储存食品原料,货架可以是金属制,也可以是木制。货架最底层应距地面至少30厘米,以便空气流通,避免箱装、袋装原料受地面湿气的影响,同时也便于清扫。货架和墙壁至少保持5厘米的距离。

3. 温度的要求

干货仓库的最佳温度应控制在15 ℃到20 ℃,所以干货库内应避免发热设备。

4. 对虫害和鼠害的防范

所有干货食品都应包装严密。已启封的食品要储存在密封容器里。定期清扫地面、货架,保持干净卫生,不留卫生死角,防止虫鼠滋生。

5. 所有干货食品要注明日期,按先进先出原则盘存

6. 非食品原料应与食品分开并单独存放

非食品原料,如清洁剂、清洁用品和餐具、瓷器、玻璃器皿、刀叉等,各种锅、勺、铲等炊具,纸品、布件、餐巾纸、桌布、餐布等,同时,要标明货名,以免被误用到食品中,尤其是清洁剂和清洁用品。

(二)鲜货原料的冷藏管理

鲜货原料包括新鲜食品原料和已加工过的食品原料。新鲜食品原料指蔬菜、水果、鸡蛋、奶制品及新鲜的肉、鱼、禽类等。加工过的食品原料指切配好的肉、鱼、禽类原料,冷荤菜品,蔬菜与水果色拉,各种易发酵的调味汁,剩余食品。

鲜货原料的储存一般需使用冷藏设备。冷藏的目的是以低温抑制细菌繁殖,维持原料的质量,延长保存期。冷藏室存放要求如下。

(1)所有易腐败变质食品的冷藏温度为4~5 ℃。

(2)冷藏室内的食物不能装得太挤,各种食物之间要留有空隙,以利于空气流通。

(3)尽量减少冷藏室的开启次数。

(4)保持冷藏室内部清洁。定期做好冷藏室卫生工作。

(5)将生、熟食品分开储存,每种食品都有单独的包装。

(6)将熟食放在生食的上方,以防止生食带菌的汁液滴到熟食上。

(7)需冷藏的食品应先使用干净卫生的容器包装好才能放进冰箱,避免串味。

(8)需要冷藏的热食品如汤汁类,要等其降温变凉后再放入冷藏室。

(9)需要经常检查冷藏室的温度,避免由于疏忽或机器故障而使温度升高,导致食品在冷藏室内变质。

(10)保证食品原料在冷藏保质期内使用。在冷藏温度下,不同食品原料的冷藏期是不同的。仓库管理人员要注意这种区别,表7-2列出了各类食品原料的冷藏期。

表7-2 各类食品原料的冷藏期

食 品 名 称	冷藏期/天
烤制用肉、排骨	3
肉馅、内脏	2
火腿	14
鸡	2～3
鱼	2
鲜蛋	14
水果与蔬菜	5～7

(资料来源:吴克祥,《餐饮经营管理》)

(三)冷藏食品原料的其他注意事项

(1)入库前需仔细检查食品原料,避免把已经变质、污染过的食品放入冷藏室。

(2)已经加工的食品和剩余食品应密封冷藏,以免受冷收缩或串味,并防止滴水或异物混入。

(3)带有强烈气味的食品应密封冷藏,以免影响其他食品。

(4)冷藏设备的底部、靠近制冷设备处及货架底层是温度最低的地方,这些位置适于存放奶制品、肉类、禽类、水产类食品原料。

(四)食品原料的冷冻储藏

需冷冻的食品原料包括肉类、禽类、水产类,还有蔬菜,以及已加工的成品和半成品。

1. 冷冻温度

任何食品都不可能无限期地储存,否则其营养成分、香味、质地、色泽都将随着时间而流逝。一般来说,食品原料的冷冻分三步进行:冷藏→速冻→冷冻储存。食品冷冻的速度越快越好。因为在速冻条件下,食品内部的冰结晶颗粒细小,不易损坏食品的结构组织,因此,餐饮企业最好备有速冻机。食品原料的冷冻储藏温度一般控制在-18～25 ℃为宜。

2. 冷冻储藏期

食品冷冻后可以储存较长时间,但并不等于可以无限期地储存。一般食品的冷冻储藏期在 3～6 个月。各类食品原料的冷冻储藏期如表 7-3 所示。

表 7-3 各类食品原料的冷冻储藏期

食品原料	冷冻储藏期/月（−18 ℃）
猪肉	6
牛羊肉	6～9
香肠、肉菜、鱼类	1～3
禽类、蛋类	6～12
水产品	3～6

（资料来源：吴克祥，《餐饮经营管理》）

（五）冷冻储藏的一般规则

为保证冷冻食品原料新鲜,应尽量延长其有效储存期,在食品原料的冷冻储藏过程中应注意以下问题。

1. 把好验货关

需要冷冻的原料入库时必须处在冷冻状态,已解冻或部分解冻食品原料应立即放置在 −18 ℃ 或 −18 ℃ 以下,温度越低,则食品原料的储存期及其质量就越能得到保证。

2. 冷冻储藏的食品原料

特别是鱼、肉、禽类,应用抗挥发性材料（如塑料袋、塑料薄膜）包装紧密,以免原料丢失水分。

3. 坚持"先进先出"原则

所有原料必须标明入库日期及价格,并经常挪动储藏室的食品原料,防止储存过久造成损失。

4. 不允许将食品原料堆放在地面上或紧靠库壁放置

避免妨碍库内空气循环,影响原料冷冻质量。

5. 使用正确的解冻方法

切忌在室温下解冻,以免引起细菌和微生物的急剧繁殖。正确的解冻方法如下。

一是冷藏解冻,将冷冻食品放入冷藏室内逐渐解冻。

二是自来水冲浸解冻,将冷冻肉块用塑料袋盛装,密封置于自来水池中冲刷解冻。

三是微波炉或红外线烤箱解冻。有些冷冻食品原料（如家禽）可直接烹烧,不需要经过解冻,这样有利于保持其色泽和外形。

四、储存室的安全管理

储存室的安全管理就像银行的保险库,可以有效、安全地杜绝偷盗等行为,避免增加食品成本。

(一)储存区位置安全

储存区的位置最好设在验收处和厨房之间,不仅要使货物流通顺畅,确保货物的储存和发料方便、迅速,而且还要确保储存安全,不要设在容易被偷盗的僻静位置。一般不设窗口,只设通风口,即使设计有窗口,也应在窗上加铸安全铁栅栏予以保护。进出仓库的门宜小不宜大,而且门要坚固耐用。

(二)钥匙管理制度良好

(1)储藏仓库的钥匙应由专人管理。一般来说,储藏库应有三把钥匙:仓库管理员一把,值班经理一把,经理室的保险柜内存放一把。仓库管理员一般上正常班,一旦仓库管理员下班时出现需要用料的情况,可以让值班经理开库取料。若值班经理不在,则由保安人员负责取出保险柜内存放的钥匙。

(2)贵重的食品原料应在库内隔出专门的储存间并上锁。

(3)储存区照明要充足,餐饮企业如果有条件,应通过闭路电视监控储存区情况。

(三)存货控制程序有效

(1)货物的合理安排。库房内部货物的存放要有固定的位置,安排合理,确保货物循环使用方便。常用物品要求安排在存取方便之处。

(2)存放位置固定。所有的货物都应始终放在固定的位置,千万不能分放在不同的位置,否则容易被遗忘而发生变质,或易引起采购过量,给每月的库存盘点带来麻烦。新的同类货物到达后要注意存放在同一位置,若条件许可,不同类的货物应尽可能储存在不同的储存设备中。

(3)酒水应分类存放。比如将所有的金酒放在一起,所有的威士忌放在一起,不同商标的酒水要分开。由于许多酒的名字对员工和顾客来说是生疏的,所以最好将不同商标的酒水进行编号,以方便仓库管理和顾客订酒。

(4)食品和饮料库房的门内最好贴一张标明各类物资储存位置的平面图,这样便于管理员查找,特别是便于新管理员熟悉各种货物的存放位置。

(5)确保货物循环使用。库房管理员应注意确保先到的货物比后到的先用,这种库存物资的循环使用方法叫先进先出法。为此管理员要把新进的货品放在先进的货品后面,这样先进的货品才能先使用。另外货品上要贴上或挂上货物标牌,货物标牌上要标有进货日期,管理员在发料时可参照进货日期顺序发放。库房管理员在盘点库存物资时发现储存时间较长的物资应列在清单上,提醒厨师长及时使用。

(6)按使用程度确保储存位置的方便。在安排货品的储存位置时,要注意将最常用的货品放在低处并接近通道和出入口,这样能减少搬运时的劳动量和节省时间成本。

(7)采用货品库存卡制度。为方便货品的保管、盘存、补充,有必要对库房中储存的每种货品建立货品库存卡。货品库存卡制度要求针对每种货品的入库和发料做好数量、金额的记录,并记录各种货品的结存量。货品库存卡的内容见表7-4。

表 7-4 货品库存卡

进货					发货					结存			库存盘点数日期
日期	账单号	数量	单价/元	金额/元	日期	领料单号	数量/听	单价/元	金额/元	数量/听	单价/元	金额/元	
10月1日	01467	300听	12.60	3780.00	10月1日	1256	26	12.8	332.80	52	12.80	665.60	
					10月2日	1574	28	12.8	358	298	12.60	3754.8	
					10月3日	2403	23	12.6	289.80	275	12.60	3465	
					10月4日	2708	29	12.6	365.40	246	12.60	3099	
					10月5日	2918	25	12.6	315.00	221	12.60	2784.60	
					10月6日	3719	27	12.6	340.20	194	12.60	2444.40	
					10月7日	3902	26	12.6	327.60	168	12.60	2116.80	
					10月8日	3919	24	12.6	302.40	144	12.60	1814.40	
					10月9日	4104	23	12.6	289.80	121	12.60	1524.60	
					10月10日	4215	22	12.6	277.20	99	12.60	1247.40	
10月1日	03678	250	13.00	3250	10月11日	5101	26	12.6	327.60	323	12.60 13.00	4169.80	

标准贮量	订货点贮量	单位	订货量	订货日	货架号	货位号	价格	货名
350	90		300	每月1日 10月30日	A1—3	045		蘑菇罐头

(资料来源:吴克祥,《餐饮经营管理》(第2版))

(8)货品进货信息。货品库存卡上有货品进货的日期、数量、单价和金额及账单号。这种信息可保证库房采购物资经验收后能及时入库和入账,防止丢失,一旦出现问题可通过账单号查找。

(9)货品发货信息。货品库存卡上登记有发料的数量、单价和金额。每发出一笔料都要记载发货日期以及相对应的领料单号。所以库房中所有已发放的货物都可以根据领料单查找到去向。

(10)货品结存量信息。货品库存卡上记载着货品结存的数量、单价和金额。库存卡上的结存数量用以核对库存实物数,便于控制货品的短缺。

(11)货品采购信息。货品库存卡上还记录着各货品的标准储量、订货点储量、订货量和订货日。一般货品在规定的订货日定期采购,采购员可以根据库存卡上的结存数量将货物补充到标准储量。如果在规定的采购日以前货物已减少到订货点储量,则可根据库存卡上的订货量采购,这种信息为采购管理提供了方便。

(12)货品位置信息。货品库存卡标明了货品的货架号和货位号,二者结合就是该货品的货号,为仓库管理员拿取货品和盘点库存物资提供了方便。

(13)使用货品标牌。货品标牌挂贴在储存货品上。货品标牌上提供了货品品名、进货日期、货品数量或重量、货品的单价、货品的金额,这些信息由验收员在货品进库时填写。

货品标牌主要有三大作用:有利于迅速进行存货清点,可以简化货品清点手续;有利于按先进先出的原则使用货品;便于简化发料计价手续。

第四节 餐饮原料发放管理

餐饮原料的发放控制与管理有三个目的:一是保证厨房用料能得到及时充分地供应;二是控制厨房用料数量;三是正确记录厨房用料。

餐饮原料发放管理具体包括以下几方面内容:

一、直接进料发放管理

直接进料发放是指食品原料经验收后,直接进入厨房用于生产,而不经过仓库储存这一环节。直接发放的原料大多是新鲜蔬菜、奶制品、面包等易坏性原料,而且在进货后的当天就基本会被消耗掉。这一部分原料的进货价格计入当日食品成本。成本管理员在计算当日成本时,只需从验收日报表(或称进货日报表)中抄录数据即可。但实际上当天的直接进料不一定能完全消耗掉,有可能到第二天或第三天才能用完,但成本却计在第一天里,这样,第一天的成本就不太真实。所以,第一天真实的食品成本,必须对当日直接发放、仓库发放以及当日厨房剩余原料进行统计后才能得到。

二、仓库原料的发放管理

(一)定时发放

为使库管人员有充分的时间整理仓库,检查各种原料的库存情况,不致因忙于发料而耽误了其他工作,餐饮企业应规定每天固定的领料时间。有的酒店规定上午两小时(8:00—10:00)和下午两小时(14:00—16:00)为仓库发料时间,其他时间除紧急情况外一般不予领料。还有的餐饮企业规定:领料部门应提前一天交领料单,使库管人员有充分时间提前准备,以避免和减少差错,这样既节省了领料人员的时间,也使厨房管理人员能对次日的顾客流量做出预测,计划好次日的生产。

(二)凭领料单发放

领料单是仓库发料的原始凭证,它准确地记录了仓库向厨房发放原料的数量和金额。领料单具有以下作用。

(1)控制仓库的库存量。

(2)核算各厨房的食品成本。

(三)控制领料量

领料单是领料的凭证,无领料单,任何人都不得从仓库取走原料,即使有领料单,也只能领取领料单上规定的原料种类和数量。由此可见,领料单是仓库管理和餐饮成本控制的重要工具。凭领料单发放原料的控制程序如下。

（1）领料人根据厨房生产的需要，填写领料单的"品名""规格""单位"及"申请数量"栏。领料数量一般按日消耗量估计，并参考预订单情况加以修正。

（2）领料人填完以上栏目后，签上自己的姓名，持单请行政总厨或餐饮经理审批签字。没有审批人员签字，任何食品原料都不可以从仓库发出。审批人员应在领料单的最后一项原料名称下画条斜线，防止领料者在审批人员签字后再填写并领取其他原料。

（3）仓库管理员拿到领料单后，按单上的数量进行组配。由于包装原因，实际发料数量和申请数量可能会有差异，所以发放数量应填写在"实发数量"栏中，并且填写金额栏，汇总全部金额。

（4）仓库管理员将所有原料准备好后签上自己的姓名，以证实领料单上的原料确已发出，并将原料交领料人。

（5）领料单应一式三联，一联随原料交回领料部门，一联由库管人员交成本控制员，一联由仓库留存作为进货的依据。

（6）正确如实地记录原料的使用情况。厨房人员经常需要提前几日准备生产所需的原料，例如，一次大型宴会的菜品往往需要数天甚至更长的准备时间。因此，如果有的原料不在原料领取日使用，则必须在领料单上注明该原料的消耗日期，以便把该原料的价格计入其使用日的食品成本中。

三、内部原料的调拨处理

大型餐饮企业往往设有多个餐厅、酒吧等，因而会有多个厨房。餐厅之间、酒吧之间难免发生食品、饮料的互相调拨转让，而厨房之间的原料调拨转让则更为常见。为了使各自成本核算更具准确性，餐饮企业内部的原料调拨应使用调拨单，以记录所有的调拨往来。调拨单应一式四联，原料调出、调入部门各一联，第三联送财务部，第四联由仓库记账，以使各部门的营业结果得到正确反映。餐饮企业内部调拨单如表7-5所示。

表7-5 餐饮企业内部调拨单

原料物资调拨单							
调入部门：							
调出部门：				年	月	日	NO.	
品名	规格	单位	数量		金额	
			请拨量	实拨量	单价	小计
合计						
备注						
调入部门经手人：		主管：			库管员：	
调出经手人：		主管：				

（资料来源：吴克祥，《餐饮经营管理》）

第五节　餐饮原料盘存管理

一、盘存的目的

餐饮企业每月至少要对库存食品原料进行一次盘存清点,该项工作一般在月末进行,因为月末是会计期结束的日子。盘存清点工作是一次性全面彻底核实清点仓库存货,检查原料的实际存货是否与账面额相符,以便控制库存物资的活动。通过库存清点,能计算和核实月末的库存额和餐饮成本消耗,为编制每月的资金平衡表和经营情况提供依据。进行盘存的目的主要有以下几个方面。

(1)提供现有食品原料与供应的准确信息。

(2)帮助决定所需原料用品的采购。

(3)提供食品成本控制依据。

(4)加强对货物的管理,防止偷窃与丢失。

盘存清点是库存控制的一种手段,必须由财务部派人员与仓库管理人员一起进行。在盘存清点时,要对每一种库存物资都进行实地点数核对,检查其实际库存量是否与永续盘存表账面数字相符,然后记入存货清单。如果实际库存数字与账面数字有出入,则要重新清点,复查并查明原因。倘若差错原因无法找出,应根据该原料的实际库存数量修改账面数字,即以实际库存数记账代替账面数字,计算出各种原料价值和库存原料总额,作为月末原料库存额,月末库存额自然结成下月初的库存额。月末实际库存额与账面的差额计入资金平衡表的流动资金占用项"待处理流动资产损失",数量不大的金额直接计入餐饮成本。

二、餐饮原料盘存 ABC 分类法

ABC 分类法最早应用于商业企业,然而近年来在餐饮企业中也广为应用,其基本原理是按原材料的重要程度或价格高低进行不同的控制和管理。

在餐饮企业的存货中,总有为数不多的食品原料占整个库存成本的很大比例,这类食品原料需要仔细保管、严格控制。ABC 分类法就是据此将原料按其价值占成本比例的大小进行分类和划级,然后做出相应的控制。

A 类存货占整个存货项目的 15%～20%,但其成本却占整个库存成本的 75%～80%,对这类存货控制的好坏,直接影响着总成本。

B 类存货包括成本价格略低的食品原料。这类存货占所有存货项目的 20%～25%,成本占总存货成本的 15%～20%。

C 类存货是指那些占存货项目 60%～65%,而成本只占 5%～10% 的食品原料。对于这些存货,由于种类多、价格低,企业没有必要像 A 类存货那样进行严密、细致的管理和控制,但也不能放任自流,应制定相对间隔期较长的盘存制度。

高档酒类、高级中餐原料(如燕窝、鱼翅、参类等)都视为 A 类存货,而面粉、蔬菜、调料等可视为 C 类存货。

三、期末库存原料的计价方法

盘存清点结束后,即应计算各种库存原料的价值和库存原料总额,作为本期原料的期末结余(也自然形成下期的期初库存)。但由于每一种原料往往以不同价格购进,同一原料的市价在一个会计期内也往往有涨有落,因此计算各种原料价值时,如何决定各种原料的单价常常是清点工作的关键。下面介绍几种参考计价方法。

(一)实际进价法

大型餐饮企业一般都在库存的原料上粘贴或挂上货物标牌,标牌上写有进货的单价,这样采用实际进价来计算库存原料的单价就比较容易,也最为合理。

例如:某酒店12月底结存30听青豆罐头,根据货物标牌,它们的进价分别为

12月1日进货剩余	$10 \times 2.3 = 23$(元)
12月10日进货剩余	$10 \times 2.5 = 25$(元)
12月20日进货剩余	$10 \times 2.6 = 26$(元)
合计	$23 + 25 + 26 = 74$(元)

(二)先进先出法(新近价格法)

除采用实际进价法外还可以采用先进先出法,即以原料的新近价格来决定库存原料的价值。我们假设:原料发放是以先进先出为原则的,即先购进的价格,在发料时优先发出,而期末剩余的原料都是最近进货的,即以最近价格计价。

在上例中若以先进先出法计价,那么青豆罐头月末的价值应为

	$20 \times 2.6 = 52$(元)
	$10 \times 2.5 = 25$(元)
合计	$52 + 25 = 77$(元)

(三)后进先出法

由于市场价格呈上升趋势,采用后进先出法可使计入成本的原料价值变高,而已入库的存货价值较低。按此办法,期末青豆罐头库存的价值应为

	$20 \times 2.3 = 46$(元)
	$10 \times 2.5 = 25$(元)
合计	$46 + 25 = 71$(元)

采用后进先出法计算,在实际发料时,还是应坚持将先进的货先发出去,只是价值计算时采用后进先出法。

(四)最后进价法

如果餐饮企业进货记录不全,那么不妨采用最后进价法来估计期末库存原料的价值。最后进价法是一律以最后一次进货的价格来计算库存原料价值的方法。这种方法最为简单,但计算的价格不太精确,往往会偏高或偏低。采用这种方法,30听青豆罐头存货的价值则为

$$30 \times 2.6 = 78(元)$$

(五)平均价格法

平均价格法是将全月使用的原料的总价值除以总数量从而计算出平均单价,或将全月

每次进货单价取平均值。采用此方法时,30听青豆罐头存货的价值为
$$30×2.47=71.4(元)$$

用上述五种方法计价,月末库存原料的价值不一。因此,餐饮企业必须遵照有关财务制度规定,选定一种计价方法,并统一按该计价方法计算,不得随意改变,否则会导致财务报告前后不一致。

四、仓库库存原料短缺率的控制

为控制实际库存额的短缺,需要将实际库存额与账面库存额进行核对,可以按食品原料实际盘存清点的数量通过一定的计价方法计算出仓库期末原料的账面存额。

期末原料账面存额＝期初库存额＋本期采购额－本期仓库发料总额

库存短缺额＝账面库存额－实际库存额

库存短缺率＝(库存短缺额/发料总额)×100％

根据国际惯例,库存短缺率不应超过1％,否则为不正常短缺,必须查明原因,追究仓库管理员的责任,并采取改进措施。

期初库存额的数据是从上一期的期末库存额转结而来的,本期仓库采购额的数据是根据本期验收日报表的仓库采购原料总额得来的,本期仓库发料总额数据是从本期领料单上领料总额汇总而来。

在理想的条件下,账面库存额和实际库存额应该相同。但在大多数情况下二者会有差异,这种差异产生于多种原因,有的是合理的原因,有的是不合理的原因,具体如下。

(1)领料单统计的发料额和月末盘存清点的库存额不是完全按实际进价计价的,所以会造成人为的金额之差。

(2)原料发放时,因为允许的消耗范围而产生重量损失。

(3)有些原料会因管理不善而造成损失。主要包括以下情况:

①仓库管理员工作疏忽,在给某些部门或个人发料时,不看领料单,或者不计入领料单,或者发放的原料量与领料记录不一致;

②管理不善,食品变质腐败或饮料包装碎烂流失;

③管理不严,致使原料丢失、被盗或私自挪用。

五、厨房库存盘点

许多企业每日在厨房中结存价值很大的库存物资。每日从验收处向厨房直接发送的原料,以及仓库向厨房发出的原料,不可能一天全部都消耗完。厨房会有一些加工完的半成品和没销售完的成品。如果厨房对这些库存物不加清点,会使厨房储存的物资失控,还会使财务报表上反映的资产状况、经营情况和成本消耗情况失真。

厨房结存物资的盘点与仓库的盘点略有不同的原因:一是因为厨房没有库存记录统计制度,没有登记货品的库存卡,存品的计价难以精确;二是因为厨房储存的物资使用频繁,没有使用和消耗的记录,所以计算厨房储存原料的短缺率比较困难。

厨房盘点时,只对价值大的主要原料进行逐一点数、称重并算出价值,对类别多价值小的原料、调料只是估算一下。

首先，要累积需精确盘点的主要原料和价值小的原料的数量、金额，计算出准备重点盘点的原料（肉类、鱼类、禽类）价值占全部原料价值（总库存额）的百分比，以后每个月末只要盘点主要原料（肉类、鱼类和禽类）的价值，即可通过百分比算出厨房全部原料库存额的估计值，即

$$厨房总库存额＝主要原料价值/主要原料占总库存额百分比$$

例如：某酒店根据多年统计，得出肉类、鱼类、禽类原料占厨房全部结存原料价值的38％，五月份对上述几类原料盘点得出该三项原料的价值为3500元，则五月份厨房总库存额为

$$3500÷38\%＝9210.5(元)$$

六、库存周转率

评估库存管理效率的指标除库存短缺率外还有库存周转率。库存周转率反映企业原料储备量是否合适。为保证菜单品种的供应，原料的储备要充足，但过量储备会增加原料变质、丢失的可能性，加大库存管理费，并导致资金积压。

库存周转率＝原料消耗额/平均库存额

＝月初库存额＋本月采购额－月末库存额/(月初库存额＋月末库存额)÷2

例如：某餐馆食品原料月初库存额为326317.04元，本月采购额为386946.36元，月末库存额为271655.40元。则库存周转率为

$$(326317.04＋386946.36－271655.40)÷(326317.04＋271655.40)÷2＝1.48$$

库存周转率大，说明每月库存周转次数快，对于库存的消耗来说库存量就较小。库存周转率应控制在多大范围内，取决于多种因素：酒店（或餐馆）所处的地点、采购的方便程度、企业需要储备的原料量等。如注重原料新鲜的餐厅，储备原料的量应小些。另外，企业的经营方式不同，处理剩菜的方法不同也会导致库存周转率不同。一般来说，食品原料的库存周转率每月2～4次为宜，库存原料周转1次需要一周到两周，但这只是平均值，不是所有的原料都会以同样的速度周转，许多鲜货原料每天周转1次，而有些干货原料数周或数月周转1次。饮料一般不直接发送厨房或酒吧，因而饮料库存周转率略小些一般为每月0.5～1次，一些高档酒也许一年采购1次，用量很多的啤酒可能每天都会进货。

对于库存周转率来说，重要的是要注意其变化。如果某企业的库存正常周转率为每月2次，而某月周转率增加或降低很多，就要查明原因。库存周转率太大，储备的原料会供不应求；而库存周转率太小，又会积压过多资金，因此企业管理人员应经常分析库存周转率，以保持适度库存。

本章小结

（1）食品采购流程是对整个采购过程的宏观概括，了解采购流程对餐饮原材料采购管理至关重要。采购制度是保障采购任务完成的基础，采购员的选择是采购过程与各项规章制度执行的关键，供货单位的选择是影响采购原材料的质量与保证供应的直接因素。

(2)餐饮原材料的采购数量与质量控制直接关系餐饮生产供应以及产品质量,更是关系到企业成本核算与最终利润的形成。

(3)餐饮原材料的验收管理首先需要制定科学、严谨、适合企业自身条件的验收体系,经过验收准备、进货检查、受理货品、仓库储存以及填写相关票据等过程将合格的、符合生产要求的原材料入库储存。

(4)食品原材料仓库要按要求进行设计,并对原材料进行分类与管理,干货、鲜货、冷藏与冷冻食品应分开储存,做好不同仓库的安全管理。

(5)食品原材料的发放分为直接进料发放、仓库领料发放和内部调拨。食品原材料的盘存是库房管理的重要内容,其目的一是保障原材料质量,二是保障产品生产。需要重点掌握的是仓库原材料短缺率的控制。

思考与练习

1. 请根据餐饮原材料采购流程图,简述原材料采购过程。
2. 简述餐饮采购员的配备与选择方法。
3. 简述餐饮原材料质量管理程序。
4. 如何确定餐饮原材料采购数量?
5. 简述餐饮原材料验收的步骤。
6. 餐饮原材料发放管理有哪几种方式?
7. 请调查你附近餐饮商圈中不同企业的原材料采购渠道、价格监控制度以及发放方法,并进行深入分析与归纳。

案例分析

中华美食文化何以一路走来,惊艳世界

时至今日,中国食客们早已习惯了"中华美食甲天下"的尊荣,街边商厦林林总总的小吃店的墙上往往喜欢挂一段逾千年的传说——虽然食客大多也不会把这些动辄与乾隆、诸葛亮、秦始皇甚至是黄帝、女娲相关的故事当真,但换个视角将中华五千年历史视为五千年美食史,似乎也不算太夸张。

然而,历史真相往往令人感到意外。中国历史虽然源远流长,但中华美食文化其实异常晚熟:"南食""北食"直到唐宋时期才逐渐分野,土豆、玉米、番茄、辣椒等食材直到明代才传入,"四大菜系"直到清初才成型,而当"八大菜系"隆重登场时,中国封建时代已经走向了尾声。不少如大盘鸡、螺蛳粉这种人们习以为常的小吃、菜肴菜式

直到1949年之后才诞生,而"菜系"作为一个专有词条,直到1992年才被收录到《中国烹饪辞典》中。

没错,中华美食的确博大精深,但它的成长之路却也曲折萦纡,历经磨难。

在物质生活极其丰富的岁月里,了解到中华美食荣光背后的漫漫长路,食客们或许会对"一粥一饭,当思来之不易"这句古训有更深的感悟。中华美食是美好的、华丽的、精致的,同时也是坚韧的、顽强的、隐忍的。中华美食文化是古老悠远的,同时也是大器晚成的。三代以降,五千年时光仿佛是一场漫长的蛰伏,为的只是在某一个时间,爆发出最绚烂的华章。

值得回味的是,这一个爆发的时段,正是中国人面对大变局积极吸收先进思想和制度、重塑中华民族荣光的时代。其实,饮食之道、为人之道、谋国之道,在某种层面上也是相通的:食客们觥筹交错之中、推杯换盏之时其实不难发现,中国美食自古以来最不缺的,就是兼容并蓄的气度和能力。倘若孔子泉下有知,见到这一幕大约也不会再坚持"君子谋道不谋食"了吧——谋食之道里,自有一个民族最坚韧的初心。

"民以食为天"逼出的想象力

司马迁所引的"民以食为天",指的不是百姓对食物的盲目热情,而是传统农耕社会生存压力的写照。作为农业古国,中国较之其他文明更早出现了人口生态压力,这一压力在缔造灵渠、都江堰、大运河等奇迹的同时,也极大地激发了中国人对食材的想象力。

中国人的美食追求并非天然通向"味道至上"。先秦以降,中国饮食与养生、医疗结合得更为紧密,两汉时期谶纬之学与仙道之风盛行,饮食养生的风气远比宴席间的觥筹交错更吸引士大夫阶层。历史悠久的辟谷,从某种角度来看甚至是反美食主义。

后人言及"盛世",大多会将目光指向汉唐两代。这两个朝代,国家统一、文化昌明、武功强盛、国威远播,直到几千年后,"汉字"和"唐人街"依然是中华文化的代名词。然而即便是这两个朝代,中国人的粮食危机也不绝于史。《汉书》中动辄出现"大饥,人相食""饥,或人相食"的记载,而唐代皇帝曾十余次因缺粮暂时迁都洛阳,留下了"逐粮天子""就食东都"这个历史名词。

穷则思变,在巨大的粮食危机面前,也不由得古时的中国人对食物不具备足够的想象力。三国时期,中原动荡不安,天下四分五裂,曹操一边感叹着"白骨露于野,千里无鸡鸣",一边编著了中国第一部独立饮食著作《四时食制》。南北朝时期,战争连年不断,自然灾害频发,集北方民间减灾思想和经验之大成的著作《齐民要术》应运而生。金朝建立,宋室及北方士大夫阶层大举南迁后,以水稻栽培为主要内容的《陈敷农书》问世。元朝借助强大的骑兵缔造了人类历史上极庞大的帝国,但也让无数肥沃富饶的田地变得满目疮痍,司农司受命编著官书《农桑辑要》,之后王祯《农书》、鲁明善《农桑衣食撮要》几乎同时出现,这一系列农学方面的成熟绝非偶然的巧合。掩卷,又想到中华美食的烹饪技法和食材范围,相较于其他国家的菜系简直丰富到令人咋舌的程度,这是不是因为生存状况倒逼而形成的想象力呢?

"五谷杂粮"隐藏的包容性

如果说尽可能提高食材的利用率是"节流",那积极引入外来物种为己所用就是"开源";如果说"节流"表现了中华美食背后的地大物博,那"开源"则展示了中华美食文化的兼容并蓄。

俗语有云:"人食五谷杂粮,孰能无疾。""五谷",可以说是中国饮食文化的代表。"五谷"有两种说法:一是郑玄认为的"麻、黍、稷、麦、豆",二是赵岐认为的"稻、黍、稷、麦、菽"。无论哪一种说法,麦——这里主要指小麦,都是中国人自古以来重要且普遍的主食之一。

然而,小麦并非中国土生土长的农作物。换句话说,支撑起中国几千年文明、给中华美食带来无限荣光的小麦,其实是个货真价实的舶来品。小麦起源于新月沃地,在甘肃民乐东灰山遗址、新疆孔雀河畔的古墓沟等西北地区分别发现了数千年前的小麦遗存,这让后世的考古学家大致能勾勒出小麦传入中国的路线。小麦古称"棶",在甲骨文中,"来"为小麦植株形象,"来"的"行来"之义正渊源于小麦的舶来品身份。当然,小麦的本土化也经历了数百年甚至上千年之久,直到北宋时期,中国农人才在土壤耕作、种子处理、栽培管理等技术层面积累到了足够的经验知识,让小麦在北方种植制度中取得了核心地位。中国的主食,有"北面南米"之说,这背后是农作物上的"北麦南稻"。中国是水稻的原产地之一,在古代中国,水稻源于百越族先民的驯化,并非纯粹的中原物产。大禹曾在黄河流域尝试推广稻作,对于以河南、河北、山西、山东为中心的夏朝来说,大禹的做法无疑是一次物种引进的尝试,只是因为这一引进史过于久远,而长江文明最终与黄河文明一道成为中华文明不可分割的组成部分,所以被淡忘了。

但即便如此,关于水稻的引进史也并没有停止,《宋史》载:"大中祥符四年……帝以江淮、两浙稍旱即水田不登,遣使就福建取占城稻三万斛,分给三路为种,择民田高仰者莳之,盖旱稻也……稻比中国者穗长而无芒,粒差小,不择地而生。"这里提到的占城稻,即源于古代越南南部的小国占城。占城稻适应性强、生长期短,因而在大中祥符时期被引入长江流域,以应对灾荒之困。

20世纪40年代,正值中国抗日战争最为艰苦的时期,东北地区流传着一首悲愤激昂的《松花江上》,起首一句便是:"我的家在东北松花江上,那里有森林煤矿,还有那满山遍野的大豆高粱。"

"高粱"二字,很"东北",也很中国,但不要意外——高粱的原产地不是中国,甚至不是东亚,而是遥远的非洲。高粱传入中国的时间与路线更难考证,因其早期有"蜀林""巴禾"之称,可能是由西南地区传入中原,直到宋元时期成为北方人的重要主食。

除了主食,中国人对蔬菜瓜果更是海纳百川。中国人的菜谱上,有三类食材从名称就能看出其"海外血统":第一类名称中带"胡",基本于汉晋时期由西北陆路引入,主要有胡豆(蚕豆)、胡瓜(黄瓜)、胡蒜(大蒜)等。胡萝卜也源于西亚,但传入中国的时间稍晚。第二类名称中带"番",主要于南宋、元、明及清初由番舶引入,如番茄、番薯

（红薯）、番椒（辣椒）等。第三类名称中带"洋"，大多由清代乃至近代引入，洋葱、洋芋（马铃薯）、洋白菜（甘蓝）等。如今，这些外来物种早已融入中华美食，甚至成为某些食物的灵魂所在——没有了蒜泥，火锅会黯然失色；没有了辣椒，整个川菜都会"哑火"；没有了番茄，多少人学会的第一个炒菜——番茄炒蛋恐怕也要变个名称了……

（资料来源：光明网，https://m.gmw.cn/baijia/2022-03-26/1302866467.html）

问题：

1.餐饮企业原材料采购如何在保证食材丰富的同时避免浪费？

2.餐饮企业在进行食材的采购、储存和成本控制时，应如何传承和弘扬中国优秀传统饮食文化？

第八章

餐饮产品生产管理

学习导引

餐饮生产即厨房生产,厨房生产产品管理是餐饮企业管理的必要组成部分。餐饮产品的质量决定了餐饮企业的经济收入和社会口碑,因而餐饮产品生产管理是餐饮管理者需要着重关注的一项管理内容。厨房是从事菜肴、点心等餐饮产品加工、生产、制作的场所,也是酒店唯一由原材料进入,经过厨房工作人员的技术处理、艺术加工,进而向顾客提供色、香、味、形等俱全的餐饮产品。

学习重点

通过本章学习,重点掌握以下知识要点:
(1)餐饮产品生产管理的形式、特点、标准化和基本要求;
(2)餐饮产品原材料加工的过程管理和过程控制;
(3)中餐和西餐餐饮产品制作过程的管理内容;
(4)厨房产品生产任务的确定方法、调整与安排、原材料需要量的确定方法;
(5)厨房卫生安全管理的主要内容。

知识活页

营销新思维的特色菜单

第一节　餐饮产品生产过程及特点

一、餐饮产品生产管理的形式

餐饮产品生产的组织形式主要取决于厨房的管理方式。我国饭店、餐馆的厨房主要分为中餐厨房、西餐厨房；另外，还有日餐、韩餐等多种类型的厨房，就其产品生产的组织形式来看，大致有以下四种。

（一）中餐厨房组织形式

这种组织形式的餐厅只提供中餐服务，一般适用于低等级小型饭店和大多数餐馆，其厨房数量的多少根据餐厅的数量和接待能力来确定，一般设厨师长，再分设热菜、冷荤和面点厨房。其中，低等级小型饭店设有冷荤和面点小组，分别负责各类菜点的制作管理。其组织形式如图8-1所示。

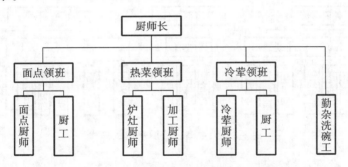

图 8-1　中餐厨房组织形式

（二）西餐厨房组织形式

这种形式主要适合三星级及以上级别饭店的西餐厅和西餐馆。三星级以上饭店要求必须设西餐厅和咖啡厅。其中，四星、五星级饭店的西餐厅又分设法式西餐、美式西餐、意大利餐厅、芬兰餐厅等。其厨房的组织形式一般是行政总厨下设西餐厨师长，各厨房再设不同领班。每个厨房的内部分工则大致相同。其组织形式可参考图8-2。

（三）大中型饭店厨房组织形式

这种组织形式的饭店可同时提供多种风味的中餐、西餐和其他风味的餐饮服务。其特点是餐厅类型多，厨房与之配套，种类多。餐饮产品的生产管理复杂，其厨房的组织形式一般设有行政总厨，再分设1～2名副总厨负责中厨房和西厨房。各个厨房再设大厨（相当于厨师长）、主厨、后镬岗、砧板岗等不同的岗位，负责生产管理和菜点制作。餐饮部同时设管事部，负责财产保管、原料领用、洗盘洗碗、清洁卫生等工作。各大中型饭店厨房管理的具体组织形式区别较大，没有一个统一的模式，需要根据各饭店的实际情况确定。大中型饭店厨房的一般组织形式如图8-3所示。

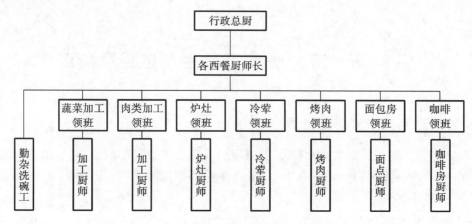

图 8-2 西餐厨房组织形式

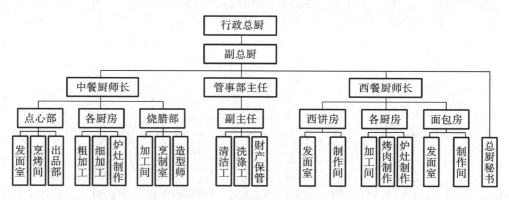

图 8-3 大中型饭店厨房组织形式

(四)中心-卫星厨房组织形式

这种组织形式主要适用于大型和特大型(客房数量在800间以上)饭店和饭店集团、餐馆集团。它是随着合资饭店的兴建而引进的,其组织形式是全店或集团设中心厨房,统一负责食品原材料的加工配菜,各个餐厅再设卫星厨房,主要负责菜点烹制,其组织机构形式如图8-4所示。

二、餐饮产品生产管理的特点

在餐饮经营方面,厨房餐饮产品的生产既不同于一般生产性工业企业,不同于简单的食品加工业,又和低档餐馆及大排档有一定区别。总体来说,饭店餐饮产品生产管理具有如下四个特点。

(一)生产过程自然属性强、手工操作比重大

1. 自然性

厨房生产要先后经过原材料的选择、加工、切配、烹制、装盘、出菜等不同的工序。每道工序都有不同的要求,加工方法也不一样。

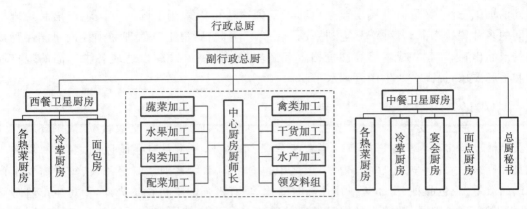

图 8-4 中心-卫星厨房组织形式

2. 复杂性

原材料的选择必须根据菜点风味来确定。原材料的品质、用途不同,粗加工的方法和净料率也不同;菜点品种和风味不同,精细加工和烹调方法也不同。厨房每天要生产几十种甚至上百种产品,每种产品的主料、配料和调料配制比例和要求也不一样。同时,面点、冷荤和热菜制作也有较大区别,使厨房生产管理具有复杂性。

3. 手工性

从生产管理过程来看,各种食品原材料的选择、拣洗、涨发、拆卸、粗加工、细加工和烹调制作,都以手工操作为主,机械设备大多只起配合作用。因此,管理人员必须根据企业产品生产的自然属性来安排生产流程,必须根据不同风味的花色品种来确定加工方法和主料、配料及调料的配置比例,必须特别重视不同工序和各级厨师的手工技能,才能适应企业生产管理的需要,提高管理水平和产品质量。

(二)生产制作即时性强、产品质量比较脆弱

1. 时效性

餐饮产品生产是根据餐厅顾客当时所点的花色品种和数量或厨师长安排的生产任务即时生产的。生产、销售和消费几乎同时发生。生产的产品必须马上供顾客享用,其色、香、味、形都有很强的时效性,因而即时性很强。从产品质量来看,也有很强的时效性。一盘色、香、味、形俱佳的热菜食品,如果不能马上供顾客享用,产品质量会立即受到影响,引起顾客的不满。

2. 脆弱性

如果菜品烹制过程中调料使用不准确,火候掌握不当或受其他因素影响,产品的质量会不一致。因而,产品质量具有较强的脆弱性。为此,厨房生产管理必须十分重视工作效率,重视原料搭配的准确性,坚持即炒即卖、热炒热卖,确保产品的质量,才能获得良好的效益和口碑。

(三)品种规格差异性强,毛利幅度变化比较大

餐饮产品花色品种很多,不管经营哪种风味,一般都有几十种甚至上百种产品。这些产品的品种和规格各不相同,比如,同样是鱼菜,不同的鱼可以烹制不同的产品,同一种鱼采用

不同的加工方法,又可以烹制出众多风味。厨师往往可以采用不同的方法生产出品种规格不同的多种餐饮产品,各种产品毛利率也不一样。为此,厨房生产管理必须控制不同品种规格的产品出料率,建立成本核算和价格管理制度,加强毛利考核,以适应各种产品的规格质量和毛利要求,提高企业生产管理水平。

（四）生产安排随机性强、影响因素比较多

餐饮产品生产受季节、天气、节假日、企业地理位置、旅客流量、交通状况、周围环境和地区大型活动等多种因素的影响。一年有淡季、旺季之分,一个月有阴晴风雨之别,一周有工作日和周末,一日有早、午、晚三餐,一天之中也有忙闲不均之别。厨房每天、每餐需要生产的产品数量、花色品种、产品规格往往随时变化,具有极强的随机性。为此,厨房生产管理必须每天做好销售记录,掌握各种产品销售的随机变化规律和顾客的点菜频率,做好计划,克服因产品销售的随机性带来的经济损失。

三、餐饮产品生产管理标准化

餐饮产品生产组织管理标准化是指在做好生产任务的确定和安排的基础上,对同种风味、同一品种的菜点要在原料加工、盘菜用量、烹调方法、质量要求等方面采用同一标准来组织生产,以保证产品用料、用量准确。一般来说,建立标准化管理方法的工作内容主要包括以下四个方面。

（一）产品配方标准化

餐饮产品不管其风味和花色品种如何,就同一规格的产品而言,其盘菜配方中的主料、配料、调味料的原料品种和使用数量都应该是相同的。为此,厨房生产管理应根据每种产品的主料、配料、调味料不同,分别制定产品配方。

（二）原料加工标准化

在产品配方标准化的基础上,原料加工的质量、规格是保证烹调质量的基础。为此,厨房生产管理要推行原料加工标准化,即生产同一品种、同种规格的产品时,其原料加工的方式、方法、规格、出料率的高低应该基本相同,以保证同一产品的原料加工具有质量上的一致性,从而为烹调制作标准化创造条件。

（三）烹调制作标准化

烹调制作标准化是指在制定生产配方、做好原料加工的基础上,厨房根据不同风味、不同花色品种的菜品烹制要求,分别制定方法,将同一品种材料的烹调步骤、烹制方法固定下来,以减少手工操作的随意性。

（四）成品质量标准化

成品质量标准化是指在采用标准配方、标准原料加工、标准烹调方式的基础上,所烹制出来的同一花色品种的产品,在色、香、味、形、分量、风味特色等方面应达到同一标准。

总之,餐饮产品生产标准化管理最终是将上述几个方面的要求结合起来,通过加工测试,形成每一种产品的标准化烹调明细书,以此作为餐饮产品生产标准化管理的依据和操作控制标准。

四、餐饮生产管理的基本要求

为确保餐饮企业产品的良好风味,适应顾客物质和精神享受需要,厨房餐饮生产管理必须遵循以下基本要求。

(一)批量生产和小锅制作结合,坚持热炒热卖

为保证产品的风味和质量适应不同顾客的消费需求,做到一菜一格、百菜百味,必须根据不同餐厅和不同类型的顾客来组织厨房生产。其中,大中型团队、会议、宴会、冷餐会等的顾客,要根据菜单要求,以小批量生产为主。每锅炒菜不允许超过3盘。冷荤、面点产品要以批量生产为主,单盘装配。零点餐厅必须坚持小锅制作,热炒热卖。生产过程中,要严格控制各种产品的主料、配料和调味料,把好营养配菜和烹调质量关,合理装盘,保证产品质量。

(二)坚持销售预测,做好计划安排

厨房餐饮产品生产既有产品销售的随机性,又有产品质量的脆弱性。为避免这些特点可能带来的厨房生产管理混乱以及食品原材料和人工费用的损失,必须以原始记录为基础,分析各种产品生产变化的规律,逐日、逐周、逐月掌握其产品销售量,做好销售预测。在此基础上,逐期安排生产计划,既为食品原材料的采购、库存、每日领用提供依据,又为厨房人员的安排与使用提供参考。

(三)克服手工操作的盲目性,实行标准化管理

厨房餐饮产品生产以手工操作为主,传统食品原材料的拣洗、拆卸、加工、切配、上灶烹制、装盘出菜,都随厨师个人意愿而定,随意性较强,损失浪费较严重,菜品质量完全取决于厨师的个人技艺和现场发挥。为克服这种生产管理的盲目性,必须实行标准化管理。要根据厨房的生产流程,分别制定原料加工、净料出成、盘菜用量、主料、配料比率、盘菜成本消耗,烹调制作程序等客观标准,并保证标准化管理的贯彻实施,提高厨房生产管理水平。

(四)合理安排人员,发挥技术优势

不同时间段的用餐顾客数量不同,厨房餐饮生产所需人员数量也不同;食品原材料的拣洗、拆卸、宰杀、粗加工、细加工、配菜、烹制和洗盘洗碗等工种不同,对餐饮人员的技术要求也不一样。合理安排人员,发挥技术优势,必须解决好两个问题:一是根据不同时间、不同阶段的顾客数量进行推测,合理安排劳动力,节省人工成本;二是根据不同工种的技术要求,合理安排工作岗位,突出后镬岗、砧板岗、打荷岗、配菜岗等不同岗位的专业技术水平,防止"特级厨师不上灶、一级厨师干勤杂"等不合理现象的发生。

第二节 餐饮产品生产加工过程管理

一、餐饮产品原料粗加工过程管理

(一)食品原料粗加工的基本要求

1. 合理使用食品原料

为降低成本、提高原料利用率,粗加工过程中要从食品原料综合利用出发,根据不同品

种、不同部位的用途,分别采用择、削、选、剔等不同方法,分档取料,做到综合利用,物尽其效,减少耗损,以降低成本消耗。

2. 保证食品原料的清洁卫生

粗加工控制过程中既要保持场所、用具和人员的卫生,又要认真仔细去掉不宜食用的部分。做好去皮、去籽、去老根、清除杂物、防止污染等工作,确保食品原材料的清洁卫生。

3. 保持食品原料的营养成分

粗加工方法不当,其原料营养会受到一定破坏。为此,干货类原料的涨发浸泡温度、用料,蔬菜、瓜果等鲜活原材料的拣洗、去皮,动物性原料的拆卸、解冻等都要采用正确的方法,尽可能保持原材料的营养成分不损失。

4. 保持原料形状完整美观

食品原料粗加工是为细加工服务的。加工后的原料是否完整、美观,形状是否符合细加工要求,将直接影响下一道工序,最终影响餐厅产品的质量。因此,食品原材料粗加工要尽量保持原料形状的完整与美观,其中,部分原材料的形状和重量要符合装盘要求,规格要统一。

(二)食品原料粗加工过程控制

食品原料粗加工受产品风味、原料种类、质量及不同部位的用途等多种因素的影响,因此各种食品原料的具体加工方法是不同的。为做好粗加工过程控制的组织工作,应重点抓好以下四个环节。

1. 掌握取料标准

食品原材料粗加工主要是通过拣洗、择除、拆卸、削剔和涨发等加工方式,获得一定形状的净料,以供进一步加工使用。为保证合理取料,降低损失浪费,要实行标准化管理。正式加工前应针对不同食品原材料质量、不同部位的用途,从综合利用的角度出发,合理确定取料标准。各种原材料的取料标准确定后,还应分档确定原料价格,为厨房成本核算提供客观依据。具体标准主要有以下四种。

(1)蔬菜、瓜果等鲜货类原料主要是经过拣洗、摘除去掉不宜食用的部分后应取得的重量。

(2)干货类原料主要是经过择洗、涨发,去掉杂质及不可食用部分后应取得的净料。

(3)需要拆卸的整只肉类原料,主要是确定分档取料时各档原料的重量;而无须拆卸的,要保留整体形状的鸡、鸭、鱼、虾等原料,则主要是确定整只原料应取得的重量。

(4)冷冻原料主要是通过解冻、洗涤、恢复原料原质后应取得的重量。

2. 分类加工

食品原料种类很多,加工方式各不相同,为此要合理加工,保证质量,而后对各类、各档次原料做好记录,检查加工质量,并由成本核算员分档确定不同档次的原料价格,从而为细加工做好准备。

(1)蔬菜、瓜果等鲜货类原料组织普通员工进行擦洗、择除、去皮、去坏叶,加工成一定形状,获得净料。

(2)需要涨发的干货原料,如海参、木耳等,组织有专业技术的厨师进行初步加工。原料的涨发有水发、油发、复泡等多种方式,对其溶液、温度、涨发时间长短和出料后的色泽、质地、软硬程度等都有特殊要求。

(3) 需要拆卸的肉类原料,组织有经验的厨师,按照各档取料标准,分别采用拆卸、削、剔等方法取料,保证出料标准和加工质量。

(4) 无须拆卸的鱼虾,可组织员工去鳞、去内脏等,为进一步细加工创造条件。

3. 冷冻食品解冻

冷冻肉类、鱼类、海鲜等解冻是原材料加工中的日常的工作。冷冻原料的解冻方法有空气解冻、冷水解冻、盐水解冻、加热解冻、电子解冻和真空解冻六种,其中冷水解冻使用率最高。冷水解冻又有浸泡、流水和洒水三种具体操作方法。做好冷冻食品的解冻,需要根据厨房生产任务量,事先确定各类冷冻原料的需要量,然后组织厨师具体负责。解冻后的原料要洗干净,然后根据需要交付相应的加工人员处理,并根据不同原料的具体情况,进行粗加工。

4. 保证加工速度

食品原材料粗加工每天都要进行,各种原料加工方法有所不同,有些原料经粗加工后废料、下脚料较多。为保证加工质量,控制原料消耗,保证加工速度和食品卫生,厨师长每天要做好巡视检查,督促管事部人员及时清理各种废料,保证厨房及食品卫生。对于部分粗加工时间较长的原料,应提前做好安排,以便为细加工留出时间,保证炉灶烹调制作需要,以适应厨房餐饮产品生产过程短、随产随销的特殊要求。

二、餐饮产品原料细加工过程控制

食品原料细加工是指根据不同产品的烹调需要,在粗加工的基础上,运用刀工技法,将其加工成一定的规格和形态。其主要作用是:使菜品外形美观,便于烹调入味,便于顾客享用。

(一) 食品原料细加工的基本要求

食品原料细加工是一项专业性、技术性很强的工作,其刀工处理质量,直接影响烹调制作和产品风味。细加工的基本要求如下。

1. 要依据烹调方法

各种食品原材料烹调方法不同,细加工的刀工处理技法亦有所不同。为此要根据菜肴的不同花色品种的烹调方法,分别采用不同的加工技法。如急火刀口要小,块状较薄;慢火刀口较大,大小适宜。煮、炒、烩、炸、煎、焖、烤、烙等各种烹饪方法,细加工就必须密切配合,才能确保产品风味,提高产品质量。

2. 加工整齐、均匀

具体表现为同种风味、同一品种的食品原材料细加工要整齐划一,规格大小和形状一致。刀工处理要做到厚薄、大小和刀路均匀,需要断刀的不能有连刀,不需要断开的要保持切而不断,做到干净利落。

3. 符合菜肴定量标准

细加工的刀工处理要将食品原料分割成小块,以便于烹调。其块状大小、薄厚要与菜肴规格相匹配。其中,部分产品的块状数量往往是固定的,如整条的鱼菜,同一规格的盘菜用量是统一的;猪排、牛排和部分块状食品每盘的块数及大小是整齐划一的。因此,食品原材料细加工要尽可能掌握菜肴定量标准,做到下刀准确,大小一致。

4. 合理用料

经过细加工的食品原材料，由刀工处理成不同的形状，加工前要心中有数，经过权衡，合理下刀，防止出现过多的边角废料造成浪费。

（二）食品原料细加工过程控制

食品原料细加工大多是在正式烹调前短时间内完成的，其特点是工艺复杂，技术要求高，劳动强度大。要做好细加工过程控制的组织工作，重点是要抓住四个环节。

1. 严格选料，确保原料选择同产品风味相匹配

食品原材料粗加工所形成的块状原料，大多是按照分档取料的原则加工的，不同品种、不同规格、不同部位的原料适于烹制不同风味、不同花色品种的餐饮产品。严格选料，确保原料选择同产品风味相适应，成为食品原料细加工管理的首要环节。

2. 精细加工，保证刀工处理符合烹调要求

不同风味、不同品种的菜品对刀工处理的要求不同。食品原材料的刀工技术十分复杂，主要有切、片、拍、剁四大类。其中，切又有真切、推切、拉切、推拉切、锯切、转切、滚切、拨切之分；片又有真刀片、拉刀片、推拉刀片、反刀片、斜刀片之别；拍又有直拍、拉拍之分；剁又有剁断、剁烂、剁形之别。精细加工，就要根据产品风味和花色品种不同，从有利于烹调入味，保证色、香、味、形的要求出发，分别采用不同的刀工技术。对于某些特殊风味的产品，还要采用特殊细加工方式。

3. 分类检查，确保原料加工适应配菜需要

餐饮产品细加工原料大多都由主料、配料和调料构成。其主料和配料的刀工处理必须互相配合，才能相得益彰，满足烹调需要，保证产品质量。根据不同产品主料、配料的加工要求，认真做好分类检查工作，保证主料、配料的刀工处理和调料相适应，才能做出色、香、味、形俱佳的餐饮产品。

4. 控制出料比率，掌握净料成本

食品原材料粗加工形成的块状原料，精细加工过程中还会有部分耗损。各种原材料在细加工过程中都有类似情况，因此，做好细加工过程控制的组织工作，厨房要控制不同食品原材料的出料比等基础数据。在保证加工质量的前提下，降低原料损耗，掌握净料成本，以便于盘菜成本核算。

三、中餐餐饮产品制作过程管理

（一）中餐制作过程的特点

中餐菜点的特点是色、香、味、形、器俱佳，品种繁多，风味独特，有鲜明的民族色彩，烹调技法变化多端，运用灵活。其制作过程有如下特点。

1. 选料广泛，菜品繁多

这是任何国家的菜肴制作都不可比拟的。中餐不仅动物原料使用广泛，植物原料的选择同样广泛。

2. 刀功精细，刀法多样

中餐在加工时特别注意刀法的运用，有批、切、斩等，形成丝、片、块、段、条、茸、末、荔枝

花、麦穗花等众多类别。精准的刀法不仅便于原料烹调入味,更可以加强成菜的观赏性和艺术性。

3. 精于火候,技法多样

中餐的烹调手段有几十种之多,如炒、炸、爆、煎、烹、烧、焖、煮、摊、涮等;其中,爆又可分为酱爆、葱爆、油爆和芫爆等,在烹饪过程中非常注重火候的运用。

4. 调料繁多,方法多样

中餐一菜一格为世人所称道,除了讲究口味变化外,在烹调过程中还能巧妙地运用不同的调味方法,同等量的调味品在菜肴加热过程中的不同时段加入就会形成不同的口味。

5. 盛器讲究,追求完美

中餐既包含精湛的刀功、鲜香的口味、优雅的造型、合理的营养配比,同时又十分重视盛放菜肴的器皿。美食与美器的相得益彰是中餐自古以来不舍的追求。

6. 医食同源,注重养生

中餐以五谷为养、五果为助、五畜为益、五菜为充的古代营养卫生理论为依据。主要以植物原料为主体,以动物原料为辅佐,符合现代营养学的基本膳食结构要求。

7. 兼收并蓄,推陈出新

中餐在发展过程中,既保留了历史传统,又融合了各民族饮食文化,并善于学习借鉴外来饮食文化,使中餐的风味不断提升。

(二)中餐食品原料的选择

食品原料选择是中餐菜肴生产的首要环节,优质原料是优质菜肴的基础。在菜肴生产中,不同种类的菜肴对食品原料的性质有不同的要求。

1. 畜肉和禽肉

畜肉和禽肉必须经过卫生检验检疫,盖有卫生检疫合格的印章才能作为食品原料。新鲜的猪肉为淡红色;新鲜的牛肉呈红色或暗红色,肌肉结实并夹带有少量脂肪;小牛肉为淡红色;羊肉呈淡红色,纤维细而软,带有少量脂肪。新鲜的禽肉呈清淡的黄褐色,肌肉结实,有光泽。

2. 水产品

水产品指各种海水和淡水动物,包括各种鱼、虾和螃蟹。新鲜的鱼,鱼鳃紧闭,鱼眼澄清而透明,鱼鳞完整、有光泽,鱼肉有弹性;新鲜的虾外形完整,有弯曲度,虾皮青绿色或青白色,肉质结实;新鲜的蟹,腿肉肥壮、结实,外壳呈青色,有光泽。

3. 蔬菜

蔬菜可通过多种方法制成菜肴。新鲜的蔬菜应水分充足,颜色鲜艳,外观饱满并有光泽。

4. 干货原料

干货原料指经过加工和干制的水产品、畜肉、禽肉和植物等,中餐常用的干货原料有鱼翅、鱼皮、鱼唇、鱼肚、海参、鱿鱼、鲍鱼、干贝、燕窝、紫菜、海带、黄花菜、银耳、莲子等。此外,蹄筋作为畜肉类干货原料也是常用的。干货原料的质量标准是干爽、不霉烂、整齐、均匀、完整、无虫蛀、无杂质。

(三)中餐食品原料的初步加工

食品原料的初步加工指食品原料在切配和烹调前进行的整理、洗涤、涨发和热处理等工作。食品原料初加工在中餐生产中是不容忽视的环节,合格的初步加工可综合利用食品原料,降低菜肴的食品成本,使食品原料更符合质量要求,并保持菜肴的营养成分,提高菜肴的颜色、味道和美观。

1. 蔬菜初加工

蔬菜是中餐中常用到的食品原料,由于它的种类及食用部位不同,加工方法也不同。叶菜类蔬菜的加工方法:去掉老根、老叶和黄叶。豆类蔬菜的初加工要根据品种和食用方法剥去豆荚上的筋络或去掉豆荚。蔬菜应先洗后切以保持其营养成分,然后将经过整理和洗涤的蔬菜沥去水分,放在冷藏库或适当的地方待用。

2. 畜肉初加工

畜肉的初步加工是根据用途,按部位分类、洗涤并沥去水分,然后将加工好的畜肉放入盘子,冷冻或冷藏储存。

3. 水产品初加工

水产品要做的初加工工作包括宰杀、去鳞、去鳃、去内脏和洗涤等。根据烹饪需要,一些水产品还要去骨和去皮。在加工水产品时应清除原料上的黏液和血水,注意不要将河鱼的鱼胆刺破。此外,注意水产品与烹调方法的调性,保持其整齐。

4. 禽类初加工

使用经过整理好的禽类原料,其初步加工主要是洗涤和分成不同的部位。

5. 干货初加工

干货在切配和烹制前,必须经过涨发。不同的干货原料,其涨发方法不同。比如,鱼肚和蹄筋通过热油涨发,木耳和香菇用水涨发,海参要通过水煮和浸泡等方法涨发;还有一些干货原料必须使用碱水发制,如干鱿鱼等。干货涨发的目的是吸收水分,最大限度地恢复原料的自然形状和鲜味,去掉杂质和腥味等。

(四)中餐食品原料切配原理

切配是中餐生产的重要环节之一,食品原料切配质量关系到厨师的刀工技术和配菜技术水平的发挥。通过切配,可以使菜肴更容易入味,同时也便于顾客食用。

在中餐生产中,大部分食品原料都要经过刀工处理,将食品原料物尽其用,并美化菜肴。配菜是根据菜肴的质量和特色要求,把不同品种的、经过刀工处理的原料合理地搭配,使它们成为理想的菜肴。中餐菜肴的味道、颜色、形状、质地和营养成分与菜肴配制相关。在配菜中,应融合各种原料本身的色、香、味、形,使之相互补充、相互衬托。

中餐的配制原理是,以一种原料为主的菜肴,应突出主料的数量和特色,以少量的辅助原料为衬托,使菜肴造型优雅,并突出主料的味道与特点。此外,同一盘菜肴的原料形状和大小应协调,并讲究菜肴的营养搭配。

(五)中餐冷菜生产原理

中餐冷菜俗称冷盘或冷荤,是中餐的开胃菜,由新鲜的蔬菜及熟制的畜肉或海鲜制成。冷菜生产包括两个程序:制作和拼摆。

1. 中餐冷菜的生产方法

(1) 拌。

将生的或熟制的食品原料切成丝、条、片和块等形状,然后放入调味品,搅拌而成。这种方法选用的原料包括瓜果、蔬菜、熟制的畜肉和海鲜。

(2) 卤。

将动物原料整理后煮熟,加入特制的卤水中将其煮制入味。卤菜的风味与卤汁有非常大的关系,卤汁的质量是卤菜的关键。

(3) 炝。

炝是将加工成丝、条或片的植物原料放入沸水中,烫煮片刻,捞出后,沥去水分,放调味品,搅拌而成。炝与拌的生产方法很相似,它们的区别是拌可以用生蔬菜或水果作为原料,而炝要将原料煮烫后进行操作。

(4) 冻。

冻的方法是指将制成的琼脂液体或肉皮冻与制熟的菜品冻结在一起。

(5) 卷。

将鸡蛋液中放入适量水淀粉,制成鸡蛋皮,在鸡蛋皮上放动物原料制成馅心,卷成一定形状,通过蒸或炸的方法制成菜肴。

(6) 腊。

腊是将动物原料脆制后,进行干燥通风,然后通过蒸的方法制熟。

(7) 熏。

将动物原料经过脆制、蒸、煮或炸后,放入熏锅中,熏入味的方法。

(8) 煮。

煮的方法较简单,将原料放在汤锅中煮熟即可。

(9) 脆。

脆是将原料排除内部的水分,浸入调味的卤汁中,使原料入味。

2. 中餐冷菜的拼摆工艺

冷菜的拼摆是将熟制的畜肉、海鲜和蔬菜,整齐美观地装入盘内。拼摆时,应注意颜色搭配、质地搭配,不要将带汤汁的原料拼入盘中,防止味道互相影响。每盘冷菜可拼摆一种原料,两种原料及多种原料,拼摆时要注意冷菜的外形和颜色搭配。

四、西餐餐饮产品制作过程管理

(一) 西餐食品原料的选择

1. 奶制品

奶制品是西餐不可缺少的食品原料,奶制品包括各种牛奶、冰激凌、奶油、黄油和各式奶酪。奶制品在西餐中用途广泛,既可以直接食用,也可以作为菜肴原料。

2. 畜肉

畜肉指牛肉、小牛肉、羊肉和猪肉等。畜肉是西餐的主要食品原料之一。西餐的畜肉烹调与肉质嫩度紧密联系。

3. 家禽

家禽是西餐不可缺少的食品原料,包括鸡、鸭、鹅和鸽等。

4. 鸡蛋

鸡蛋是西餐常用的原料,可作为菜肴的主料和配料。

5. 蔬菜

蔬菜是西餐主要的食品原料之一,可生食,可熟食。蔬菜的种类有叶菜类、花菜类、果菜类、茎菊类、根菜类等。蔬菜的市场形态可分为鲜菜、冷冻菜、罐头菜和脱水菜。

6. 淀粉原料

淀粉原料常作为西餐主菜的配菜或单独作为主菜原料。西餐最常用的淀粉原料有马铃薯、意大利面等。

7. 水果

水果在西餐中用途甚广,习惯上水果主要用于甜点和沙拉,但是在制作主菜时,它们也占有重要位置。水果在西餐中还可作为调味品,解除畜肉、海鲜的腥味,减少猪肉、鸭肉等的油腻感等。

8. 调味品

调味品是增加菜肴味道的原料,在西餐中扮演重要的角色。西餐调味品品种较多。香料和调味酒被认为是西餐不可缺少的调味品。

(二)西餐生产初加工原理

1. 西餐食品原料的选择

西餐食品原料必须新鲜、卫生,没有化学和生物污染,具有营养价值,并在质地、颜色和味道方面达到菜单的原料标准。

2. 西餐食品原料初步加工

西餐食品原料的初步加工包括整理、洗涤、初步热处理等环节。现在,食品原料初加工工作愈来愈少,供应商已完成了大部分初加工工作。

3. 西餐食品原料的切配

西餐食品原料切配是将初加工的原料切割成符合烹调要求的形状和大小,并根据菜肴原料配方,合理地将各种原料搭配在一起。这就需要运用不同的刀具和刀法将原料切成不同的形状。

1)西餐食品原料切割方法

西餐食品原料常用的切割方法有如下几种。

(1)切成块,将原料切成尺寸统一的较大块状。

(2)剁、劈,将食品原料切成不规则的块。

(3)切成末,将食品原料切成碎末状。

(4)切成片,将食品原料横向切成整齐的片状。

2)西餐食品原料加工形状

西餐食品原料加工形状主要有以下几种。

(1)末,边长3毫米正方形的颗粒。

(2)小丁,边长6毫米正方形丁状。

(3)中丁,边长1厘米正方形。

(4)大丁,边长2厘米正方形丁。

(5)小条,6毫米×6毫米×4厘米的条。

(6)中条,3毫米×3毫米×8厘米的条。

(7)大条,1厘米×1厘米×10厘米的条。

(8)片,各种长度,一般为3~8毫米厚的片。

(9)楔形,西瓜块形状。

(10)圆心角形,将圆形条顺刀切成四瓣或三瓣,然后切成片状。

(11)椭圆形,任何尺寸的椭圆形。

(三)西餐的配菜原则

西餐讲究营养搭配,以满足不同顾客的需求。许多经济发达的国家和地区,菜单上会注明每个菜肴中的蛋白质含量和菜肴所含热量。

配菜时,厨师注意原料之间量的协调,突出主料数量,注重原料之间颜色的配合。每盘菜肴应有2~3种颜色,突出主料自然味道;将相同形状的原料搭配在一起,使菜肴整齐、协调;将不同质地食品原料配合在一起,以达到互补的目的。

(四)西餐的挂糊工艺

挂糊是将食品原料的外部包上一层糊的过程。在西餐生产中,通过煎、油炸工艺制成的菜肴,应在原料外部包上一层面粉糊、鸡蛋糊或面包屑糊,增加菜肴的质地和颜色的同时,也让食物更加美味。

1. 面粉糊工艺

先在食品原料上面撒些细盐和胡椒粉调味,然后再沾上面粉。

2. 鸡蛋糊、牛奶糊工艺

将原料包上鸡蛋液或牛奶面粉糊。挂糊前,可在原料上撒些细盐和胡椒粉调味。

3. 面包糊工艺

先在原料上撒些细盐和胡椒粉,然后包裹由面粉和鸡蛋调成的糊,最后洒上面包屑。

(五)西餐开胃菜生产原理

开胃菜也称为餐前小吃,包括各种小份额的冷开胃菜、热开胃菜和开胃汤等,是西餐中的第一道菜肴。开胃菜的特点是菜肴数量少、味道清新、色泽鲜艳,常带有酸味和咸味,并具有开胃作用。开胃菜主要包括以下几种。

1. 开那批(Canape)

以小块脆面包片、脆饼干等为底托,上面放有少量或小块熟制的冷肉、鸡蛋片、酸黄瓜、鹅肝酱或鱼子酱等。此外,以脆嫩的蔬菜或鸡蛋为底托的小型开胃菜也称为开那批。开那批类开胃菜的特点是,食用时直接用手拿取入口,外形美观。

2. 鸡尾类(Cocktail)

常以海鲜或水果为主要原料,配以酸味或其他味道浓烈的调味酱制成。鸡尾类开胃菜颜色鲜艳,造型美观,常以玻璃杯为餐具盛载。

3. 迪普(Dip)

由调味酱和脆嫩蔬菜构成,使用时将蔬菜蘸上调味酱,突出新鲜。装在特色餐具中,配以特色调味酱,具有开胃作用。

4. 鱼子酱(Caviar)

作为开胃菜,鱼子酱包括黑鱼子酱、黑灰色鱼子酱和红鱼子酱等。鱼子酱常被制作成罐装食品,使用时放入玻璃餐具中,配以洋葱末和柠檬汁作为调味品。

5. 批(Pate)

"批"是Pate法语的音译,由熟制的肉类和肝脏经搅拌机搅碎,放入白兰地和调味品,搅拌成泥后放入模具,经冷冻,切成片,配上装饰菜而成。

6. 开胃汤

以原汤为原料,加入配料及装饰品制成。开胃汤通常分为三大类,即清汤、浓汤和特色风味汤。

清汤又可分为三种:原汤清汤、浓味清汤、特制清汤。

浓汤是以原汤与油面酱(用黄油煸炒面粉制成的酱糊)制成的汤,通常在汤中加入奶油或菜泥。浓汤根据不同的工艺和配料又可分为四种:奶油汤、菜泥汤、海鲜汤和什锦汤。

特色风味汤指根据各民族和各地区饮食习惯及烹调艺术特点制作的汤,在制作方法或原料方面更具有地区和民族特色。例如,法国洋葱汤、意大利面条汤、西班牙凉菜汤和秋葵浓汤等。

7. 沙拉

沙拉是一种冷菜,在午餐中还可作为主菜和辅助菜。沙拉常由四个部分组成:底菜、主体菜、配菜和调味酱。沙拉主要有蔬菜沙拉、组合沙拉、熟制的沙拉、水果沙拉、胶冻沙拉。其中,胶冻沙拉包括水果胶冻沙拉和肉冻胶冻沙拉。

8. 沙拉酱

沙拉调味的汁酱,可美化沙拉的外观,强化沙拉的味道。

9. 其他开胃菜

除了以上品种,还有各种生食和熟制的开胃菜。包括生蚝、肉丸、奶酪块、火腿、熏鸡蛋、炸薯片、锅巴片、胡萝卜卷、西芹心、酸黄瓜、橄榄等。

无论中西餐,餐饮产品生产、加工都与地域饮食文化密切相关,也与当地食材的种类和特征相联系,中西餐各类菜肴都应充分发挥本地食材特征,兼具营养与美味,因此,作为餐饮管理人员,对餐饮产品生产管理的认知也仅限于了解和熟知过程,具体的操作由更为专业、更为细致的技术人员掌握。

关于很多其他教材关于餐饮生产设施设备的知识,对于餐饮管理人员来讲,没有必要进行深入学习,因为有更专业的工程技术人员来掌控,管理好餐饮企业,创造良好的经营利润是餐饮管理人员的首要且重要的任务。

第三节 厨房餐饮产品生产任务管理

一、生产任务的确定方法

餐饮产品生产任务的确定是短期内对产品数量和花色品种所做出的安排,由于客源变化大，菜单随季节调整，顾客对花色品种的需求具有随机性。因此，厨房无法确定长期生产任务。短期内不同花色品种的生产任务量也只能是一个近似值。但是，合理确定生产任务量仍然是必要的，它既是厨房餐饮产品生产管理的基础，又是合理组织食品原材料、加强成本核算、坚持以销定产、降低损失浪费的客观要求。生产任务确定的方法主要有四种。

（一）经验估计法

经验估计法是根据厨房主管和餐饮部门管理人员的经验，分析前后几天的客源变化和就餐顾客的点菜频率，大致确定未来短时间内厨房餐饮产品的生产任务量。经验估计法是在传统小生产管理方式的基础上发展起来的。其以前后几天客源变化为基础，考虑未来短时间内一些因素，大致确定就餐顾客数量及对花色品种的要求，并以此确定生产任务量，安排食品原材料采购供应，组织餐饮产品生产。

经验估计法主要适用于餐饮管理基础工作比较薄弱、缺乏统计报表和有关数据、产品生产管理尚处于经验管理阶段的餐饮企业。现阶段，这种方法还在我国一些饭店、宾馆等的厨房生产管理中广泛使用。由于它建立在管理人员丰富实践经验的基础上，因此，具有一定实用性和可行性，在企业餐饮经营尚未实现科学化管理以前，它仍不失为一种有效的方法。

（二）统计分析法

统计分析法是以企业客源统计资料为基础，预计未来短时间内的客源数量，安排厨房餐饮产品的生产任务量。这种方法主要适用于饭店、餐馆的团体用餐、会议用餐和包饭服务等。其工作步骤如下。

1. 统计团队用餐情况

根据饭店宾馆前厅部提供的团体资料或餐馆业务室旅行社预约登记的团队用餐资料，统计未来短时间内的用餐顾客数量、标准、餐次和时间要求，对团体用餐生产任务做出安排。

2. 统计会议用餐情况

根据企业会议资料，统计未来短时间内接待的会议次数，每个会议的名称、人数、用餐标准、花色品种要求和时间安排，对会议用餐生产任务做出安排。

3. 统计预约用餐和包饭的情况

统计预约用餐和包饭的顾客数量与标准，安排花色品种，确定其生产任务量。

4. 组织餐饮产品生产

对上述三种统计资料进行综合整理，按照时间顺序和餐次要求，分类归档，在厨房挂牌公布，形成每天、每餐次的生产任务量。同时确定食品原材料需求量，由厨师长向厨房各级人员分派生产任务，组织餐饮产品生产。

针对统计分析法，现以一家中餐厨房为例进行说明（表8-1）。

表8-1　统计分析法餐饮产品生产任务

厨房：二楼中厨房

_____年_____月_____日　　　　　　　　星期_____

顾客	人数	标准/（元/人）	早餐		午餐		晚餐	
			时间	每桌任务	时间	每桌任务	时间	每桌任务
A团	50	80	7:10	5菜1粥	11:30	8菜1汤	18:00	8菜1汤

续表

顾客	人数	标准/(元/人)	早餐		午餐		晚餐	
			时间	每桌任务	时间	每桌任务	时间	每桌任务
B团	80	100	7:30	6菜1粥	12:00	10菜1汤	18:30	10菜1汤
C团	15	120	7:30	8菜1粥	12:30	12菜1汤	19:00	12菜1汤
预计包饭	40	50	8:00	4菜1粥	12:30	8菜1汤	18:30	8菜1汤

(三)预订统计法

预订统计法根据顾客预订资料,分别统计确定未来短时间内厨房餐饮产品生产的任务量。这种方法主要适用于宴会厨房。宴会销售都是事先预订的,餐饮部门根据顾客预订登记,逐日统计宴会生产任务。举例说明,参见表8-2。

表8-2　宴会生产任务统计表

日期	星期	预订人	人数	标准/(元/人)	餐次	宴会名称
×月×日	一	张三	10	120	午餐	谢师宴
×月×日	二	李四	15	100	午餐	洽谈宴
×月×日	三	王五	20	80	晚餐	接风宴
×月×日	四	赵六	20	80	晚餐	接风宴

(四)喜爱程度法

喜爱程度法是以菜单设计为基础,预测就餐人次和全部产品生产任务量,再根据客人对不同花色品种的喜爱程度确定厨房各种产品的具体生产任务量。这种方法主要适用于零点餐厅,包括各种风味的中餐厅、西餐厅、咖啡厅等。

二、生产任务的调整与安排

厨房生产任务是根据顾客用餐的统计数据,顾客对菜点喜爱程度和就餐顾客预测等来确定的。由于餐饮产品销售影响因素多,随机性和波动性较强,因此,厨房还应每天综合分析各种因素的影响,对生产任务量做出必要的调整和安排,然后组织生产。其调整和安排的方法有以下几种。

(一)确定调整预测值

调整预测值是指在每日生产任务预测值的基础上,根据当地当日的天气或饭店当日有无重大活动等因素,对预测的生产任务量做出适当的增减调整。如某月某日红烧海参的预测份数为18份,因当日正逢元旦,天气很好,根据过去经验将生产份数调整为22份。再如某月某日鱼香肉丝的预测份数为25份,因当日正赶上刮大风,天气很差,根据以往经验,将生产份数下调为20份等。具体各种产品的预测值的调整要根据当天的具体情况而临时确定,其关键则取决于厨房和餐厅主管经理人员的经验和分析判断能力。

(二)掌握厨房成品或半成品结存量

厨房每天生产的餐饮产品不一定当天全部售完,一般会有少量成品或半成品和部分需要分步加工的半成品尚未售出,需要第二天继续加工使用和出售。这部分成品或半成品需要从当日生产任务量中扣除。

(三)安排预防保险量

在厨房产品生产过程中,每日生产任务量的安排不可能正好。为防止顾客突然增加、原材料加工过程中的损耗量估计不足、配菜不够准确等突发情况的出现,还应该安排适当的预防保险量。预防保险量的数量很少,一般为1~3份。具体数量由厨房主管人员大致确定。

(四)调整和安排生产数量

在做好上述三项工作的基础上,厨房就可以安排每天的餐饮产品生产任务量。可以用表格的形式列出预测量和调整数量,参见表8-3。

表8-3 厨房生产任务统计

餐厅_____ 日期_____月_____日
星期_____ 天气_____

产品	预测数量/份	调整数/份	上日结存/份	生产任务/份	盘菜分量/克	备注
宫保鸡丁	47	+5	0	52	500	
蚂蚁上树	58	-2	3	53	500	
红烧肉	41	+3	0	44	400	
葱爆海参	45	+4	2	47	300	

三、原材料需要量的确定方法

厨房食品原材料需要量是以生产任务量为基础的。要确定食品原材料需要量,要根据产品花色品种的生产数量及食品原材料的消耗,分别采用不同的方法。其主要方法有三种。

(一)粗略估计法

粗略估计法主要适用于米面及干制品、部分罐头和蔬菜瓜果等食品原材料需要量的确定。方法是根据每天的接待人次,分析厨房生产任务量,参照前后几天这部分食品原材料的消耗情况,大致估计其需要量。如米面及其干制品,每个客人每天大致需要0.1千克,根据预测接待人次,即可确定其需要量。又如瓜果,根据前后几天的消耗情况和当天的预计顾客数量,也可确定其需要量。由于这部分食品原材料价格不高,加工方式相对简单,当天领用后未用完,还可留作下一天使用。因此,其需要量不需要十分准确,可以采用粗略估计法来确定其每天的需要量。

(二)耗损率确定法

耗损率确定法主要适用于肉类、鱼类、海鲜、部分冷冻食品原材料及进口食品原材料需要量的确定。方法是事先确定食品原材料加工过程中的耗损率,然后根据生产任务量来确定其需要量。因为这部分食品原材料价格较高,加工方式比较复杂,为防止领用过剩或短缺,从而增加成本消耗,需要相对准确地确定其需要量。公式为:

$$Q = \frac{D \cdot A}{1-f} + Q_n \tag{8-1}$$

其中，Q——原材料需要量；
　　　D——单位产品用量；
　　　A——生产任务量；
　　　f——原材料损耗率；
　　　Q_n——预防保险量。

（三）涨发用量等值法

涨发用量等值法主要适用于海参、鱼翅、鲍鱼、香菇、猴头菇等干货原材料需要量的确定。这部分食品原材料大多比较贵重，主要用于生产高档餐饮产品，加工过程中又要经过涨发。为防止领用和加工过程中的丢失、浪费，其需要量更应相对准确。涨发用量等值法是以生产任务量为基础，根据单位产品消耗和原材料涨发率来确定其需要量。公式为：

$$X = \frac{\frac{D \cdot A}{1-f} + Q_n}{1+R} \tag{8-2}$$

其中，X——原材料需要量；
　　　R——原材料涨发率；
　　　D——单位产品用量；
　　　A——生产任务量；
　　　f——原材料耗损率；
　　　Q_n——预防保险量。

第四节　餐饮厨房卫生安全管理

厨房的卫生与安全是厨房管理中的一个重要方面。厨房的卫生是否符合标准，会直接影响餐饮企业的声誉和经济效益。厨房生产的产品如果不符合卫生安全标准，势必会影响食用者的身体健康，严重的还将导致食物中毒或诱发其他疾病。厨房的卫生管理是保证菜点质量、防止污染、预防疫病的重要手段。厨房安全管理的目的是消除不安全因素，消除事故隐患，保障员工的人身安全和企业的财产不受损失。

一、厨房卫生管理

（一）食品卫生控制

食品卫生是酒店餐饮服务质量的重要指标。食品卫生就是要保证食品在原料选择、生产、销售过程中卫生干净、食用安全。一切接触食品的人员和管理者，在食品生产中必须自始至终遵循卫生准则，并承担各自的责任。

厨房在选址时，要考虑下面两个因素。

一是要注意防止周围企业对厨房环境的影响，尽量避开排放"三废"的企业；二是厨房最好不要设在地下室，因为地下室不利于通风、采光、排放烟尘和防潮，食品也极易霉烂变质。不仅如此，在购买厨房设备时要考虑到易清洗，不易积垢，并要始终保持设备的清洁干净。

厨房要有消灭苍蝇、老鼠、蟑螂等有害物的设施。对垃圾和废物的处理必须符合卫生规程：室外的垃圾箱要易于清理；室内的垃圾箱必须加盖，按照要求进行袋装化管理；箱（桶）内外要用热水、清洁剂清洗干净。

1. 厨房粗加工间的卫生控制

（1）各种刀具、砧板、工作台面、抹布、拖把应保持清洁，及时清除解冻水池、洗涤水池中的物料及垃圾，以防堵塞。

（2）购进各类食品原料时，应按不同要求分类加工。对易腐烂变质的原料，应缩短加工时间。不同原料应该分开解冻、分别盛装，再用保鲜膜封存，放入相应的冷库中待用。食品原材料入冷库后，分类摆放在食品架上以便取用。同时，要及时消除冷库地面污物、积水，定时整理食品架，食物不得超期存放。

（3）各类食品机械使用完毕以后，应去除食物残渣，及时清洁、晾干，使其处于最佳使用状态。

2. 厨房配菜间的卫生控制

（1）每日开餐前，彻底清洗冰箱，检查原材料是否变质；清洁刀具、砧板、抹布、配菜盘等用具，做到无污渍、无异味。

（2）注意配料、小料要分别盛装，摆放整齐，配料的水盆要定时换水。需冷藏保鲜的原料应放置在相应的冰箱内。在开启罐头食品时，首先要把罐头表面清洁一下，再用专用的开启工具打开，避免金属碎屑或玻璃碎片掉入罐头内，外包装有破损的食品不能食用。在配菜过程中，随时注意食品原料的新鲜度及卫生状况，认真配菜，严格把关。营业结束以后，要及时清洁各种用具，归位放置，剩余的食品原料按不同的储存要求分别存放。

3. 厨房炉灶区的卫生控制

（1）每日开餐前彻底清洗各类用品，检查调味瓶内的调料是否变质；水解淀粉要经常换水；油钵要每日过滤；新油、老油要分开存放；定期检查酱油、醋、料酒等调理的保质期，以防变质及挥发；精盐、食糖、味精等要注意防潮、防污染；开餐结束后，调味容器均需加盖。

（2）在符合菜肴烹调要求的前提下，食品原料要充分烧透、煮透，防止外熟里生，达不到杀灭细菌的目的。

（3）切配和烹调要实行双盘制。配菜应使用专用的配菜盘、碗，当原料下锅后应当立即撤掉，换用消毒后的盘、碗盛装烹调后的菜肴。

（4）在烹调操作时，试尝口味应使用小碗和汤匙，尝后余汁切忌倒入锅内。用手勺尝味时，手勺须清洁后再用，用后要清洗消毒。

（5）营业结束后，清洁用具归位摆放，清洗汤锅，清理调料。每日用洗涤剂擦拭吸烟罩及灶面，去除油腻及污垢，做到卫生、光洁。清理烤箱、蒸笼内的剩余食品，去除烤箱内的油污，放掉蒸笼内的水。

4. 厨房冷菜间的卫生控制

（1）冷菜间要做到"五专"，即专室、专人、专用具、专消毒、专冷藏。室内要有紫外线消毒设备。防蝇、防尘设备要健全、良好。

（2）定期对冰箱进行清洗、消毒。冰箱把手要用消过毒的小方巾捆好。每天对案板进行

清洗消毒,对刀具进行定时煮沸消毒,对储存柜进行定期消毒。

(3)要坚持双刀、双板、双抹布制度。严格操作规程,做到生、熟食品所用的刀、砧板、盛器、抹布严格分开,不能混用。尤其在制作凉拌菜、冷荤菜时,一定要使用经过消毒处理的专用工具制作,防止交叉污染。各种食品、半成品生熟分开、荤素分开,专柜存放,盖好保鲜膜。每天对出售的冷荤食品进行化验,保证卫生,化验率不低于95%。

(4)冷菜间的员工应穿工作服上岗,进入操作间前要洗手消毒并戴口罩。

(5)营业结束后,要将各种调味汁和食品原料放置在相应的冰箱内储藏,彻底清洗用具,归位放置,工作台保持清洁、光亮、无油迹。一些机械设备如切片机要拆卸清洗,彻底清除食物残渣,以防机械损坏和设备污染。

5.厨房点心间的卫生控制

(1)保证各种原料和馅料的新鲜卫生,定时检查所属冰箱;要保持刀、砧板、面案的清洁,抹布白净;各种花式模具、擀面杖随用随清洁,以防面粉、油脂等残留物腐败而污染食品。

(2)营业结束后,清洗各类用具,归类摆放。蒸笼锅放尽水,取出剩余食物,用洁布擦去油污和水分;切断烤箱电源,取出剩余食物,清洗烤盘,擦干水;清理台面的调料和用具,清洁灶面、吸烟罩;各类馅料、原料按不同储存要求分别放入冰箱储藏。

(二)人员卫生控制

(1)严格遵守《中华人民共和国食品安全法》的规定,做到"四勤":勤洗手、剪指甲;勤洗澡、理发;勤晒衣服、被褥;勤换工作服。养成良好的卫生习惯,工作时要穿戴洁净的工作帽。

(2)在厨房生产中要避免不良行为。例如:工作时用手摸头发、抠鼻子、掏耳朵;把双手插在裤子口袋里;随地吐痰、扔烟头;工作时间内接触钱币等物后不洗手;直接用手随意吃拿食物;把工作围裙当毛巾用,擦手、擦脸;穿拖鞋或无跟、露脚趾的凉鞋上班;穿背心或光着上身工作;用脏抹布擦抹盛菜盘子或碗;对着菜肴大声讲话、咳嗽或打喷嚏;便后不洗手;穿着工作服到处乱跑;用手指蘸菜肴的卤汁尝味等。

(3)厨房工作人员必须通过身体检查,持健康证才能上岗。凡有痢疾、伤寒、病毒性肝炎、活动性肺结核、传染性皮肤病、慢性肝炎等传染疾病者不得从事厨房工作。

(三)其他环节的卫生控制

1.原料采购控制

采购人员必须对所采购的物品负责,保证食品原料处于良好的卫生状态,没有腐败、污染和其他感染。食品来源必须符合有关卫生标准要求,禁止购买和使用不是正式食品加工机构加工的罐头、袋装或密封的食品;禁止采购无商标、无生产厂家、无生产日期的食品。

2.原料验收控制

建立严格的原材料验收制度,指定专人负责验收,当发现有不符合卫生要求的原料时,应拒绝接受,并追究采购人员的责任。

3.原料保管控制

合理储藏,保证原料质量。储藏室的卫生要做到"四勤",即勤打扫、勤检查、勤整理、勤翻晒;"五无",即无虫蝇、无鼠害、无蟑螂、无蜘蛛网和灰尘、无污染;"四分开",即生食与熟食分开,干物品与湿物品分开,成品与半成品分开,食品与用品分开。

4. 厨房生产控制

厨房人员要做到不领用、不加工腐败变质的食品原料,烹调时严格遵守卫生要求,保证菜点质量。

5. 加工区域控制

原料加工场地要与生产和销售场地隔离,杜绝交叉污染;禁止闲杂人员进入厨房。

6. 餐具用品控制

用具、餐具、炊具都必须进行严格的消毒,要求做到"一刮、二洗、三冲、四消毒、五保洁",即刮去残羹剩料;用洗涤剂洗去油污,用清水冲洗;用沸水、蒸汽、电子消毒柜或药物等进行消毒。

二、厨房安全管理

(一)厨房火灾防范

1. 厨房起火的原因

通常情况下,厨房起火有以下几种原因。

(1)厨房员工在使用煤气或液化石油气时,因设备破损、管道铺设不当、忘记关闭阀门等原因造成可燃气体泄漏,遇到明火或高温发生燃烧。

(2)厨师在制作油炸食品时,因油炸食品锅内食物放得太满,以致食油溢出,遇明火后发生燃烧,或厨师操作时,因油锅温度过高,或厨师离开炉灶时间过长而发生燃烧。

(3)因厨房内油渣等处置不妥,聚热后发生燃烧。

(4)因烤箱等使用不当或开关失灵而发生燃烧。

(5)排烟管道油污垢太多太厚,遇明火发生燃烧。

2. 火灾预防措施

(1)对厨房内的易燃气体管道、接头、仪表、阀门必须定期检查。发现有易燃气体跑漏现象,要立刻关闭阀门,及时通风,并严禁使用明火。

(2)使用瓶装液化石油气时,冬天不得使用明火烘烤气罐,以防发生爆炸。在房内的煤气通道及各种灶具附近不准堆放可燃、易燃、易爆物品。应指定专人负责各种灶具及煤气罐的维修与保养。液化石油气罐即使气用完,也不能自行倾倒。

(3)必须制定厨房各种电器设备的使用、操作规程,并严格执行。各种电动设备的安装和使用必须符合防火安全要求,严禁野蛮操作。各种电器绝缘要好,接头要牢,要有严格的保险装置。

(4)要保持炉灶清洁,定期擦洗、保养排油烟罩,保证设备正常运转。油炸、烘烤食物时,油锅及烤箱温度应控制得当,油锅内的油量不得超过最大限度。

(5)正常使用火源的工作人员不得随意离开自己的岗位,不得粗心大意,以防发生意外。下班前,各岗位要有专人负责关闭能源阀门及开关,负责检查火种是否已全部熄灭。厨房必须备有足够的灭火设备,每个厨房员工都应知道灭火器材的摆放位置和使用方法。

(二)安全事故预防

厨房是食品的生产车间,生产所使用的各种刀具、锐器、热源、电动设备等,在操作时如不采取安全防范措施,随时可能造成事故。厨房常见事故有割伤、跌伤、砸伤、扭伤、烧烫伤、触电等。

1. 用具割伤

割伤主要是使用刀具和电动设备不当而造成的,其预防措施如下。

(1)对厨房中所有的电动设备进行承包机制,操作人员必须严守操作规程和安全制度,切实做到"谁用、谁管、谁养",坚持设备"用、管、养"合一的制度。

(2)厨师操作时注意力要集中,方法要正确,不得用刀指手画脚,不得将刀随意放置,更不能边走路边拿着刀。刀具等所有切割用具应当保持锋利,在实际工作中,钝刀更易伤手;不要把刀放在工作台或砧板边缘,以免震动时滑落伤到脚。清洗刀具时,要一件一件地进行,切不可一次性将全部的刀具浸没在放满水的水池中集中清洗。为加强刀具管理,厨房中要设置刀具柜和刀具架,下班后集中存放保管。厨房内如有破碎的玻璃器皿和陶瓷残片,要及时处理,用扫帚等工具清扫,不要用手去捡。

(3)安全使用机械设备。使用绞肉机时必须有专用的填料器推压食品,清洗设备前应先切断电源,清洁锐利的刀片时要格外小心,擦洗时要将抹布折叠一定的厚度再从刀的中间部位向刀口擦拭。

(4)发现工作区域有暴露的金属丝、铁钉之类的东西,要及时敲掉或取下,以免划伤人。

2. 跌伤和砸伤

厨房内地面潮湿、油腻,行走通道狭窄,或者搬运较重货物时,都非常容易造成跌伤和砸伤。其预防措施如下。

(1)工作区域及周围地面要保持清洁、干燥;油、汤、水洒在地上,要立即擦掉,尤其在炉灶操作区。

(2)合理安排生产流程,各个生产线分明,生产作业线、垃圾清除线、餐具洗涤消毒线和菜品传送线互不交叉、互不干扰,以防人员碰撞。清除所有活动线路上的障碍物,在通道、阶梯拐弯处设置明显标志。

(3)厨房地面应略呈龟背状倾斜,以便冲洗。在靠墙处设排水明沟,地面用防滑材料铺设。如发现地砖移动,要立即修理。排水沟隔渣铁栅要将水沟全部覆盖。

(4)厨师的工作鞋要具有防滑性能,不得穿薄底鞋、已磨损的鞋、高跟鞋、拖鞋、凉鞋上班,要系紧鞋带,脚不外露;严禁在厨房内跑跳。

(5)不要把较重的箱子、盒子置于高处,存取高处物品时,应使用专门的梯子。

3. 烧烫伤

烧烫伤主要发生在炉灶部门,其预防措施如下。

(1)在烤、烧、蒸、煮等设备的周围应留出足够空间,以免因空间拥挤、不及避让而烫伤。在拿取温度较高的烤盘、铁锅或其他物品时,手上应垫上一层抹布。撤下的热烫烤盘、铁锅等工具应及时做降温处理,不得随意放置。

在使用油锅或油炸炉时,特别是当油温较高时,不能有水滴进入油锅,否则热油飞溅,易烫伤人。热油冷却时应单独放置并设置一定的标志。使用烤箱、蒸笼等加热设备时,应避免人体过分靠近炉体或灶体。从蒸笼内拿取食物,应先应关闭气阀,再打开笼盖,等蒸汽散掉后再使用抹布拿取,以防被蒸汽灼伤。

(2)在炉灶上操作时,应注意用具的摆放。炒锅、手勺、漏勺、铁筷等用具如果摆放不当,极易被炉灶上的火焰烤烫,造成烫伤。在烹制菜肴时,要正确掌握油温和操作程序,要防止油温过高或者原料投入过多,否则油溢出锅流入炉膛会使火焰加大,极易造成烧烫伤事故。

(3)在端离热油锅或热火锅菜时,要提醒其他员工注意避开,切勿碰撞。设备清洗必须待冷却后再进行。严禁在炉灶间和热源处嬉戏打闹。

4.触电事故

厨房中电器设备多,极易造成触电事故,预防措施如下。

(1)电源装置必须在1.5米以上靠墙壁安装,电器机械和电器设备必须装有安全的接地线。

(2)使用机电设备前,首先检查设备的安全状况,如闸盒、线路接头、绝缘状况等是否良好,有无损伤、脱落或老化现象,使用中发现异常应立即切断电源,请电工检修。

(3)严禁湿手接触电源插座和电源设备。清洁设备时要在切断电源后操作。禁止厨房人员擅自对电路和设备进行拆卸维修,已有隐患的设备要立即送修。

本章小结

(1)餐饮产品生产的组织形式主要取决于厨房的管理方式,就其产品生产的组织形式来看,大致有四种,分别是中餐厨房组织形式、西餐厨房组织形式、大中型饭店厨房组织形式和中心-卫星厨房组织形式。

(2)在餐饮经营方面,厨房餐饮产品的生产既不同于一般生产性工业企业,又不同于简单的食品加工业,又和低档餐馆及大排档有一定区别。总体来说,餐饮产品生产管理具有如下四个特点:生产过程自然属性强、手工操作比重大;生产制作即时性强、产品质量比较脆弱;品种规格差异性大、毛利幅度变化比较大;生产安排随机性强、影响因素比较多。

(3)餐饮产品生产组织管理标准化是指在做好生产任务的确定和安排的基础上,对同种风味、同一品种的菜点要在原料加工、盘菜用量、烹调方法、质量要求等方面采用同一标准来组织生产,以保证产品用料、用量准确,口味、质量均比较好的一种生产管理方式,建立标准化管理方法的工作内容主要包括四个方面,分别是产品配方标准化、原料加工标准化、烹调制作标准化、成品质量标准化。

(4)餐饮产品生产加工过程管理包括原材料粗加工过程管理、原材料细加工过程管理、中餐餐饮产品制作过程管理、西餐餐饮产品制作过程管理。

(5)厨房餐饮产品生产任务的管理包括生产任务的确定方法、生产任务的调整与安排、原材料需要量的确定方法。

(6)餐饮厨房卫生安全管理包括厨房卫生管理和厨房安全管理。厨房卫生管理包括食品卫生控制、人员卫生控制、其他环节的卫生控制;厨房安全管理包括厨房火灾防范和安全事故预防。

思考与练习

1. 餐饮产品生产管理的组织形式有哪些?
2. 餐饮产品生产任务确定的方法有哪些?其适用范围如何?
3. 厨房粗加工和细加工有什么区别?
4. 厨房卫生安全包括哪些内容?如何进行食品卫生的控制?

案例分析

菜单上没有标价的菜品

2018年深秋的某天傍晚,在上海某餐馆餐厅包房内,十位顾客围着桌子兴高采烈地酣饮,桌面已杯盘狼藉。少顷,服务员推门而入:"各位还要什么?"众人纷纷摇头说"不要"。"那么,哪位先生买单?"服务员彬彬有礼地问道。当中有一人掏出钱包准备付账。服务员彬彬有礼地说:"共 2500 元。"其中一人脱口而出:"怎么这么贵?"并拿过菜单详细查看。

【特写】菜谱上,鲑鱼与毛蟹一栏上标着"时价",顾客大惑不解。

服务员说:"今天的鲑鱼是××元一斤,毛蟹是××元一斤。"众人愤愤然。一位顾客说:"真是点菜打闷包,付账吓一跳啊!"

【旁白】隐形的标价,也就是时价,在餐饮业包括部分餐饮企业中很流行。但结账时常令顾客大感意外,有"被宰"的感觉,享受的乐趣顷刻间化为不满。对此,物价部门、餐饮企业老板和消费者有着不同的看法。

【镜头1】某一老板振振有词地说:"海鲜进价一天一变,总不能准备十几种菜谱吧?"

【镜头2】一位顾客说:"我们有些餐饮企业之所以热衷于'时价',显然是因为这种隐形价格能掩盖他们的暴利行为,使'被宰'者哑巴吃黄连,有苦说不出。"

【镜头3】上海某高星级餐饮企业的餐饮总监很自信地说:"我们不用'时价',尽管这种标价很普遍,实际操作也方便,但顾客看了会产生不信任感,价格一天一变的时令海鲜毕竟很少,多数商品在一段时间内的价格上下浮动不大,我们是公布一个比较合理的定价。"

【镜头4】市物价局发言人接受记者采访时说:"国家有关部门针对商业单位规定明码标价,凡标以'时价'标价的时令菜肴,当天应在酒店醒目位置标明实际价格,让消费者一目了然。"

问题:

根据此案例,思考应如何做好菜单的价格管理,让消费者明明白白消费?

第九章

餐饮服务管理

学习导引

优质的餐饮服务是以一流的餐饮管理为基础的。因此,餐饮服务管理是餐饮管理体系的重要组成部分,它是酒店餐饮管理的重要内容。做好餐饮服务管理,才能为顾客提供优质的服务,为酒店创造良好的社会效益和经济效益,提升酒店的品牌知名度和竞争力。

学习重点

通过本章学习,重点掌握以下知识要点:
(1)餐厅服务管理的基本要求;
(2)餐厅服务流程管理的主要环节;
(3)西餐零点服务过程;
(4)宴会的组织与管理;
(5)餐饮服务质量控制方法。

第一节 餐饮服务流程管理

餐饮业是传统服务行业,它利用一定空间,通过有形产品与无形服务相结合向顾客提供综合性的餐饮服务来实现经营利润的系列活动。餐饮经营活动的重要场所是餐厅,这也是消费者餐饮消费的主要场所。

一、餐饮服务特征与基本要求

(一)餐厅及餐饮服务特征

餐厅是通过提供菜品、酒水和服务来满足顾客饮食、精神及心理需要的经营性场所。因

此,餐厅既是餐饮经营者为顾客提供餐饮产品及服务的场所,也是顾客消费餐饮产品的地点,餐饮服务主要体现为对客服务。餐饮对客服务的特征有以下几个方面。

1. 餐饮服务的一次性

餐饮服务的一次性,是指餐饮服务现场操作,即时使用,当场享受,不能被储存以备后用。顾客所接受的服务的感受同样是一次性的,不存在事后弥补的问题。虽然仓库可以储存酒店在数月内所需的食品原料,但厨房却不能在一天内生产出一周营业所需的餐饮产品。同样,餐厅服务员由于闲暇无事而浪费掉的时间,也不可能延迟到第二天再使用。

2. 餐饮服务的差异性

餐饮服务的差异性是指同一家餐厅所提供的服务存在着较大差异,具体表现为同一员工在不同的时间、不同的场合或对于不同的服务对象所提供的同一餐饮产品或服务往往水平不一,质量不同。餐饮服务包含大量的手工劳动,员工的态度、情绪、技能技巧可能因时而异,各有不同,因此,餐饮服务会不可避免地产生质量和水平上的差异。而这种差异在管理上很难进行规范,以保持稳定水平,这也是餐饮服务质量管理难的根源之一。

3. 餐饮服务的无形性与有形性

餐饮服务的无形性主要表现为:餐饮服务只能在顾客购买并享用餐饮产品后,凭借生理和心理上的满足程度来评估其质量的优劣,所能带走的也只是服务产生的效果,即服务对顾客所产生的生理、心理、感官上的作用和影响。

同时,餐饮服务又是有形的,顾客品尝的菜肴、酒水都是有形的产品。这种有形与无形的结合,使得餐饮管理比一般商品管理更复杂。

4. 餐饮服务的直接性

餐饮服务的直接性表现为餐饮产品的生产、销售、消费是同步进行的。餐饮产品生产完成后,几乎是同时供给顾客享用,餐饮服务也同时开展,有形产品与无形服务共同构成餐饮产品,直接提供给消费者,这也造成餐饮管理难度较大,假如菜肴出现问题,还可以重新生产,但服务一旦出现问题只能靠弥补措施来改正,一旦错过最佳弥补时机,顾客对餐饮消费的评价很可能是消极的、负面的,而且这种评价很可能延续到顾客下次的消费选择,甚至影响周边消费者的消费体验。

(二)餐厅服务的基本要求

1. 环境优美舒适

用餐环境本身是餐厅服务的重要内容,是让顾客获得良好的物质享受和精神享受的前提和基础。为此,餐厅要做到环境优美、布置典雅。

1)突出主题

主题是餐厅环境布置的主调和灵魂,它反映餐厅的总体形象,形成餐厅风格,餐厅类型不同、环境布置的主题也不完全一样。

(1)根据餐厅性质确定主题。

餐厅性质是由餐厅所提供的产品类型决定的。中餐厅环境布置的主题必须是中国风格,反映中华民族文化特点。西餐厅环境布置的主题必须是西方风格,反映西方民族文化特点。

(2)根据餐厅饮食风格选择主题。

餐厅性质只能确定环境布置的主题分类,因此,环境布置的主题选择还要在餐厅性质分类的基础上,根据不同餐厅的饮食风味来确定。同是中餐,广东风味的餐厅应突出岭南风格,具有广东地区的地方文化特色;四川风味的餐厅应突出巴蜀风格,具有四川地区的地方文化特色。

(3)根据餐厅具体名称安排主题。

餐厅环境布置要突出主题,还要同餐厅的具体名称结合起来,才能形成本餐厅的独特风格。

(4)用装饰深化主题。

字画、条幅、图案是餐厅环境布置的重要装饰手段,它和色彩、灯光及装饰风格结合,可以形成美好形象,深化主题。

2)装饰和谐

餐厅主题是通过餐厅装饰布置来体现的,装饰要美观,并与餐厅主题相协调,以突出餐厅特点。

(1)装饰方案设计要符合主题要求。

餐厅装饰的主题一经确定,装饰方案设计就要围绕主题来展开。

(2)装饰手法的运用要突出餐厅特点。

装饰手法主要体现在天花板、墙面和地面装修材料的运用和家具造型的选择及陈设运用上。

(3)家具陈设要体现餐厅风格。

餐厅家具及设施的选择要与餐厅性质及风格相协调,陈设布置要进行空间分割和平面处理,要根据餐厅的主题要求来确定,才能形成餐厅的具体风格。

3)装饰格调要高雅

格调是餐厅环境布置的规格和基调。它和餐厅环境布置的主题特点相结合,形成餐厅形象吸引力。

(1)格调高低要和餐厅等级规格相适应。

不同类型、不同档次的餐厅有不同的格调。西餐扒房档次最高,中餐宴会厅和宫廷餐厅规格最高,其格调高雅、豪华。大众餐厅、快餐厅等普通风味餐厅格调要求相对较低。

(2)装饰布置要烘托餐厅气氛。

通过色彩、灯光、服饰、配饰、配件等来突出餐厅气氛。有形的气氛要通过餐厅的位置、外观、景色、装饰、构造、布局来营造;无形的气氛要通过餐厅文化、服务人员的行为规范来体现。

2.餐具清洁规范

餐厅用品齐全、用具清洁规范既是满足顾客消费需求的必要条件,也是餐厅服务的基本要求。

(1)主要餐具用品齐全。

中国人讲究"美食美器",餐厅的杯、碗、盘、勺必须配备齐全,并且要做到美观、实用、统一、协调。

(2)辅助用具配备完善。

餐厅的台布、口布、餐巾等要配备齐全,同餐厅等级规格相适应,台布、餐巾要翻台必换,口布要每次消毒。此外,餐牌、菜单、五味架、开瓶器等服务用品也应齐全、整洁,便于随时为顾客提供服务。

(3)餐饮用品每次消毒。

餐厅各种餐具、茶具和用品是顾客共同使用的,为保证清洁卫生,防止疾病传染,必须按规定每用一次,消毒一次,保证餐具用品的清洁卫生。

3. 菜品鲜美可口

餐厅顾客前来用餐,其物质享受主要体现在饭菜质量上,菜品可口、味道鲜美且富特色是餐饮服务的关键。

(1)餐厅与厨房密切配合以确保饭菜色香味形俱佳。

菜品质量主要取决于厨房生产质量和餐厅与厨房的配合。餐厅服务员在菜品销售过程中,要掌握顾客对质量、花色品种与时间的要求,及时将顾客的消费要求准确传达到厨房。厨房生产人员要严格遵守操作程序,采用标准化生产,按照产品风味和点菜单的内容及顺序组织烹调制作,每个品种都要严格遵循投料、用料标准,掌握好火候,确保菜品色香味形皆佳。

(2)产品品种齐全以满足顾客不同需求。

餐厅顾客的消费需求是多种多样的。为此,餐饮产品销售必须做到种类适当、品种齐全,以满足顾客的多种消费需求。随着市场需求和季节变化,花色品种还应适时调整,不断推出特色菜、时令菜,以满足各种类型的顾客多层次、多方面的消费需求。

(3)产品价格合理实现菜品档次多样化。

餐厅顾客的消费水平和支付能力是各不相同的,为满足顾客多层次的消费需求,餐厅各种餐饮产品的价格要合理,菜品档次要多样化,热菜、冷荤、汤类、生猛海鲜类、主食类、酒水要齐全,价格要形成不同的档次。对于较高档次的餐厅来说。高档菜品数量应保持在25%~30%,中档菜品数量保持在40%~45%,低档菜品数量保持在20%~25%,以满足不同类型顾客的点菜需要。

4. 操作规范标准

服务主动、尊重顾客、操作规范是餐厅服务水平的重要体现,也是餐厅服务技能的基本要求。

(1)主动服务。

主动服务是服务态度的本质表现,是对服务工作的主观认识。主动表现为主动迎接,主动问好,主动引座,主动推销餐饮产品,主动介绍产品风味、主动征求顾客意见。

(2)尊重顾客。

尊重顾客是餐厅服务质量的基本要求,服务过程中要尊重顾客的风俗习惯和饮食爱好,正确运用问候礼节、称呼礼节、应答礼节和操作礼节。同时讲求语言艺术,要做到态度和蔼、语言亲切,讲求语法语气,注意语音语调,避免与顾客争论。尊重顾客需求,给顾客以舒适感、亲切感。

(3)操作规范。

餐厅餐饮产品销售是按一定服务程序来完成的。餐厅种类不同,销售方式也不同,服务程序的具体内容也不完全一样。餐饮服务工作要做好现场管理,加强督导检查,向顾客提供规范化、系列化和程序化的服务。

(4)体现餐厅服务文化。

服务人员的仪容仪表既体现餐厅形象又体现餐厅服务的行为规范,同时也是餐厅经营文化的具体体现。服饰统一、着装规范、行为得体、操作专业是餐饮服务的基本要求。餐厅服务的要求是多方面的,上述要求最终都要通过顾客的用餐感受来体现,它集中表现为顾客的满意程度。

二、餐厅服务流程管理的主要环节

餐厅服务具有很强的顺序性,每个环节的衔接都很重要,抓住主要环节,并做好衔接是提高餐厅服务效率的重要途径。

(一)餐前准备

餐前准备是餐厅服务管理的前提和基础,包括管理人员和服务人员的心理准备及业务准备。

1. 了解客源,组织安排

1)掌握团体、会议和预订客情

要掌握每个餐次用餐顾客的人数、标准、国籍、生活习惯和宗教信仰以及开餐时间和任务量。因宗教信仰和生活习惯不同,而有特殊要求的顾客,要提前做好安排,提供特殊服务。

2)掌握零点餐厅客情

要预测客源变化,预测就餐人数和顾客对不同餐饮产品的喜爱程度,以便开餐过程中有针对性地做好客源组织,扩大产品销售。做好人员组织工作。在预测就餐人次的基础上,提前安排好服务人员的班次,确定每个班次的人数,明确每个区域的责任,同时,要落实迎宾领位、铺台服务、清扫卫生、开单点菜、跑菜和酒水服务等具体工作任务。做好业务准备。服务人员要熟悉菜单的内容,正式开餐前,对重点推销菜、时令菜、特色菜,要熟悉产品名称、主要原料、制作方法、产品价格和风味特点,以便有针对性地向顾客推销,扩大产品销售。

2. 餐厅布局,整理环境

1)餐桌椅摆放

餐桌椅摆放要美观舒适,一般餐厅靠门边和四周摆两人台和四人台,中间摆八至十人台,咖啡厅摆四人台或六人台。餐厅进门处摆花坛或屏风,四角或适当位置摆盆栽或盆景。桌面摆放要整齐、美观、疏密得当,便于顾客进出,形成美好的桌面构图形象,给顾客以舒适感。

2)餐厅清洁卫生

要做到每餐清扫,桌椅擦拭干净,墙面、地面保持清洁,门窗和玻璃每餐擦拭,天花板、墙角、高处玻璃、灯饰要定期清洁,餐茶用品每餐消毒、清除油腻,台布、口布每餐换新,香巾每次消毒。整个餐厅卫生要和桌面布局结合,形成优良的就餐环境,才能更好地接待顾客。

3. 准备用品,保证服务

1) 餐茶用品的准备

正式开餐前,要组织服务人员准备好各种餐具、茶具、酒具和服务用品,做到各种餐茶用品数量适当、摆放整齐、清洁卫生、取用方便。跑菜、送菜所用的小推车、托盘和餐茶酒具都要经过严格的检查,以保证正式开餐后的需要。

2) 服务人员的用品准备

正式开餐前,服务人员要准备围裙、菜单、开瓶器、火柴或打火机,并检查桌号牌、牙签、烟缸等的位置摆放是否适当。同时,还要注意个人卫生,整理着装、仪表,女服务员要化淡妆,以最佳的形象投入到服务工作中。

3) 餐厅准备效果的检查

上述各项准备工作完成后,管理人员要逐一做好检查。如菜单是否正确,桌面布局是否美观舒适,清洁卫生是否达到标准,各餐室和服务人员的各种餐茶用品和服务用品是否准备恰当,服务人员的着装、仪表和个人卫生是否符合要求等。

4. 铺台服务管理

餐厅铺台种类主要有中餐铺台、西餐铺台、自助餐铺台,以及冷餐会和鸡尾酒会铺台等。铺台方法一般按照铺台布、放转盘(中餐)、摆餐具和口布叠花、拉座椅、摆花草、查台面等工作步骤进行。其重点要抓住两个环节:

第一,明确餐厅类型和销售方式,掌握铺台标准和要求。

餐厅类型和销售方式不同,铺台服务的标准和具体要求也不同。如中餐铺台和西餐铺台的台型、餐具、铺台的具体方法和标准都不完全相同;自助餐铺台和冷餐会、鸡尾酒会铺台的铺台方法和要求也有较大区别。为此,管理人员在组织服务时,要根据餐厅产品销售类型和服务档次规格,组织服务人员按照其标准和要求做好铺台服务。

第二,准备台面和用品,组织服务人员做好铺台服务。

正式铺台前,要准备好台面,设计好台型,同时做好台布、口布、餐茶用品、必要设备和接手桌及其用品等各方面的准备工作。为此,餐厅经理要先提出方案,然后按照铺台程序指挥服务人员做好铺台服务工作,其具体程序如下:

(1) 铺台布。

根据台面要求选择不同的台布,将折线居中,凸面朝上,四角下垂4~5厘米。

(2) 放转盘。

方台、西餐长台不放,8~10人的圆台放转盘。转盘位置居中,四周间距相等。

(3) 摆餐具。

根据中餐、西餐、冷餐会、鸡尾酒会铺台的具体标准和要求摆放。各种餐具的具体位置和要求不同,又以宴会铺台规格为最高。此外,自助餐、冷餐会、鸡尾酒会在摆餐具的同时还要摆菜台和酒台。

(4) 口布折花。

口布折花有植物造型、动物造型和实物造型三大类,其花型有几百种。主要运用整、叠、推、卷、翻、穿、提、拉等手法,将口布叠成一定花型,插在杯中或放在盘中或桌面上,使台面美观、舒适。具体采用什么花型,要根据餐厅铺台规格和产品销售方式确定。

(5)摆花草。

一般餐厅摆放花瓶,点缀环境;重要的宴会餐厅摆放花坛或花环,以突出宴会规格。

(6)摆座椅。

桌面铺台完成后,将座椅摆放在台面四周,做到对称统一,整齐美观,由此完成餐厅铺台服务工作。

5. 检查铺台质量,保证铺台效果

做好铺台服务的组织工作,管理人员的工作重点是指挥服务人员铺台,检查铺台效果,保证铺台质量。由于餐厅铺台分为中餐、西餐、自助餐、冷餐会、鸡尾酒会等多种铺台,其质量标准不完全相同。因此,管理人员要按照不同的标准来检查,保证铺台效果。

(二)餐中服务

餐中服务包含从迎宾到送宾之间的所有服务,是餐饮服务管理的重点,也是餐饮服务与顾客消费的直接接触过程,更是餐饮服务与管理质量的体现过程。

1. 迎宾领位管理

迎宾领位是餐厅餐饮产品正式销售的开始。迎宾是指迎宾员在餐厅门口迎接顾客,领位是迎宾过程的延续,即迎宾员将顾客带到合适的位置就座。

1)选好迎宾领位员,明确工作职责

餐厅要挑选素质较高的服务员负责迎宾领位工作,明确其工作任务。迎宾领位员的基本素质要求是:服务态度端正,有强烈的服务意识,外形条件较好,同时注重仪容仪表和形体语言,有良好的礼貌修养,能耐心周到地为顾客提供优质服务,还要具有一定的英语口语表达能力。

领位员的主要工作职责是开餐前同服务人员一起做好餐前准备,搞好铺台服务和清洁卫生,正式开餐后,在餐厅门口迎送顾客,调度客流,提供迎宾领位服务。

2)检查着装仪表,准备迎接顾客

正式开餐前,管理人员应检查迎宾领位员的着装仪表,做到着装整洁、仪表端庄、精神饱满。同时,要强调个人卫生,不吃有异味的食品,并提前5分钟到达工作岗位,准备热情大方地迎接顾客。

3)主动迎送顾客,提供优质服务

正式开餐后,迎宾领位员要主动热情地迎送顾客,协助餐厅经理做好顾客调度和协调。其基本的服务方法有以下几点。

(1)主动迎接。

顾客来到餐厅门口,要主动迎接问好、了解人数和有无订座、订餐,接挂衣帽和手提包。迎接顾客时,要注意按照先主宾后随员、先女宾后男宾的顺序迎接顾客。宴会厅、西餐扒房等高档餐厅的VIP要先引到休息室,请服务人员提供茶水或餐前鸡尾酒服务。

(2)引客入座。

引客入座时要注意餐厅不同区域的忙闲程度,根据餐厅餐位利用情况,合理调度客流,协调餐厅服务员工作,加快餐位周转。同时要根据顾客消费心理引导顾客,其一般规律是:商务散客多喜边角餐位,谈生意的顾客多喜靠窗餐位,团体聚餐顾客多喜居中餐位,恋爱情

侣顾客多喜安静的餐位,带小孩的顾客应安排在靠边角餐位。将顾客引导到餐位后,主动拉椅让座,并介绍给桌面服务员。

2. 用餐服务管理

顾客用餐是餐饮产品服务管理的中心环节。如有儿童,服务员应主动送上儿童餐椅。顾客入座后,要热情迎接顾客并递送菜单,要注意先递给年长者或女士,并用敬语,同时协助顾客挂好衣物。

服务员为顾客递送热毛巾时,应有礼貌地从顾客右侧递送协助顾客打开餐巾,请顾客铺好。服务员应征询顾客需要什么饮品并主动介绍。为顾客打开餐巾,铺在膝盖上或压在骨碟下,从筷子套中取出筷子。

斟茶时,应在顾客右边进行,并用敬语"请用茶",从主宾位顺时针进行。迟来的顾客应补上热毛巾和热茶,视顾客人数,将餐台撤位或加位。

3. 点菜服务工作要点

当顾客示意点菜,服务员应立即介绍菜肴,点菜时服务员应站在顾客右边或方便的地方,微笑,身体稍向前倾,认真记录。当顾客点了相同类型的菜品,服务员应主动提示。根据顾客人数,主动建议菜肴的数量,向顾客重复并确认记录的内容。

点菜完毕后,向顾客介绍酒水。写菜单时,字迹要清楚,应注明日期、台号、人数、重量等。酒品、冷菜、热菜和面点要分别写在菜单上。当顾客请服务员代为点菜时,服务员应慎重考虑,细心观察,根据顾客的饮食习惯、具体人数、消费需求等,做出恰当的安排,经顾客同意后才能确定菜单。

4. 酒水服务工作要点

按顾客的酒水单到吧台取酒水。取任何酒水均应使用托盘,需冷藏的酒水可用冰桶。根据酒水种类,在餐台摆上相应的酒杯和饮料杯,瓶装和罐装饮料必须在工作台上打开盖子,不要对着顾客打开罐装饮料。冷藏或加热的饮料应用口布包住酒瓶,然后再倒。如顾客点了红葡萄酒或白葡萄酒,应在顾客面前打开瓶盖,用口布擦干净瓶口,白葡萄酒需要冷藏,红葡萄酒不需冷藏,需放在酒架或酒篮里服务。斟倒时,先倒少量给主人品尝,经主人认可后,再为其他顾客斟倒酒水。

5. 上菜服务工作要点

通常,第一道菜应在点菜后15分钟内服务到桌,如果顾客需要快速上菜,应立刻与厨房联络,使菜肴尽快上桌。当传菜员将菜肴送到服务桌时,服务员应快步迎上,将菜品服务上桌。

上菜的顺序是冷菜、汤羹、主菜,而甜点和水果或根据各地饮食习惯上菜,每上一道菜,应在点菜单上划掉这道菜,防止错上。注意顾客餐桌菜肴是否已经上齐,及时查看菜单,检查上菜是否有错漏。服务员上最后一道菜肴时要主动告诉顾客:"您的菜已齐。"

6. 巡台服务工作要点

巡台服务是指巡视顾客的餐台,及时发现顾客需要的服务并立即完成。

良好的巡台服务体现效率,当烟灰缸内有两个烟头或有纸团和杂物时,服务员应立即撤换烟灰缸。应随时为顾客添加酒水,随时撤去空盘和空酒瓶,及时整理餐桌。服务员撤换餐具时,应在顾客右边,按顺时针方向进行。撤骨碟时,服务员应征求顾客的意见。

7. 结账服务工作要点

根据顾客用餐情况,及时通知收款员结账,检验菜单、餐桌号、人数、所点菜品种、数量与账单是否相符,将账单放入账单夹内,当顾客提出结账时,及时呈上账单。当顾客签单时,应核对顾客的姓名。如果顾客用现金或信用卡结账,服务员应协助顾客。当服务员取回零钱及账单,应清点后再交给顾客,并向顾客道谢。

8. 迎送宾客要点

用餐完毕,迎宾领位员要主动热情地送别顾客,并询问客人的用餐感受和对餐厅服务的建议,并表示感谢。将顾客送到门口,递还衣帽、手提包,欢迎顾客再次光临,主动向顾客告别。

(三)餐后服务工作要点

顾客用餐后,服务员清理餐桌时,如发现顾客遗留物品,应立即交予顾客或通知餐厅管理人员;撤掉所有用过的餐具,铺上干净台布,摆台,迎接下一批顾客。从备餐间取出清洁好的餐具、托盘、餐车,清点后分类入柜,如有损耗应做好记录。

餐后服务还包含客史档案的记录与更新,特别是按照餐厅规定归为特殊宾客和贵宾的顾客,相关人员更应该及时记录客史档案,或者更新客史档案内容。

  服务五字诀

三、西餐零点服务过程管理

(一)西餐服务过程的主要环节

1. 餐前准备

餐前准备包括餐厅清洁,吸尘,清洁餐桌、餐椅、服务桌和吧台,准备好餐具和用具,准备好调料,召开餐前会,检查个人仪表仪容等。

2. 餐中服务

(1)迎宾服务。

当顾客进入咖啡厅或扒房时,首先见到的是迎宾员的微笑,同时听到真诚、亲切的问候。微笑与问候使顾客心情轻松,给顾客带来亲切感和愉悦感。

(2)点菜服务。

为顾客点菜是服务员推销菜肴和酒水的最好时刻,顾客点菜后,服务员应复述,在确认没有错误后,记录在菜单上或输入计算机。

(3)上菜服务。

西餐服务讲究礼节礼貌,讲究上菜顺序,先上开胃菜,再上主菜,最后上甜点。热菜必须是热的(80℃以上),并且餐盘要求是热的,冷菜必须是凉的。在咖啡厅,酒水服务由餐厅服务员负责;在扒房,酒水服务由专职酒水服务员负责。

(4)巡台服务。

顾客每用完一道菜肴,服务员应及时收拾餐具,及时添加酒水。顾客用餐时,餐厅经理应向顾客问好,并征求顾客对菜肴和服务的意见。

(5)结账服务。

完美的西餐服务,不仅要有良好的开端,还要有完美的结账服务。当顾客结束用餐时,服务员应认真、迅速、准确地为顾客结账。

(6)送客服务。

顾客离开餐厅时,服务员应帮助顾客拉开椅子,感谢并欢送顾客。

3.餐后服务

西餐服务与中餐服务一样,也需要进行客史档案的录入与更新,当然也包含顾客用餐后的遗留问题处理,例如用餐体验回访,遗留物品的记录、存放与归还,为顾客的下一次消费做好准备。

(二)西餐服务的主要方式

1.美式服务(盘式服务)

以美式服务为例,西餐服务的主要程序:迎宾—引座—上鸡尾酒、餐前小吃—递送菜单—接受点菜—递送酒单—接受点酒—上菜—上开胃菜—上开胃汤—上色拉—上主菜—上副菜—上水果、甜点—上餐后饮料—结账—送客。

美式服务也称为盘式服务,是美国很多餐馆的服务特色,其食物都是在厨房内装好盘,然后放在顾客的面前。服务员在操作中所遵循的一般规则:菜从顾客左边,用左手端送左面;酒类、饮料从顾客右边斟倒;脏盘子从右边撤走。这种服务是快速和廉价的,它不太拘泥形式,在餐饮服务中是较为流行的一种方式。

美式服务的主要优点:美式服务是快速和廉价的服务方式。一个服务员可以同时为多个餐台服务,尤其适用于西餐咖啡厅的服务;对服务的技术要求相对较低,非专业的服务员经过短期的培训就能胜任,因而在人工成本上是比较节省的。

美式服务的主要缺点:这种快速服务不太适合有闲阶层的消费者,顾客得到的个人服务较少,餐厅常常显得忙碌而欠宁静。因此,美式服务适合于低档的西餐厅,而不适合于高档西餐厅。

2.法式服务(餐车服务)

法式服务是所有餐厅服务方式中最烦琐、人工成本最高的一种,其主要特点是餐厅的每个服务台都需要一名服务员和一名助手。法式服务的另一大特点是每道菜的最后加工,或简或繁,都必须在顾客餐桌边完成,而通常是在一架小扒车上进行加工,因此也有人称法式服务为车式服务。

由于这种服务方式有着明显的缺点，而且一般商业性餐厅都不易做到，因而没有流传下来。现在的法式服务是法国饭店企业家里茨创造的，因而也称里茨式服务。法式服务中，除面包、黄油及色拉外，其他所有菜肴要求服务员一律以右手从顾客的右边送上。

法式服务的主要优点：这是一种可以使客人得到高度关注、让顾客感到自己是贵宾的服务；给予顾客的个人照顾较多。

法式服务的主要缺点：投资大，费用高；培训费用和人工成本较高；空间利用率较低；座位周转率低。

3. 英式服务（家庭式服务）

英式服务所采用的服务方法：服务员从厨房拿出已盛好菜品的大盘和加热过的空餐盘，放在坐在宴席首席的男主人面前，必要时由男主人亲自动手切开肉菜，并把肉菜配上蔬菜分夹到空的一个个餐盘里，并由男主人将分好的菜盘送给站在他左边的服务员，再由服务员分送给女主人、主宾和其他顾客。英式服务的特点是讲究气氛，节省人工，但服务节奏较慢，在大众化的餐厅里已不太适用。

4. 俄式服务（餐盘服务）

俄式服务是世界上较好的饭店和旅馆中比较受欢迎的餐厅服务形式之一，已经成为目前世界上所有高级餐厅中较流行的服务方式，俄式服务也被称为国际式服务。俄式服务在许多方面和法式相似，它十分讲究礼节，风格雅致，顾客能获得周到的服务，但服务方式则与法式有所不同：一是俄式服务只需一名男服务员提供上菜服务；二是全部菜都是在厨房中完全准备好，并预先切好，由厨师整整齐齐地放在银质大浅盘中，由服务员把盘端到餐厅，再从盘中送给顾客。

（三）西餐服务的一般规则

1. 上菜服务规则

美式服务要求服务员用左手从顾客左边上菜肴；法式服务要求服务员用右手从顾客右边上菜肴食品；俄式服务要求服务员用右手从顾客左边派菜。

2. 酒水服务规则

所有饮料、酒类都从顾客右边上，用右手倒。

3. 下撤规则

所有餐具都从顾客右边用右手撤下，但黄油盘、面包盘则可从顾客左边撤下。

4. 服务对象顺序规则

优先服务女顾客和老幼顾客，体现文明礼仪、优良传统。

5. 菜式服务顺序规则

所有菜式都必须依照进餐程序为顾客送上，不可颠倒次序，除非顾客言明要求。通常的上菜顺序：开胃菜—开胃汤—色拉—主菜—水果、奶酪—甜点—餐后饮料。

6. 就餐程序规则

西餐的一般进餐程序：鸡尾酒或餐前小吃—开胃菜—开胃汤—色拉—主菜—副菜—水果、乳酪—餐后甜点—餐后饮料。

第二节　宴会服务管理

一、宴会概述

（一）宴会的概念

宴会，简单来说就是指以餐饮为中心的餐会，其特色为通过宴席使许多人共聚一堂，采用同一款菜单，饮用酒水饮料。然而，目前使用宴会厅所举办的活动并非仅局限于餐会，其他如下所述14类式样的活动都是宴会厅服务的对象，由此可知宴会形式非常多样化。

(1)喜宴、订婚宴。

(2)满月、寿宴。

(3)团拜会。

(4)同学会、谢师宴、毕业餐会。

(5)记者招待会。

(6)大会（如直销、保险业的会员大会、会议、座谈会、说明会、培训会等）。

(7)新产品发布会。

(8)服装表演。

(9)鸡尾酒会（如开幕酒会、周年庆酒会等）。

(10)展示会（如钟表珠宝展示会、各种拍卖会、留学教育展、婚纱展示会等）。

(11)歌友会。

(12)官方宴会。

(13)庆功宴。

(14)其他宴会（如选美大赛、围棋赛等）。

（二）宴会的类型

1.中餐宴会和西餐宴会（按菜式）

(1)中餐宴会。

中餐宴会指使用中国餐具，食用中国菜肴，采用中式服务的宴会。此种宴会具有浓厚的民族特色，体现欢乐祥和的气氛，多用于国内宴请活动或一些喜庆事件。

(2)西餐宴会。

西餐宴会是一种按西方礼仪举办的一种宴会形式，其特点是使用各种西餐餐具，吃西式菜肴，并按西式进餐礼仪进行服务的宴会形式。西餐宴会根据菜肴与服务方式不同，又可分为多种不同类型的宴会形式，如冷餐会、鸡尾酒会等。

2.正式宴会和便宴（按目的和规格）

(1)正式宴会。

正式宴会一般指与相关的正式活动结合而举行的十分讲究礼节程序且气氛隆重的大型宴会。高层正式宴会一般挂国旗、奏国歌并安排乐队奏席间乐等。宾主按身份排位就座，并按活动要求安排相关流程,如致辞等。正式宴会格调高雅、庄重,来宾的行为举止和服装也要求适宜正式场合的气氛。另外,正式宴会对餐具、酒水、菜品、陈设,以及服务员的装束和礼仪都有相应要求。

(2)便宴。

便宴一般指非正式宴会,此类宴会形式简单,不拘规格,可以不排座次,不做正式致辞,菜肴的要求也相对灵活。便宴的气氛较随和、亲切、轻松、自由,适宜于日常友好交往。便宴的礼仪要求也比较简单,没有特定的主题和重要的背景,只要参宴者心情愉悦即可。

3. 风味宴会、冷餐酒会、鸡尾酒会

1)风味宴会

风味宴会就是将一系列具有某地特色的菜肴用宴会的形式加以汇集,成为宴会的特色。

2)冷餐酒会

冷餐酒会,常用于庆祝各种节日,作为欢迎仪式或用于各种开幕及闭幕典礼、文艺表演、体育比赛、国际大型学术研讨会、国内大型学术研讨会等。冷餐酒会作为一种酒会和一般的宴会区别有以下四个方面。

(1)举办地点比较随意。

既可在室内,也可在院子里,甚至花园里都可以举行。

(2)举办的形式灵活。

这种宴会形式的特点是不排座次,不设主宾席,也没有固定的座位,参加宴会者可随意走动。

(3)菜点形式自由。

餐厅提供的菜点一般事先都摆在餐台上,供宾客随意取用。

(4)规格与规模。

根据主客双方的身份,举办冷餐酒会的规格可高可低;根据参加人数的多少,规模有大有小。

3)鸡尾酒会

鸡尾酒会盛行于欧美地区,一般用于正式宴会之前或单独举行,主要特点如下。

(1)以酒水为主,配备小吃,如三明治、小串烧、炸薯片等。

(2)作为举办大型中西式宴会、婚寿庆功宴会等的前奏,亦可举办记者招待会、新闻发布会、签字仪式等活动。

(3)这种形式的宴会较为活泼,客人不拘于座位限制,可以随意走动,广泛接触和交谈。

4. 专题宴会

专题宴会是为了某种专题活动而举办的,这类宴会往往有着明确的目的和意义,整个宴会都围绕这个专题进行。这类宴会通常称作专题宴会。根据主题的不同,主要划分为以下几种。

(1)国宴。

(2)婚宴。

(3)生日宴。

(4)迎宾宴。

(5)纪念宴会。
(6)商务宴会。
(7)庆典宴会。

(三)宴会的特点

1.组织特点

由于宴会是有组织进行的,所以宴会的用餐人数、时间、规格和标准都是可以预计的,这种相对固定的特点为餐饮企业的菜单设计、原料备制、人员安排、会场布置等提供了方便条件。

2.功能特点

宴会具有社交性、规格化和聚餐式三个显著特点,具体表现为以下几方面。

(1)宴会是一种重要的交际形式。

无论政府、企业还是个人,都可以利用宴会来表达欢迎、答谢、庆贺等目的。人们可以在就餐中进行交流,促进沟通,加深感情。

(2)宴会讲究规格和气氛。

宴会一般要求格调高雅,气氛热烈,规格档次高,对服务工作要求周到细致。宴会的举办涉及设计、布置、灯光、音响、前台、后台等多个部门工作,需要宴会部、管事部、食品采购部、餐厅、厨房、酒水部和电器技术人员的通力合作才能完成。

(3)宴会的聚餐式。

宴会是一种聚餐方式,具体要求要根据顾客的要求来确定。

3.经营特点

宴会区别于餐饮经营的特点表现为以下几方面。

(1)宴会是整体活动的一部分。

宴会常作为举办单位系列活动中的高潮部分,所以宴会往往与开(闭)幕式、各种洽谈会、学术讨论会、谈判或文艺演出等组合成整体活动。宴会的这种特点决定了餐饮企业要根据举办单位的具体要求采取灵活多样的宴会形式。

(2)宴会可有多种档次。

宴会的档次综合体现在饮食原料、服务规格、人员配备、环境布置及餐具配备等方面。
不同档次的宴会要求餐饮企业进行相应的安排,做好环境布置、台型设计、座次安排、设备配置、菜单设计、人员配备等各方面的工作。

(四)宴会在餐饮经营中的重要作用

1.宴会是餐饮企业营业收入的重要来源

因为宴会的毛利率较高,有利于提高餐饮企业的利润率。同时,由于宴会厅和多功能厅的面积占餐饮企业总就餐面积的35%～50%,所以宴会的收入直接影响企业整体的收入水平。

2.通过宴会可以提高烹调水平,培养厨师力量

宴会档次高,花色品种多,可以为厨师创制新产品、发挥烹调技术提供机会,从而提高厨师的技术水平。同时,宴会也为新菜品的推介创造了机会。

3.提高管理人员的组织指挥能力和服务员的服务应变能力

宴会要求较高,涉及面广,管理复杂,特别是大中型高档宴会,需要一系列专业组织活动,管理人员可以借此提高组织指挥能力。服务员通过提供高强度、密集的优质服务提高技能和素养,提升餐饮企业和宴会厅的形象,增强企业的市场竞争能力。

二、宴会的组织与管理

（一）宴会预订

宴会销售的起点是从预订开始的,饭店受理预订是宴会组织管理的第一步,预订工作的好坏,对日后的一系列活动都可能造成影响。宴会部需设置专门的预订机构和岗位,做好预订推销人员的甄选,建立和完善预订宴会的整套规章制度,并掌握客源市场动态,采取有竞争实效的措施,搞活宴会的预订。

1.宴会预订方式

宴会预订有以下几种方式。

(1)私人或企业来店洽谈并交纳定金。

(2)电话预订。

(3)信函预订。

(4)委托饭店工作人员代为预订。

(5)政府有关部门的指令性预订。

餐饮部应从客人预订的方便性、简洁性方面考虑,根据实际需要,编制规范的预订程序及规章制度,还要确定预订宴会时可供客人选择的资料,主要包括以下内容。

(1)中西餐宴会、酒会、茶话会等的最低标准费用。

(2)高级宴会人均消费总金额起点费用。

(3)大型宴会消费总金额起点。

(4)各类宴会的菜单和可变换、替补菜单。

(5)各类宴会可供选择的酒单。

(6)饭店对不同费用标准的宴会提供的服务规格。

(7)饭店对不同费用标准宴会可提供的配套服务项目。

(8)中西餐宴会、酒会、茶话会的场地布置、环境装饰和台型布置的实例图。

2.宴会预订单

宴会的预订由宴会销售部经理或预订部经理来承接,有关客户的所有商洽和预订都应登记在预订单上。

预订单上必须包括下列资料。

(1)举行宴会的日期、时间。

(2)计划使用的宴会厅名称。

(3)宴请活动的类型。

(4)大约出席的人数。

(5)公司的名称、地址、电话、联系人及联系方式、要求和注意事项。

预订单的几种格式分别如表 9-1 和表 9-2 所示。

表 9-1　小型宴会、酒会、冷餐会预订单

宴会日期		时间	
联系人姓名		电话	
地址或饭店房号		邮政编码	
人数及桌数		每人台标准	
禁忌			
宴会厅要求			
付款方式		预订金	
处理情况			
预订日期:		预订承办人:	

表 9-2　大、中型宴会预订单

宴会日期			预订人姓名		
预订人地址			预订人电话		
预订单位			宴会厅名称		
宴会名称			宴会类型		
预算人数			桌数		
宴会费用标准			食品人均费用		
			酒水人均费用		
具体要求	宴会菜单			酒水	
	宴会布置	台型			
		主桌型			
		场地			
		设备			
确认签字			结账方式		预收订金
处理					承办人

(资料来源:黄文波,《餐饮管理》)

3. 宴会预订的程序

宴会预订的程序主要包括以下几个方面。

(1)客人提出预订。

(2)饭店受理预订。

(3)客人选择宴会厅、菜单、布置形式。

(4)填写预订单。

(5)确定具体要求。

(6)交纳预订金。

(7)开出宴会预订单。

(二)宴会前的组织与协调工作

宴会涉及的部门很多,尤其是大型的会议型宴会需要的设施比较多,要组织好宴会就需要宴会部经理具有直接协调各部门工作和组织安排宴会的能力和技能。宴会经理被授权直接与宴会有关部门如前台、客房、餐饮部等联系沟通,同时有能力处理紧急事件,其迅速而有效的组织能力是宴会成功的直接保证。宴会期间,宴会部经理需要协调每一个阶段的各种活动,协助客人制定宴会活动程序、菜单选择等工作,并为宴会团体活动提供服务,保持饭店声誉。

宴会经理协调的范围如下。

(1)预订宴会并同销售部门协调。

(2)与宴会团体代表确定详细的活动内容。

(3)同有关部门共同协调,为宴会团体提供常规服务和特殊服务;在各部门之间沟通宴会活动的详细信息,并明确各自的任务。

(4)管理协调后勤服务工作,诸如原料采购、准备、供应及后勤服务设施的安装等。

(5)管理和协调宴会的日常工作。

(6)协调商定菜单、价格、服务方式等具体服务内容。

(7)协调并分派工作,进行服务全过程的预演等。

(8)全面掌握活动进程,控制时间进度,完善服务功能。

(9)宴会开始前按(餐厅)宴会布置清单检查验收准备情况。

检查验收内容包括:

①宴会厅内各项卫生;

②装饰设计,各种设施设备的运转情况;

③座位卡是否已放在指定的地方,摆台是否符合宴会要求;

④餐具摆放数量、方式是否正确;

⑤纪念品、礼品是否齐全;

⑥服务员是否到位,服装是否符合要求;

⑦签到的桌、笔、纸或签到簿是否备齐。

(三)宴会客史档案的管理

宴会客史档案是企业的财富和资源,它可为企业领导决策提供科学依据,为企业开展公共关系、提高企业知名度提供翔实的资料,为宴会组织管理提供丰富经验,还可为新员工上岗提供生动、具体、真实的教材。宴会客史档案是餐饮企业档案室的业务资料,记录内容应具体翔实。

加强宴会客史档案管理,是餐饮企业宴会管理进入现代化的一个明显标志。

1. 认真整理客史档案

宴会客史档案因服务对象不同和宴会规模的差异,包括的内容也有不同。一般宴会客史档案内容较少,仅有订户姓名、宴会日期、人(桌)数、费用和菜单等记录。

承接贵宾宴会的餐饮部门,一般设专人负责餐饮档案资料,进行现代化管理,能为餐饮经营提供国内外最新行业资料。此类宴会客史档案的特点是详细、具体、完整,是宴会整套档案的复印与部门宴会活动记录的总和。

2. 重视收集利用信息

餐饮企业为搞好宴会,需收集利用各种信息,有时仅为开好一份菜单,或安排主桌中宾主的座席,都要去收集并利用信息,满足宴会来宾的要求。

3. 掌握宴会客史的管理方法

宴会客史档案的管理,在国内餐饮企业中还处于起步阶段,要使宴会客史从书面材料转化为促进餐饮销售的工具,还需企业进行人力、财力投资。为此,餐饮部经理应做到以下几方面。

(1)设置餐饮档案管理岗位,配置符合条件的人员管理。

(2)购置必要的档案文件柜等设备,设专门的办公场地。

(3)加强资料的收集、整理。

(4)对档案内容进行检查、分析和归类。

(5)建立保管和查询等管理制度。

(6)建立班组、管理人员、宴会负责人记录管理资料库。

(7)运用先进方法和现代化手段,将文字、图片、录像等资料归类、编号、入档并及时补充新资料。

(8)设电脑终端,及时将档案资料输入电脑,以便进行查询和检索。

知识活页　　近代中国宴会礼仪女性地位的变迁

第三节　餐饮服务质量管理

一、餐饮服务质量的含义与特征

(一)餐饮服务质量的含义

餐饮服务质量是指餐饮企业以其所拥有的设备设施为依托,为顾客提供的服务在使用价值上适合和满足顾客物质和精神需要的程度。餐饮服务质量对顾客来讲,注重的是使用价值满足身心愉悦的程度。

(二)餐饮服务质量的特征

1. 餐饮服务质量构成的综合性

餐饮服务质量构成内容既包括有形的设备设施质量、服务环境质量、实物产品质量,又包括无形的劳务服务质量等多种因素,且每一因素都由许多具体内容构成,贯穿于餐饮服务的全过程。设备设施、实物产品是餐饮服务质量的基础,服务环境、劳务服务是表现形式,而顾客满意程度则是所有服务质量的最终体现。

2. 餐饮服务质量评价的主观性

尽管餐饮服务质量水平基本上是一个客观的存在,但由于餐饮服务质量的评价是由顾客享受服务后根据其在物质上和心理上的满足程度进行的,因而带有很强的个人主观性。顾客的满足程度越高,对服务质量的评价也就越高,反之亦然。

第一,不能无视顾客对餐饮服务质量的评价,否则,将会失去客源,失去生存的基础。

第二,没有理由要求顾客必须对餐饮服务质量做出与客观实际相一致的评价,实际上这是无法办到的,更不应指责顾客对餐饮服务质量的评价存在偏见。

第三,服务人员要在服务过程中细心观察,了解并掌握顾客的物质需要和心理需要,不断完善对客服务工作。

第四,为顾客提供有针对性的个性化服务,并注重服务中的每一个细节,重视每次服务的效果。

第五,用符合顾客需要的服务来提高顾客的满意程度,从而提高并保持餐饮服务质量。

3. 餐饮服务质量呈现的短暂性

餐饮服务质量是由一次又一次的内容不同的具体服务组成的,而每一次具体服务的使用价值却只有短暂的显现时间,即使用价值的一次性。如微笑问好、介绍菜点等具体服务不能储存,一结束,就失去了其使用价值,留下的也只是顾客的感受而非实物。餐饮服务质量的呈现是短暂的,不像实物产品那样可以返工、返修和退换。如要进行服务后的调整,也只能是另一次具体服务。即使顾客对某一服务感到非常满意,评价很高,并不能保证下一次服务也能获得好评。

对餐饮管理者的要求有以下方面。

第一,督促员工做好每一次服务工作。

第二,争取使每一次服务都能让顾客感到非常满意,从而提高餐饮整体服务质量。

4. 餐饮服务质量内容的关联性

顾客对餐饮服务质量的印象是在其进入餐厅直至离开餐厅的全过程中形成的。

在此过程中,顾客得到的是各部门员工提供的一次又一次的具体服务活动,但这些具体的服务活动不是孤立的,它们之间有着密切的关联。在连锁式的服务过程中,只要有一个环节的服务质量有问题,就会破坏顾客对餐饮的整体印象,进而影响整个餐饮服务质量的评价。

对餐饮服务管理者的要求有以下方面。

第一,餐饮各部门、各服务过程、各服务环节之间通力合作,做好充分的服务准备。

第二,确保每项服务优质、高效,确保餐饮服务全过程和全方位的"零缺点"。

5. 餐饮服务质量对员工素质的依赖性

餐饮服务质量是在有形产品的基础上通过员工的劳务服务创造并表现出来的,这种创造和表现能满足顾客需要的程度取决于服务人员素质的高低和管理者管理水平的高低。餐饮服务质量的优劣在很大程度上取决于员工的具体表现,而这种表现又很容易受到员工个人素质和情绪的影响,具有很大的不稳定性。

因此,要从以下几个方面提升餐饮服务员工的水平:

(1)应合理配备、培训、激励员工,努力提高员工的综合素质。

(2)发挥员工的服务主动性、积极性和创造性,同时提高管理人员的管理能力,从而获得满意的员工。

6. 餐饮质量的情感性

餐饮服务质量还取决于顾客与餐饮服务人员的关系。关系融洽,顾客就比较容易体谅餐饮服务人员的难处和过错,而关系不和谐,则很容易致使顾客小题大做或借题发挥。餐饮服务人员与顾客间关系的融洽程度直接影响着顾客对餐饮服务质量的评价,这就是餐饮服务质量的情感性特点。

对餐饮管理者的要求有以下几个方面。

(1)积极地采取妥当的措施,将出现的服务质量问题对顾客造成的影响降到最低,避免矛盾的扩大。

(2)通过真诚服务赢得顾客,在日常工作中与顾客建立起良好、和谐的关系,使顾客最终能够谅解餐饮服务中的一些无意的失误。

二、餐饮服务质量影响因素

(一)管理人员的素质与能力

管理人员的素质与能力是餐饮服务质量的关键影响因素。管理人员负有监督和执行各种管理制度的责任,一旦监督、执行不力,将会使餐饮管理制度和规范失去效力,同时扰乱管理秩序,导致餐饮管理各个层面都出现问题。因此,餐饮管理人员的管理水平和业务素质是餐饮服务质量提升的基础和关键。

(二)服务规范与标准

餐饮服务质量管理的相应制度都是由管理人员参照同类型、同档次酒店服务规范制定的。因此,除管理人员的素质和能力外,规范和制度就成为餐饮服务质量的重要影响因素。服务规范和标准是餐饮服务质量操作与执行的依据,依据不合理或者不科学,将直接影响餐饮服务的质量。

(三)餐饮产品质量

餐饮服务质量虽然不包含餐饮产品质量,但餐饮产品质量不好会导致顾客对服务人员产生不满等不满和投诉,进而影响顾客用餐体验,最终影响餐饮服务质量的提升。

(四)设施设备

餐厅设施设备是否正常运行关系着菜品是否能够正常出品、顾客用餐环境是否舒适,因此,设施设备也是影响餐饮服务质量的重要因素之一。

(五)用餐环境

用餐环境是否干净、整洁,是顾客用餐体验的重要影响因素,更是餐厅管理水平、设施设备正常运转的重要体现。因此,优雅、整洁的用餐环境是餐饮服务质量的重要内容。

三、餐饮服务质量控制基础与方法

(一)服务质量控制基础

1. 构建高素质管理人员结构

餐饮服务管理人员的素质和业务水平是服务质量控制的基础,是关系到后续管理是否能够切实、认真执行的关键,一旦管理人员出现问题,刚开始可能是隐形的,等到问题显现,严重后果很难在短期内修复。因此,构建高素质管理人员结构是餐饮服务质量控制的重要基础。

2. 建立科学、规范的服务规程

制度与服务规范的建立是一切管理工作的首要任务,因为制度和规范是管理的依据,是整个管理体系的框架。建立科学、规范的服务程序是餐饮服务质量管理的重要依据和管理基础。

3. 实施系统培训

当科学合理的管理体系建立,适合餐饮企业运行实际的服务规范也构建完成,接下来就需要将管理体系和规范植入餐饮服务管理实践,这需要对餐饮服务管理人员和普通员工进行系统培训,让新的管理体系和服务规范能够顺利实施。

(二)服务质量控制方法

虽然餐饮服务质量控制的基础是高素质的管理人员、科学规范的服务程序以及系统培训,但服务质量控制的具体方法还是围绕着顾客用餐体验完成。因此,餐饮服务质量控制分为预先控制、现场控制与服务质量反馈三个部分。

1. 预先控制

餐饮服务质量控制的预先控制包含人力资源合理调配,物资设备的提前调试和准备,环境卫生和用餐餐具的清洁卫生,以及可预见风险事故的排除以及不可预见事故的防范。

2. 现场控制

餐饮服务质量的现场控制主要有以下几个方面。

(1)管理人员对现场服务程序与服务规范、标准的监督与控制。

(2)服务员上菜规范与菜品质量的监控。

(3)服务过程意外事故处理。

3. 服务质量反馈

餐饮服务质量在顾客结账离店后并没有结束,还需要对服务过程中出现的事件或事故进行深入分析,总结经验教训,反馈客人意见和需求,提升服务质量。

本章小结

（1）餐饮服务具有一次性、差异性、无形性和有形性、直接性的特点。餐厅要提供良好的餐饮服务，就需要做到环境优美舒适、餐具清洁规范、菜肴鲜美可口、操作规范标准。在餐厅服务中，要对餐前准备、餐中服务、餐后服务三个流程中的服务细节做到精益求精。

（2）宴会是餐饮企业营业收入的重要来源，通过宴会可以提高烹调水平，培养厨师力量，提高管理人员的组织指挥能力和服务员的服务应变能力。宴会的组织与管理包括宴会预订、宴会前的组织与协调工作、宴会客史档案的管理。

（3）餐饮服务质量是指餐饮企业以其所拥有的设备设施为依托，为顾客提供的服务在使用价值上适合和满足顾客物质和精神需要的程度。影响餐饮服务质量的因素主要包括管理人员的素质与能力、服务规范与标准、产品质量、设施设备、用餐环境等。

思考与练习

1. 餐厅服务管理的基本要求是什么？
2. 餐厅服务流程管理有哪些主要环节？
3. 怎样进行西餐零点服务？
4. 如何开展宴会的组织与管理？
5. 餐饮服务质量控制方法有哪些？

案例分析

白天鹅优质服务

乘改革开放东风，广州成为涉外经济的桥头堡，而这家由国人设计、国人建造、国人管理，对标国际品质的民族高星级酒店——白天鹅酒店也迎来了无数高光时刻：1985年，它成为国内首个世界一流酒店组织成员，1990年成为国内首批三家五星级酒店之一……

据统计，在营业的几十年里，白天鹅酒店共接待过多个国家的一百多位元首和王室成员，以及多位文化、艺术、体育界的明星。

原为接待广交会外商而建的超大酒店，但事实上，白天鹅酒店四门大开，不管是西装革履的商务精英还是油盐酱醋的市井小民,不论是否为酒店住客,都能进酒店参观、游玩、"叹早茶"。在最初的20多年里,白天鹅酒店不管是服务口碑还是酒店营收,在本土高星级酒店中一直保持着一枝独秀的状态,它见证了中国改革开放的变迁、酒店市场的发展、客源和消费习惯的变化。

据白天鹅集团副总经理介绍,白天鹅酒店点心制作仍然保留着传统粤式手工艺,一个简单的烧卖,都是由拥有30多年经验的老师傅从最基础的精选材料、手工剁碎肉馅开始的,而像玉堂春暖餐厅的"网红"沙琪玛,制作的师傅甚至已经练就根据每天温湿度搭配面粉和糖浆比例的功夫。在总经理看来,高星级酒店的竞争到了最后,顾客都是用服务品质投票,而服务都是人做出来的,一流的服务人才是高星级酒店的品质保证。

白天鹅酒店有超过1000人的服务团队,其中餐饮服务人员就占据了一半,一年下来人工成本占据了酒店成本的大头。尤其是在智能点餐软件已经很成熟的今天,白天鹅酒店依然提供人工点餐服务。"其实完全可以减少员工,一个人服务五桌顾客也行,但是就做不到及时添茶,做不到为每一桌的顾客及时并细致地介绍今天的主食搭配哪些配菜会更适合这个季节,照顾每一个顾客的偏好,这些细致的有温度的服务,人少了不行,机器也做不到。"酒店总经理说。作为第一家全面普及电脑化管理的本土高星级酒店,白天鹅酒店不仅没有引进用户端的智能点餐系统,对自助入住/退房机器的引进也持观望态度。在酒店总经理看来,经济型酒店引进自助入住系统完全没有问题,但对于高星级酒店而言,员工的微笑、问候是酒店的第一门面,"毕竟人是情感动物、社会动物,越高级的酒店越不能忽略人的情感依赖"。

(资料来源:https://www.sohu.com/a/241603605_118838)

问题:

1. 白天鹅餐厅体现了餐厅服务管理的哪些基本要求?
2. 白天鹅餐厅服务流程管理过程中有哪些主要环节?
3. 为什么白天鹅作为第一家全面普及电脑管理的本土高星酒店,却没有引进用户端的智能点餐系统?这体现了餐厅及餐饮的哪个服务特征?

第十章

餐饮成本管理

学习导引

餐饮成本是酒店出售餐饮和服务的支出,即餐饮销售额减去利润的所有支出。作为餐饮管理者了解餐饮成本的构成要素及特征,加强餐饮成本控制与分析,精于餐饮成本的核算,在竞争激烈的餐饮市场才能拥有一席之地。特别是在庞大的成本租金、人工费用等的多重压力之下,开源节流已经成为餐饮业的大趋势。到底怎么样开源节流?成本该怎么控制?做出餐饮经营决策的依据又是什么?一切都要以成本管理的结果为依据的。

学习重点

通过本章学习,重点掌握以下知识要点:
(1)餐饮成本的构成要素与特征;
(2)餐饮成本控制与分析;
(3)餐饮成本的核算。

知识活页

餐饮成本的四大主要变动模块

第一节 餐饮成本的构成、类型与管理特征

一、餐饮成本的构成要素

(一)餐饮成本

餐饮成本是指餐饮部出售餐饮食品、饮料和服务的支出,即餐饮销售额减去利润的所有支出。餐饮成本不仅包括各项成本和费用,还包括由于管理疏漏或观念陈旧而造成的利润损失。餐饮成本构成要素反映了餐饮成本比例,了解这些是按一定比例要求控制餐饮成本支出的前提。按会计科目分类,餐饮成本可分为两大成本,即销售成本和营业成本。

(二)餐饮成本的构成

餐饮成本的构成包括:原材料(食品、材料)、燃料、物料用品、低值易耗品摊销;商品进价和流通费用、工资(基本工资、附加工资、奖金和津贴)、福利、水电费;企业管理费、其他支出费用等。

以上会计科目依据各酒店的资金来源性质、接待对象性质的不同会有所区别。上面各会计科目的项目支出在餐饮成本中所占比例也是不一致的。

(三)主要成本要素

1. 原材料成本

原材料成本是餐饮生产经营活动中食品和饮料产品的销售成本。原材料成本占餐饮成本中的比例最高,占餐饮收入的比重最大,是餐饮部的主要支出。一般情况下,食品原料的成本率高于饮料原料的成本率,普通餐的原料成本率高于宴会的原料成本率,国内餐饮原料的成本率高于国外同业原料的成本率。

2. 人工成本

人工成本是指在餐饮生产经营活动中耗费的活劳动的货币表现形式,它包括工资、福利费、劳保、服装费和员工用餐费用。人工成本率仅低于食品饮料的成本率,因而也是餐饮成本中的重要支出。目前,国内餐饮业中人工成本占营业额的20%左右。

3. 成本要素比例参考

为了更直观地说明原材料成本和人工成本在餐饮总成本中的比重,表10-1列举了酒店消耗的各种成本要素比重。

表10-1 成本要素比例参考表

费用项目	占比/(%)
原材料(食品、材料)	40
燃料	1
物料用品	3
低值易耗品摊销	5

续表

费用项目	占比/(%)
工资(基本工资、附加工资、奖金津贴)	15～30
福利	3.5
水电费	2
企业管理费	1
其他支出费用	5
合计	75.5～90.5

二、餐饮成本的类型

餐饮成本与其他成本一样，可以按多种标准进行分类，分类的目的在于根据不同成本采取不同的控制策略。常用的成本分类方法有以下几种。

(一)按成本变动角度分

从成本变动角度分，餐饮成本可以分为固定成本、变动成本。

1. 固定成本

固定成本，是指在产品量发生变动时并不随着增减变动的成本，即当产品销量有较大变化时，成本开支的绝对额一般相对稳定。在餐饮企业中，员工的工资、设施设备折旧费等均属于固定成本。这些成本即使在餐饮企业没有销量的情况下也会照样发生。

2. 变动成本

变动成本，是指随着产品销量的变动而相应变动的成本，即当产品销量增加时，其绝对额同方向、成比例地增大；反之，随着销量的减少，成本发生额便会同方向、成比例地减少。餐饮中的食品成本、饮料成本、洗涤费用、一次性客用品(如餐巾纸)费用等，均属于变动成本。

(二)按成本可控程度分

按成本可控程度分，餐饮成本可划分为可控成本和不可控成本。

1. 可控成本

可控成本，是指在短期内通过部门人员自身的努力所能控制的成本，即在短期内可以改变其数额大小的那些成本。对餐饮管理人员来说，变动成本(如食品、饮料的原料成本等)，一般是可控成本。餐饮管理人员若变换每份菜的分量，或在原料油的采购、验收、储存、生产等环节加强控制，则餐饮产品成本也会发生变化。某些固定成本也是可控成本。例如，广告和推销费用、修理费、管理费等都是可控成本。又如，有关操作人员通过个人精湛的技艺和工作责任心，可节约原料、物料消耗品和水电能源等耗费，使其降低或控制在一定的成本水平上。对可控成本的管理是餐饮成本控制的重要方面。

2. 不可控成本

不可控成本，是指基层和部门人员通过努力也难以控制，只有高层管理才能掌握的那些成本。固定成本一般是不可控成本。例如，租金、维修费、保险费、固定资产折旧费及按规定提取的福利费等。这些均是按有关制度规定支出的,都是经营管理人员无法通过努力来改变其数额大小的,因此,属于不可控成本。

(三)按与产品形成的关系分

按与产品形成的关系分,餐饮成本可划分为直接成本和间接成本。

1. 直接成本

直接成本,是指在产品生产过程中直接耗用而加入成本中去的那些成本。其主要包括原料成本、酒水成本和商品成本三部分。如餐厅烹制菜肴和制作点心所需的各种原材料费,包括主料、配料、调料等。

2. 间接成本

间接成本,指那些不属于产品成本的直接支出,而必须用其他方法分摊的各项耗费。如工资、水电费、燃料费、修理费、固定资产折旧、销售费用等。

此类划分的作用,在于为部门和全企业成本核算提供理论依据。

部门以直接成本核算为主,全企业以间接成本核算为主。

(四)按成本计算的对象分

按成本计算的对象划分,餐饮成本可分为总成本和单位成本。

1. 总成本

总成本,是指一定时期某种、某类、某批或全部菜点成品的成本总额。

2. 单位成本

单位成本,是指单个产品的生产耗费,也称为单位产品成本。例如,制作镇江肴肉,批量为60份,60份镇江肴肉的总成本为900元,则每份镇江肴蹄的成本为15元。

餐饮业计算成本的对象,是单件餐饮品,所以,通常所说餐饮业的产品成本,是指餐饮单位产品的成本。精确计算餐饮产品的总成本和单位成本是成本核算的核心。

(五)按成本的实际和标准划分

按成本的实际和标准划分,餐饮成本可分为标准成本和实际成本。

1. 标准成本

标准成本是指在正常和高效率经营情况下,餐饮生产和服务应占用的成本指标。为了有效地控制成本,餐饮企业通常要确定单位标准成本,例如每份菜的标准成本、分摊到每位顾客的平均标准成本、标准成本率、标准成本总额等。

2. 实际成本

实际成本是指餐饮经营过程中实际消耗的成本。

标准成本和实际成本之间的差额称为成本差异。实际成本超过标准成本的差额为逆差,反之为顺差。

按实际成本和标准成本来划分,有利于用标准成本控制实际成本消耗,将实际消耗的成本与标准成本相比较,能评估管理人员控制成本的好坏:顺差表示经营成绩优于计划,逆差表示成本控制有问题。同时,标准成本是制订餐饮成本计划和经营预算的基础,每份菜的标准成本是其定价的依据。标准成本的计算有助于选择企业经营的菜品和开发新服务项目的决策等。

二、餐饮成本的管理特征

1. 变动成本比重大

酒店的成本费用中,除食品饮料的成本外,在营业费用中还有物料消耗等一部分变动成本。这些成本和费用随销量的增加成正比例增加,这个特点意味着餐饮价格折扣的幅度不能像综合型酒店销售客房价格那么大。

2. 可控制成本比重大

除营业费用中的折旧费、大修理费、维修费等不可控的费用外,其他大部分费用、成本以及食品原料成本都是餐饮管理人员能控制的费用。这些成本发生额的量直接与管理人员对成本的控制相关,并且这些成本和费用占营业收入的比例很大。这个特点说明餐饮成本的控制十分必要。

3. 成本泄漏点多

成本泄漏点是指餐饮经营活动过程中可能造成成本流失的环节。餐饮成本的大小受经营管理的影响很大。在菜单的计划、食品及饮料的成本控制、餐饮的营销和销售控制以及成本核算的过程中涉及许多环节:菜单计划→采购→验收→储存→发货→加工→配份→烹调→服务销售→餐饮营销→销售控制→成本核算,这些环节都有成本泄漏的可能,即都可能成为泄漏点,具体的控制要点如下。

(1)菜单计划和菜品的定价决定菜肴原料的综合利用率,影响顾客对菜品的选择,决定菜品的成本率。

(2)对烹饪原料、酒水饮料的采购、验收控制不严,或采购的价格过高,数量过多会造成浪费,数量不足又影响销售。

(3)采购的原料不能如数入库,采购的原材料质量不达标、涨发率或出净率不足,都会导致成本提高。

(4)储存和发货控制不力,会引起原料变质或被偷盗进而造成损失。

(5)对加工和烹调控制不好会影响食品的质量,菜点质量不合格重新返工,会使直接成本增加,还会引发顾客不满,连带其他损失。

(6)餐饮服务质量不仅关系到顾客的满意度,也会影响顾客对高价菜的挑选,从而影响成本率。餐饮营销的好坏不仅影响产品销售,其营销活动的费用有时也是无节制的,甚至入不敷出。

(7)销售控制不严,销售的食品饮料的数量与标准收入不符,使成本增加。

总之,酒店若不加强成本的核算、分析,不进行严格的控制管理,餐饮成本会随时增加,成本的无限膨胀是在所难免的。

4. 对设备依赖性强

餐饮生产和服务对设备的依赖性很强。原料的活养需要循环水及温控设备,原料的储存需要冷藏和冷冻设备,菜肴加工需要各种器械,烹调加热则少不了炉灶、烤箱、蒸箱等,餐厅服务少不了背景音乐和空调系统,这些设备的性能和完好状态有的直接影响餐饮成本,有的间接影响餐饮成本。要对成本进行有效控制,对餐饮相关设备进行良好管理是必不可少的。

5. 部门间协调监控作用大

餐饮的生产运作需要采购部提供原料,同时还需要财务部配合进行成本计算和反馈,甚至还少不了安全部对员工进出企业大门实行统一管理(防止原料流失),因此,餐饮成本控制需要若干部门通力协作才能发挥应有效果。

第二节 餐饮成本控制与分析

餐饮成本控制是餐饮部在保障餐饮出品和服务质量及数量的前提下,根据成本预算,将实际成本与标准成本进行比较分析,找出产生差异的因素,进而对餐饮经营过程和方式采取指导、干预和调整,以实现对成本在规定范围内波动的管理。

一、餐饮成本控制

餐饮成本控制作为餐饮管理的组成部分,是酒店提高经济效益的一个重要途径。以恰当的成本,生产出顾客满意的产品,是餐饮成本控制的宗旨。餐饮成本控制是借助成本记录的数据,对成本进行核算、分析,并通过各业务环节,想方设法控制成本支出的一系列完整过程。

(一)餐饮生产前成本控制

生产前成本控制,主要是做好成本控制的基础工作,即制定与成本控制相关的各项标准。

管理人员需首先确定衡量经营效果的各种标准,规定今后一段时间内应获得的营业收入数额与食品、饮料和人工成本降低数额标准。

1. 标准的制定方法

(1)酒店平均数法。

例如,同档酒店毛利率平均数为 44%～47%,那么本企业也可以将毛利率标准定在 44%～47%。

(2)分析测定法。

以某期财务报表中的成本和销售额数据为基础,如某厅 2011 年 7—9 月总成本率分别为 85%、82%、84%。那么,2012 年同期成本率可在 83% 左右。确定成本率标准,不能简单地依据财务报表,还应综合考虑销售额与座位周转率等因素,应制定一个更合理的成本率,如该餐厅 2011 年 7—9 月销售额分别 130 万元、138 万元、127 万元,餐位平均利用率分别为 100%、120%、92%。由此可见,餐位利用率较低,提高餐位利用率的空间较大。如果通过促销等手段,使餐位利用率再上升 50%,相对而言,利润率会提高,总成本会下降。因此,该餐厅 2012 年的同期总成本率的标准应适当降低,可以定在 80% 左右。

(3)与营业预算同时预测法。

任何企业在开业前或每年年初都要进行营业预测,对每年、每月和每日的营业情况进行或细或粗的预测,预测某个时期的销售额和各项成本指标。近期没有制定各项标准时可用营业预算的标准作为成本控制体系的标准,待经营一段时间后根据实际经营结果调整标准。

例如,某餐厅2011年营业预算中年销售额为190万元,其中第四季度销售额为70万元,总成本率为83%,那么,这个季度的成本指标为

$$70 \times 83\% = 58.1(万元)$$

如果2011年第四季度的销售额为90万元,实际总成本为65万元,则总成本率为

$$65 \div 90 \times 100\% \approx 72.2\%$$

那么,2013年第四季度的销售额与总成本应相应调整为90万元以上和72%左右。

(4)根据实际测试确定企业内部标准。

例如,测试餐厅服务员可同时为多少位顾客服务,由此确定服务员人数和服务成本。

某餐厅一个值台员可同时为12位顾客服务,餐厅共有300个餐位,经营午餐和晚餐,每天座位周转率为180%,每餐可接待270位客人,那么,每餐需要餐厅服务为23人(270÷12≈23人)服务:如果餐桌服务员月工资为600元,则每月工资为13800元(600×23=13800元)。由此确定餐厅服务员的月工资成本标准为13800元。

2.标准制定要求

(1)标准应能精确地反映酒店所期望实现的成果。

(2)标准既应定得较高,又能促使员工通过克服困难,达到标准规定的要求。

(3)标准必须明确具体,可以衡量。

(4)达到原定的标准之后,管理人员应制定更高的标准,促使员工进一步发挥主动性和创造性;如未达标准,应实事求是地进行分析,防止"鞭打快牛"、挫伤员工的积极性。

(5)提供反馈,使员工了解管理人员对自己的评价。

3.餐饮生产前成本控制内容

(1)采购控制。

采购控制要注意以下几个方面的内容:①坚持使用原料采购规格标准书;②严格控制采购数量;③采购价格必须合理。

(2)验收控制。

验收控制的目的除了检查原料质量是否符合酒店的采购规格标准外,还要检查原料的数量、价格是否与报价一致,同时还包括尽快妥善处理各类进货原料。

(3)储存控制。

为了保证库存食品原料的质量,延长其有效使用期,减少和避免因原料腐败变质引起的食品成本增高,杜绝偷盗损失,原料储存应注重以下三方面的控制。

第一,人员控制,储存工作应有专职人员负责,应尽量控制有权出入库区的人员数。

第二,环境控制,根据不同的原料应有不同的储存环境,提供干货库、冷冻库、冷藏库等不同储存环境的仓库,一般原料和贵重原料也应分别保管。库房设计建造必须符合安全卫生要求,以杜绝鼠害和虫害,并避免偷盗。

第三,发料控制,其基本原则是只准领用食品加工烹制所需实际数量的原料,未经批准则不得领用。

(二)餐饮生产中成本控制

1.设计了解经营成果的程序

制定各项餐饮成本控制标准之后,酒店必须设计一套准确了解经营成果的程序。

在设计这一程序时,管理人员应遵循以下基本原则。

(1)表示实际经营成果的形式应该和标准的形式一致。如果标准成本是以成本率形式表示的,实际成本也应该以成本率的形式表示。

(2)控制指标设计必须与会计的原始凭证一致。会计体系提供的实际经营信息与控制工作所需的信息一致,因此,企业不必为控制工作单独记账。

(3)实际经营信息应当简明,易于收集。需要很长一段时间才能提供精确数据的体系是缺乏实用价值的,而近期餐厅的点菜单和出库单能提供极有价值的数据。

(4)制定标准的方法应与考核的方法一致。例如,规定标准成本率为48%,检查考核成本控制工作,也应围绕成本率是否在48%进行。

(5)每个会计期间信息的表达方法必须一致,以便使用趋势分析、指数和其他一些方法,发现存在的问题。否则,管理人员就很难对各个会计期间的比较进行解释。

(6)一般情况下,负责执行标准的员工不应单独收集实际经营信息。

2.成本控制的具体工作

(1)进行切割烹烧测试。厨房应经常进行切割和烹烧测试,掌握各类原料的净出率,制定各类原料的切割、烹烧损耗的许可范围,以检查加工、切配工作的绩效,防止和减少在加工及切配过程中造成原料浪费。

(2)集中加工,分别取用,减少原料损耗和浪费。

(3)制订餐饮生产计划。确定各种菜肴的生产数量和供应份数,并据此决定需要领用的原料数量。

(4)坚持标准投料量。在原料配份过程中,必须使用秤、量具,按照标准食谱中规定的投料量进行配份。

(5)控制菜肴分量。应按照标准食谱或装盘规格所规定的品种数量进行装盘。

(6)提高技术素质,加强综合利用,厨师技术素质和熟练度提高无疑会减少事故发生率,提高产成率。努力提高技术,还有利于扩大原料、调料的综合利用,充分发挥其食用价值,降低原料成本开支。

(7)加强对废弃物品的回收管理,同样可以减少或弥补厨房的成本支出,如甲鱼壳、鸭油等的收集销售,可冲减餐饮成本。

(三)餐饮生产后成本控制

1.经营成果比较分析

生产经营一段时间之后,将实际经营信息加以收集、整理,管理人员要对标准和实际经营成果进行比较。两者之间存在一些差异是可以的。例如,如果标准食品成本率为45%,实际食品成本率为44%~46%,这是允许的。在比较工作中,管理人员应做到以下几方面。

(1)设专人收集和整理信息,管理者准确掌握各项经营成果。

(2)经常进行比较,以便尽早采取改进措施,解决目前存在的问题。

(3)必须对不同时期的成本控制进行对比,例如,可同时将每日和每月的标准成本和实际成本进行比较。

(4)比较工作应成为管理人员的日常工作,而不能只是在问题存在或发生的时候才进行比较。

(5)及时了解实际成本之后,及时进行比较。

通过对标准和实际经营成果的比较,管理人员必须分析引起两者之间重大差异的原因,及时采取必要的改进措施。如果一段时间内,餐饮生意不十分繁忙,成本偏高,可变一天一次购进鲜活原料为半天一次购进,以减少库存,防止死亡和损耗。

如果经过研究发现,成本上升是因为少数几种菜式在整个菜单销售中只占很小比例,则可使用维持原价而适当减少菜品分量来抵消成本增长。由于减少分量容易引起顾客的反感,所以一定要注意控制在合理的范围内。

2. 控制成本较高的菜肴

如果成本较高是由菜单中大部分或总销售中比重很大的菜肴引起的,则应先做如下考虑。

(1)能否通过促销手段增加这些菜点的销量,以大量生产获得的效益来抵消成本的增加,如果可行,则可维持不动。

(2)能否通过加强成本并未上升的菜肴的推销来抵消部分菜品成本的增加量,可行的话,也可维持不动。

(3)如果采用减少分量的方法,会不会引起顾客的反感?如果在适合的分量而顾客并未表反感,维持原价也是可行的。

当以上三种方法都行不通时,管理人员必须考虑调整售价了。在做价格调整时,必须从顾客的角度出发,看看是否物有所值。

如果顾客感到自己享用的菜品与自己支付的价格相符,他们就会承受价格的变化;反之,他们会认为物非所值,该菜品的销量会降低。售价调整后,如果出现后一种情况,餐饮管理者就应及时增加该菜品的分量,提高该菜品的质量,或干脆把该菜从菜单中撤出。

调整售价的另一个要点在于决定调价时机。价格调整每隔一段时间进行一次,间隔时间应大致相等或是有规律的。无规律的调整必然会引起顾客对酒店的不信任。调整售价还应考虑菜单的整体价格结构。一旦进行价格变动,就必须兼顾菜单的整体价格结构,避免造成菜单整体价格结构的失衡,影响整个菜单中菜品的销售。同样,如果一段时间内菜品成本偏低,产生不少计划外的毛利,这也并非多多益善,要分析成本降低的原因:是因为原料进价便宜了,还是因为加工生产工艺改进了,从而使成本减少,或是因为配份缺斤少两而减少了成本,这就应该及时采取必要措施,以保护用餐顾客的利益,保证菜品的质量。

(四)比较餐饮成本控制

餐饮企业采用标准成本进行原料成本控制,将生产经营过程中的实际成本与标准成本进行比较,找出生产经营中各种不正常的、低效的,以及超标准用量的浪费等问题,采取相应的措施,以达到对原料成本进行有效的控制。

餐饮管理人员不仅应了解实际食品成本和成本率,也应确定标准食品成本和成本率。例如,某酒店在以往几周内的实际食品成本率是38%,本周食品成本率仍然是38%,管理人员通过对本期和以往的食品成本率进行比较,只能了解到本期和之前每期的情况相同,而无法判断本期的食品成本控制工作是否成功。如果在前几期存在的进货过多、员工浪费、生产过剩、每客分量过多等问题在本期继续存在,那么食品成本率也可能会保持不变。可见,要正确评估食品成本控制工作的实效,餐饮管理人员还必须了解食品成本的标准范围。

有些厨房和餐厅虽然存在严重浪费、效率低下等问题,但这些酒店往往通过抬高菜品的售价来抵补损失,获取一定的利润。特别是在竞争较少的地区,这类酒店还可以用高价来掩盖浪费、效率低等问题。但是,即使是毫无竞争对手的酒店,通过加强成本控制,降低成本,进而降低售价,也能增加就餐人数,获得更高的利润。

1. 标准成本的制定

采用标准成本控制的第一步是确定标准。确定成本控制标准,比借用餐饮业平均数更为有效,但花费的时间要更多一些。要确定生产成本标准,要做到以下几点。

(1) 确定采购、验收、仓储、领发料规格标准及程序。

(2) 必须合理制定菜单。

菜单规定了餐饮企业在执行营销计划的过程中应向市场提供哪些菜品,菜单是餐饮业最基本、最重要的成本控制工具。

(3) 管理人员应根据以往销售资料,预测今后一段时间的销量。如果管理人员能精确地做出预测,确定每客菜品的成本,就能精确地预测菜品成本数额。这一标准成本总额就成了餐饮企业在没有其他因素干扰条件下应该完成的成本指标。

采用标准成本控制法,制定和使用标准菜单是重中之重。成本会计可与厨师长一道,按照每种菜品主料、配料、调料标准用量,经过认真的计算,制定出各种菜品每份的标准成本,并建立标准食谱卡(成本卡)(包括分量、调料、单价、金额、烹饪方法等)。

由于制作菜品耗用的原材料,大部分都是鲜活产品和时令蔬菜,从农贸市场等地采购,价格波动大,会影响标准成本的准确性。成本会计应根据价格变动,定期或不定期调整标准成本卡中的成本价格,标准用量维持不变,及时计算出进价变动后的准确成本,保证成本控制的准确性。

2. 通过比较控制成本

餐饮企业经营取得利润并不难,但要将利润水平控制得当则不容易。已经知道,毛利等于营业收入减去营业成本,所以当销售价格一定时,毛利率的大小取决于耗用原材料成本的高低。标准成本控制就是从原材料上对成本进行控制,用标准用量(成本总额)与实际用量(成本)进行比较,以达到从原材料上进行控制的目的。

一定时期内,厨房及餐厅生产和经营的菜品种类是相对稳定的,而且所经营的每一种菜品都有经过测算的标准食谱卡(成本卡),将标准食谱卡(成本卡)上预订的标准用量(成本)与销量相乘就得到标准用量(成本)总额。

这个方法的第一步是统计出各种菜品的销量,如果餐厅使用了电脑或收银机收银,销量的统计就可由电脑或收银机做出;如果餐饮没有使用这些设备,就需人工根据点菜订单进行

统计。

根据各种菜品的销量及标准食谱卡(成本卡),就可对原料的耗用进行比较控制。例如,一份青豆炒虾仁需要用虾仁150克,本月共销售250份,共需虾仁37.5千克;虾仁里脊丝每份需用虾仁50克,本月共销售150份,共需虾仁7.5千克;虾仁炒鸡蛋每份需要虾仁50克,本月共销售350份,共需虾仁17.5千克。

根据统计的菜品销量,按照标准食谱卡(成本卡)上所列需用原材料的分量,将餐厅各种菜品所耗用的同类原材料的用量相加,就可得出本月某一原材料的标准用量。仍以上例来说明,假定供应带有虾仁的菜肴只是上述3种,则全月虾仁耗用量为62.5千克(37.5+7.5+17.5=62.5千克)。

而实际消耗情况:

上个月末厨房中尚余虾仁5千克;

本月现进和从货仓领进虾仁63千克;

本月末厨房盘点还余4.5千克;

则本月份虾仁实际消耗为

$$5+63-4.5=63.5(千克)$$

这个数字与标准用量相比,只多用1千克,这就说明在实际操作过程中基本是按照标准进行的,同时也说明成本控制是比较好的。如果实耗用量与所计算的标准用量相差较大,那就得查找原因了。

1)实际耗用量大于标准用量可能存在的原因

实际耗用量大于标准用量的原因可能有以下几个方面:

(1)在操作过程中,没有严格按照标准用量投料,用料分量超过标准;

(2)在操作过程中有浪费现象,如炒焦、烧坏等不能食用,最后倒掉,造成浪费;

(3)采购的虾仁质量不符合规定的要求,或挤出的虾仁没有达到既定的出净率;

(4)厨房、餐厅的管理可能有漏洞存在。

2)实际耗用量小于标准用量可能存在的原因

实际耗用量小于标准用量的原因可能有以下几个方面:

(1)在操作过程中,没有按照标准用量投料,用料分量低于标准,这是降低质量、克扣斤两的做法,是不允许的;

(2)在制定菜肴标准食谱卡(成本卡)时,是否以估代秤,所填标准用量过大,实际操作过程中确实不需要那么多用料,这需要立即调整标准食谱卡;

(3)在操作过程中有串类、串规格的现象。

在成本控制过程中,对其所消耗的主要原料,特别是一些消耗量很多、对成本率影响很大的原料,如牛柳、光鸭、精猪肉等原材料都可采用标准控制方法。

二、餐饮成本分析

餐饮成本控制与餐饮成本分析是餐饮经营运作密不可分的系统管理工作,两方面工作都及时高效地做好,酒店成本控制的效果才会更加理想。

(一)餐饮成本分析的意义

餐饮成本分析是由餐饮管理者、财务部管理人员或专职成本分析人员对餐饮部的成本控制状况进行全面、系统的分析,找出成本漏洞,提出改进成本控制措施的一系列活动。酒店成本控制的效果如何,是否还有潜力可挖,要进行科学的分析才能得出结论。餐饮部从何处进行成本控制,采取什么方法进行成本控制也取决于深入细致的成本分析。

餐饮成本分析是对餐饮经营活动过程中发生的成本及其控制结果进行分析,并与同行业成本以及与标准成本进行对比分析的活动,是餐饮成本控制的重要内容。通过分析可以形成准确评估餐饮成本控制的业绩,发现餐饮成本控制存在的问题和主要的成本控制漏洞,以便找出原因,采取有针对性的控制措施,加大成本控制的力度,提高成本控制的水平。

(二)餐饮成本分析的内容

餐饮成本分析包含的内容很广,一切餐饮经营管理活动都存在成本控制问题。既然存在成本控制问题,自然就要进行成本分析。因此,成本分析涵盖酒店经营管理活动的各个方面,是对酒店经营管理活动的全面的成本分析。具体地讲,餐饮成本分析主要包括餐饮原料采购成本分析、餐饮原料验收成本分析、餐饮原料存储成本分析、餐饮食品加工生产成本分析、餐饮市场营销成本分析、饮料成本分析、酒店资产使用成本分析(重点是固定资产、低值易耗品和物料用品的成本分析)、酒店资金运营成本分析、酒店用工成本分析、酒店综合成本分析等。

(三)餐饮成本分析的方法

餐饮成本分析的方法有很多种,酒店可以根据自身规模、管理模式来选择。

1. 直观分析法

观察员工的工作情况、各部门之间的关系、员工劳动强度大小、物料消耗情况等,并在此基础上进行成本分析。

2. 流程分析法

通过对物流、资金流、生产工艺流程等进行全过程成本分析,发现问题,解决问题。

3. 表格分析法

利用各种报表,检查并发现漏洞,采取弥补完善措施。进行同行业、同规模、同档次餐饮经营比较分析,或通过抽取本企业餐饮一项或几项成本控制的实际情况进行分析,以点带面,都可达到成本分析的目的。

(四)餐饮成本分析报告

将酒店成本控制的往期和现状进行调查统计整理,认真分析并形成逻辑严密的报告,便是餐饮成本分析报告。

餐饮成本分析报告的目的是让决策者和全体员工认识到现状的不利影响和改善现状的希望。餐饮成本分析报告内容包括餐饮成本控制现状、餐饮成本控制存在的主要问题、餐饮成本控制存在问题的原因分析、餐饮成本控制的对策建议等。

第三节 餐饮成本核算

一、餐饮成本核算的内容

餐饮成本核算一般是指在一定时期内,餐饮企业对生产菜品时所消耗的直接原材料成本、直接人工费以及其他费用形成的审核与计算。

餐饮产品制作过程中所使用的原材料很多,其成本构成复杂。

从狭义角度来讲,餐饮产品(菜品)的原料主要可分为主料、配料和调料三类,由此餐饮产品成本核算应包括主料成本核算、配料成本核算和调料成本核算三部分。

而从广义上讲,餐饮成本不仅包括菜品成本(材料成本),还包括人工费,以及其他费用(如水、电、燃气费,餐具、厨具,办公用品费用,租金,电话费,银行利息等)。

不过,从餐饮企业的实际运营来看,除了原材料的成本费用之外,其他费用与人工费往往在会计业务上是另立单元的,列为餐饮企业的经营管理费用,由此餐饮企业的成本核算往往更关注的是餐饮产品所耗用的菜品及饮料的原材料主料、配料和调料成本。

在具体操作上,原材料成本主要包括餐饮菜品的主料、配料和调料的成本以及加工过程中所产生的合理损耗;而将菜品制作过程中所使用的其他用料,视为配料成本,同时还要考虑采购和存储过程中所发生的运输费、保管费、冷藏费,以及必要的燃料成本。

综上分析,本书所说的餐饮成本核算主要是从狭义角度出发的,从菜品成本考虑的,主要包括菜品所用原料成本、配料成本及采购、存储等产生的成本。

 餐饮成本核算中常用单位及换算

二、餐饮菜品净料成本核算

餐饮菜品的成本主要是由主料、配料和调料的成本来决定。由于任何一种原材料都难以百分之百地利用到菜品的制作中,因此,要对菜品进行核算,必须了解原材料的净料率,才能最大限度地降低原材料损耗率,因此,降低原材料损耗率是核算餐饮菜品成本的基础,对厨师合理利用原材料,做到物尽其用具有重要意义。

(一)净料及其分类

日常烹饪原材料从采购到加工成菜点,需要先经过择洗、去皮、宰杀、浸泡等一系列的初加工程序,然后进行一系列的刀工处理或初步热处理,最后才用于烹制菜品。为此,烹饪原材料一般可分为以下两种。

1. 毛料

毛料即未经过加工处理的原材料。

2. 净料

净料即经过加工处理可以用来配制菜品的原材料。

净料可分为生净料、半制品和熟品三类。

(1)生净料。

生净料是指只经过择洗、宰杀、拆卸等加工处理,没有进行任何制作或熟处理的各种原料的净料。

(2)半制品。

半制品是指经过初步熟处理,但还没有完全加工制成成品的净料。

(3)熟品。

熟品则是指制成品或卤味品,它是通过熏、卤、煮等加工而成,可以用作冷菜的制成品。

(二)净料率与损耗率的计算方法

1. 净料率

净料率是指加工处理后的净料重量与毛料重量之间的比率。

其计算公式为

$$净料率=(净料重量/毛料重量)\times 100\%$$

例:中乐百花酒店今日购入带壳豌豆 800 克,剥壳后得到净豌豆 640 克,则豌豆的净料率为

解: $(640\div 800)\times 100\%=80\%$

2. 损耗率

损耗率是指加工处理后的损耗重量与毛料重量之间的比率。

其计算公式为

$$损耗率=(损耗重量/毛料重量)\times 100\%$$

其中,

$$损耗重量=毛料重量-净料重量$$
$$净料率+损耗率=100\%$$

另外,净料率计算时还涉及净料成本的计算,净料成本的计算公式为

$$净料成本=(毛料重量\times 毛料进货单价)/净料重量$$

例:中乐百花酒店今日购入土豆 12 千克,经过削皮处理后得到净土豆 8.4 千克。已知土豆的进货单价为 2 元/斤,试计算:

(1)土豆的净料率和损耗率各是多少?

(2)净土豆的单位成本是多少是元?

(3)酒店今日需要净土豆 16.8 千克,则需要购进土豆多少千克?

解:(1) 净料率=(净料重量/毛料重量)×100%

$$=(8.4÷12)×100\%=70\%$$

损耗率=100%－70%=30%

(2)1 千克=2 斤。则土豆的单价为 4 元/千克。

净料成本=(毛料重量×毛料进货单价)/净料重量

$$=(12×4)÷8.4$$

$$≈5.714(元/千克)$$

(3) 需要的毛料=需要的净料重量/净料率

$$=16.8÷70\%=24(千克)$$

(三)成本系数

成本系数是指菜品原材料经过加工制作成净料或成品后的单位成本和毛料单位成本之间的比率。

成本系数一般只适用于质量(净料率)相同的菜点。如果质量和加工处理方法不同,则需要在不同的净料测定基础上重新核算出成本系数。成本系数的计算公式为

成本系数=净料或成品单位成本/毛料单位成本

净料或成品的单位成本=毛料单位成本×成本系数

例:中乐百花酒店上周购进黄瓜 10 千克,单价为 1.5 元/千克,总值为 15 元,经过粗加工后,得到净料 8 千克,废料不能用。试计算:

(1)若本周黄瓜的进价下跌至 1.0 元/千克,本周黄瓜的净料单位成本是多少?

(2)若下周黄瓜的进价要上涨至 2.0 元/千克,下周黄瓜的净料单位成本是多少?

解:黄瓜的净料单位成本=15÷8=1.875(元/千克)

黄瓜的成本系数=黄瓜净料或成品单位成本/毛料单位成本

$$=1.875÷1.5=1.25$$

(1) 本周黄瓜净料单位成本=毛料单位成本×成本系数

$$=1.0×1.25$$

$$=1.25(元/千克)$$

(2) 下周黄瓜净料单位成本=毛料单位成本×成本系数

$$=2.0×1.25$$

$$=2.5(元/千克)$$

(四)净料成本核算

依据菜品制作要求,不同菜品对所用原料的选用部位不同,这样,随着采购价格的变化,其制作成本也会发生变化。同时,在加工处理过程中,也会产生一些可以或不可以再次利用的其他材料,这也会对原料的成本产生影响。

一般而言,主配料是构成菜品的主体,因此主配料成本是菜品成本的主要组成部分。

从前文介绍可知,菜品的主配料往往都是经过加工处理后的净料,因此核算主配料成本,实际就是核算主配料的净料成本。净料是组成单位菜品的直接原料,其成本直接构成菜品的成本,因此在计算菜品成本前,应计算各种净料成本,也就是说,净料成本核算是餐饮菜

品成本核算的基本环节。

餐饮业中净料单位成本一般以"千克"为单位进行计算。净料成本的计算方法可分为"一料一档"和"一料多档"两种方法。

1."一料一档"的成本核算

"一料一档"是指毛料经过初步加工处理后,只得到一种净料。

"一料一档"又分为两种情况:

一是没有可以作价利用的废料;

二是有可以作价利用的下脚料。

这两种情况的计算方法是不同的。

1)没有可以作价利用的废料

$$净料单位成本=(毛料重量×毛料单价)/净料重量$$
$$=毛料总价/净料重量$$

例:中乐百花酒店购入土豆9千克,其进货单价为2元/千克,经过加工处理后得到净土豆8.1千克,求净土豆的单位成本(每千克净土豆的成本)。

解:　　　　　　　购入土豆的总价＝购入量×购入单价
　　　　　　　　　　　　　　　　＝9×2
　　　　　　　　　　　　　　　　＝18(元)
　　　　　净土豆的单位成本＝毛料总价/净料重量
　　　　　　　　　　　　　　＝18÷8.1
　　　　　　　　　　　　　　≈2.22(元/千克)

2)有可以作价利用的下脚料

有可以作价利用的下脚料,则有以下公式

$$净料单位成本=(毛料总价-下脚料总价)/净料重量$$

例:中乐百花酒店购入带皮猪腿肉30千克,单价为20元/千克,加工后得到净猪腿肉28千克,肉皮2千克,肉皮作为肉渣出售的单价为8元/千克。试求:

(1)净猪腿肉的单位成本是多少?

(2)若制作某菜品需要主料净猪腿肉500克,则该菜品主料的成本是多少元?

解:(1)　　　　购入猪腿肉的总价＝购入量×购入单价
　　　　　　　　　　　　　　　　＝30×20
　　　　　　　　　　　　　　　　＝600(元)
　　　　　　　加工后肉渣总价＝肉皮量×肉渣单价
　　　　　　　　　　　　　　＝2×8
　　　　　　　　　　　　　　＝16(元)
　　　净猪腿肉单位成本＝(毛料总价-下脚料总价)/净料重量
　　　　　　　　　　　＝(600-16)÷28
　　　　　　　　　　　≈20.86(元/千克)

(2)　　　　　　　　500克＝0.5千克
　　　　　　　　所需成本＝0.5×20.86
　　　　　　　　　　　　＝10.43(元)

2. "一料多档"的成本核算

"一料多档"指毛料经过初加工处理后,得到一种以上的净料。在核算"一料多档"中某档原料的单位成本时,必须要知道其他各档原料的重量及单位成本。具体是通过测量和参考市场价格的方式来进行,其计算公式如下:

某档净料单位成本=(毛料总价-其他各档净料成本总价)/某档净料重量

例:中乐酒店某天进货某品牌野山鸡30千克,单价为15元/千克。加工后得到鸡胸肉5千克,单价40元/千克;鸡腿7千克;鸡杂3.2千克,单价16元/千克;鸡架、鸡脖等6千克,单价为7.5元/千克。求鸡腿的单位成本。

解: 整鸡总价=购入量×单价
=30×15
=450(元)
鸡胸肉总价=40×5=200(元)
鸡杂总价=3.2×16=51.2(元)
鸡架、鸡脖总价=6×7.5=45(元)

则
鸡腿的单位成本=(毛料总价-其他各档净料成本总价)/某档净料重量
=(450-200-51.2-45)÷7
≈22(元/千克)

(五)菜品半成品和熟品的成本核算

半成品和熟品在热加工过程中,一方面会产生副产品,另一方面还会耗用各种调味品。因此,在计算成本时需要加上调味品的成本,同时要减去可以作价的副产品成本。

例:中乐百花酒店某天进货某品牌野山鸡30千克,单价为15元/千克。煮熟后留用鸡汤4千克,鸡汤作价5元/千克;耗用洋葱、胡萝卜、香叶等成本5元,得到白煮鸡肉22千克。求每百克白煮鸡肉的成本是多少元?

解: 熟鸡肉总价=30×15-4×5+5=435(元)
熟鸡肉单位成本=435÷22≈19.77(元/千克)
熟鸡肉的百克成本=19.77÷10=1.977(元)

三、调味品成本核算

每道菜品独特的口味,除了来自所使用原料本身的味道之外,还因为各种调味料与原材料本身的味道复合而产生了新的味道,因此,准确使用各种调味品对提升菜品竞争力具有重要的意义。

实践中,针对菜品所使用调味品的用量,经常采用的是估算方式。一般而言,调味品的成本在菜品中,会低于主配料成本(一些特殊口味的菜品,有时调味品的成本可能会高于主配料的成本)。

(一)调味品用量估算方法

调味品用量估算方法一般有三种,即容器估算法、体积估算法、规格比照法。

1.容器估算法

容器估算是指在已知某种容器、容量的前提下,根据调味品在容器中的容量,估算其重量,再按其价格计算出其成本。

其中常用的估算换算关系有:

$$1 升 = 1000 毫升$$
$$1 升食用油(约重 0.83 千克) = 830 克$$
$$1 升水(约重 1 千克) = 1000 克$$
$$1 升酱油(约重 1.1 千克) = 1100 克$$
$$1 汤匙油(约为 15 毫升) = 15 克$$

2. 体积估算法

体积估算是指在已知某种调味品的一定体积和重量前提下,根据其用料体积,直接估算其重量,然后按其价格计算出使用成本。此方法多适用于粉质、晶体或块状的调味品(如盐、糖等)。常用的标量是西式标准汤匙和茶匙。

常用的估算换算关系有:

$$1 汤匙面粉 = 10 克$$
$$1 汤匙盐 = 20 克$$
$$1 茶匙盐 = 5 克$$
$$1 茶匙胡椒碎 = 4 克$$

3. 规格比照法

规格比照法是对照烹饪方法和主配料用料质量相似的菜品的调味品的用量来确定新菜品调味品用量的方法。这种方法较为简单,但准确性不高。

(二)调味品成本核算的步骤

实践中,根据菜品生产加工形式,调味品成本核算可分为单菜品调味品成本核算和批量菜品调味品成本核算两种类型。

1. 单菜品调味品成本核算

单菜品调味品成本主要是指单件制作的菜品所用调味品的成本,也称个别成本。其成本核算步骤一般包括:

(1)计算制作单菜品的各种调味品用量;
(2)根据采购价格,分别计算出各种调味品的使用成本;
(3)把所有的调味品成本累加,得到单菜品的调味品成本。

例:以下是制作某菜品的调味用量及采购单价表:

调味品名称	用 量	单 价
面包渣	100 克	12.5(元/千克)
面粉	80 克	7.6(元/千克)
西红柿	100 克	9.8(元/千克)
黄油	30 克	120(元/千克)
橄榄油	120 毫升	118 元/升
盐	5 克	4(元/千克)
复合香料	12 克	450(元/千克)

求：计算其调味品的成本。

解：根据例题中已知条件，可计算出调味品成本：

调味品名称	用量	单价	成本/元
面包渣	0.1 千克	12.5 元/千克	1.25
面粉	0.08 千克	7.6 元/千克	0.608
西红柿	0.1 千克	9.8 元/千克	0.98
黄油	0.03 千克	120 元/千克	3.6
橄榄油	0.12 升	118 元/升	14.16
盐	0.005 千克	4 元/千克	0.02
复合香料	0.012 千克	450 元/千克	5.4
该单菜品调味品成本			26.018

2. 批量菜品调味品成本核算

批量菜品涉及的调味品多，使用量的差异也很大，一般做法是根据菜品制作配方的要求，以批量称重为主，力求调味品的投放量准确。基本步骤如下：

（1）计算出各种所需调味品的总用量；

（2）根据采购价格分别计算各种调味品的使用成本，并计算调味品的总成本；

（3）用调味品的总成本除以产品的数量（或重量），将其结果作为单菜品调味品的成本。

例：某酒店餐饮部推出一种新款点心，总量是 200 片，在制作过程中所用的调味品数量如下：

调味品名称	用量/克	单价/（元/千克）
白糖	1200	2.6
猪油	800	6.0
泡打粉	50	9.5

求：单个新款点心所用调味品成本是多少？

解：根据例题中已知条件，可计算出调味品成本：

调味品名称	用量/千克	单价/（元/千克）	批量成本/元	总成本/元
白糖	1.2	2.6	3.12	8.395
猪油	0.8	6.0	4.8	
泡打粉	0.05	9.5	0.475	

四、餐饮菜品成品成本核算

餐饮菜品成品成本主要是指一道菜肴的制作总成本。其成本核算实际上是菜品成品原材料成本的核算，它是制定菜品成品市场价格的基础。

一般而言,菜品成品成本主要是指其制作过程中所耗用的各种原材料的成本之和,即所使用的主料成本、配料成本和调味品成本等之和。

餐饮菜品成品成本具体又可分为单菜品成品成本核算和批菜品成品成本核算。

(一)单菜品成品成本核算

单菜品成品成本核算一般遵循"先分后总"原则,即先计算所耗用的主配料和调味品成本,然后逐一相加,核算出单菜品成品成本。这种方法多用于冷菜、热菜等单独制作的菜品成品成本核算。其成本计算为

$$单菜品成品成本 = 主料成本 + 配料成本 + 调味品成本$$

各单菜品成品成本核算依据前文净料成本、调味品成本等的核算方法进行。同时,一般而言,菜品成品制作均有标准菜谱,其成本核算必须对照标准菜谱来进行,这样既有利于确定最终的售价,同时也有利于日常管理过程中菜品成本误差核算的抽样检测,制作抽样成本核算报表,分析误差原因,从而提出改进措施。

(二)批量菜品成品成本核算

批量菜品成品成本核算一般遵循"先总后分"原则,即先计算出整批成品所耗用的主配料成本和调味品的成本,然后除以批菜品成品总数量,即可核算出该批菜品成品中各单菜品成本。这种方法多用于面点产品等批量生产的菜品成品成本核算。其成本计算公式为

$$单件成品成本 = 本批成品原料总成本 / 本批成品数量$$

五、宴席成本核算

宴席一般由冷菜、热菜、点心等各种菜品按照一定规格组合而成,形成系列化的菜品组合。其成本也是由原材料组成,包括配料和调味品成本。而其他诸如燃料费、管理费等不计入宴席成本。

(一)中餐宴席成本核算

中餐宴席成本核算主要包括两种形式:标准宴席成本核算和零点宴席成本核算。

1. 标准宴席成本核算

标准宴席成本核算主要是将餐厅确定标准宴席菜单中的每一种菜品的成本相加,求和,所得总值即为该宴席的成本,计算公式为

$$TC = \sum_{i=1}^{n} C_i$$

其中,TC——标准宴席总成本;

C_i——第 i 个菜品的成本。

中餐宴席成本结构可参考表 10-2。

表 10-2 中餐宴席成本结构表

等级	售价/元	成本率	冷菜占比/(%)	热菜占比/(%)	大菜占比/(%)	点心占比/(%)
普通宴席	500	50%	10	30	50	10

续表

等级	售价/元	成本率	冷菜占比/(%)	热菜占比/(%)	大菜占比/(%)	点心占比/(%)
中等宴席	1000	45%	12	30	45	13
高级宴席	2000~5000	40%~55%	15	30	40	15

2. 零点宴席成本核算

零点宴席,也称预订宴席,其成本核算主要根据预订的规格标准、费用标准、入宴人数、宴席时间、结算方式及相应的成本率等来确定宴席的成本、各菜品成本和各道菜的成本。

1) 宴席成本

一般根据宴席规格要求和费用标准及规定的成本率来计算宴席成本。

宴席成本的计算公式为

$$宴席总成本=宴席总售价×成本率$$
$$宴席单位成本=宴席总成本/宴席桌数$$

2) 菜品成本

一般根据宴会成本及等级和各类菜品成本所占比重来计算各类菜品总成本和单位菜品成本。计算公式为

$$某类菜品总成本=宴席单位成本×该类菜品所占比重$$
$$某类菜品单位成本=该类菜品总成本/宴席桌数$$

然后确定每桌菜品品种,分别计算出各个菜品品种的成本。在成本检验过程中,各菜品品种的成本之和要与宴席成本相等。

例:某顾客预订普通宴席 10 桌,每桌 600 元,成本率为 60%。菜品包括冷菜 4 道,占总成本的 10%;热菜 4 道,占总成本的 20%;大菜 6 道,占总成本的 60%;点心 2 道和 1 个果盘,占总成本的 10%。

求:该零点宴席总成本及每桌各类菜品的单位成本。

解:
$$总售价=10×600=6000(元)$$
$$总成本=6000×60\%=3600(元)$$
$$单位成本=3600/10=360(元)$$
$$冷菜每桌成本=(3600×10\%)/10=36(元/桌)$$
$$热菜每桌成本=(3600×20\%)/10=72(元/桌)$$
$$大菜每桌成本=(3600×60\%)/10=216(元/桌)$$
$$点心、果盘每桌成本=(3600×10\%)/10=36(元/桌)$$

(二)西餐宴席成本核算

西餐宴席一般分为正式宴会、冷餐酒会、鸡尾酒会等多种形式。

1. 正式宴会成本核算

正式宴会一般规格高、人数多,其菜品主要包括头盘、汤、热菜、点心、水果、饮料等。

目前,多数酒店对正式宴会的菜品安排如下。

(1) 头盘约占宴会总成本的 20%,一般每人一盘。

(2)汤和主菜占宴会总成本的60%左右。其中汤是每人一份,多为零售规格分量的70%;主菜一般1~2道,每人一份,多为零售规格分量的70%。

(3)点心、饮料、水果等合计占宴会总成本的20%左右,每人一份,分量不宜过多。

2.冷餐酒会成本核算

冷餐酒会主要以冷菜为主、热菜为辅,菜品品种一般在20种以上,并且讲究拼盘艺术。

冷餐酒会中冷菜占70%,热菜占10%,点心占20%。冷菜可安排各种沙拉等菜肴;热菜可安排烩、焖类菜肴。

需要注意的是,菜品选用的原料要新鲜卫生,整形菜肴要完整无损,安排的散点要涵盖多种原料和不同风格。

3.鸡尾酒会成本核算

鸡尾酒会主要以饮为主、以吃为辅,除饮用各种鸡尾酒外,还备有其他饮料,但一般不提供烈性酒。

鸡尾酒会习惯上安排8~10种冷小吃,主要是各种带面包托的小吃;热小吃可安排2~4种,主要是一些煎、炸、烤的菜肴,上餐台时要切成小块,以便餐叉取食;还可安排4~6种点心和干果等。

一般而言,西餐宴席成本核算主要是以每人消费标准来进行核算,其计算公式为

$$宴席成本=人数×每人费用标准×成本率$$

例:某公司举办的西餐正式宴会上,每人用餐标准为300元,预计参加人数60人,若宴会总成本率为60%,头盘占总成本率的20%,汤占总成本率的10%,主菜占总成本率的50%,点心占总成本率的15%,饮料、水果占总成本率的5%。

求:该宴会的总成本及各类菜品的单位成本。

解: 总成本=60×300×60%=10800(元)

头盘单位成本=(10800×20%)/60=36(元/份)

汤单位成本=(10800×10%)/60=18(元/份)

主菜单位成本=(10800×50%)/60=90(元/份)

点心单位成本=(10800×15%)/60=27(元/份)

饮料水果单位成本=(10800×5%)/60=9(元/份)

本章小结

餐饮企业做好成本管理,控制好其成本,对于餐饮企业的经营和发展有着举足轻重的作用,同时也有利于提高餐饮企业的竞争力,更有利于实施可持续发展。

本章主要探讨了餐饮成本的构成要素及特征,分析了餐饮生产前、生产中与生产后的成本控制,对餐饮成本也做了分析,另外对餐饮成本核算的相关内容做了重点探讨。

 思考与练习

1. 什么是餐饮成本？其构成要素有哪些？
2. 简述餐饮成本的类型。
3. 餐饮生产前成本控制内容有哪些？
4. 在餐饮经营中，如何对成本较高的菜肴进行控制？
5. 制作一份"海鲜沙拉"需要用净虾肉 200 克，为保证菜品品质，厨师需要用鲜虾剥壳取肉，其净料率为 40%，若每天销售 30 份，需要至少购进多少斤鲜虾？
6. 某餐饮部购进五花肉 25 千克，其进货单价为 30 元/千克，煮熟后获得浮油 1.0 千克，成本为 10 元/千克；耗用调味品成本为 10.40 元/千克，制作酱肉 22 千克。求每百克酱肉的成本是多少元？
7. 制作辣子鸡丁所耗用的各种调味品数量如下表所示。

求：调味品的成本。

调味品名称	用量	单价
色拉油	75 克	16.00 元/千克
黄酒	10 克	7.00 元/千克
酱油	15 毫升	7.5 元/瓶（500 毫升）
白糖	5 克	6.00 元/千克
淀粉	40 克	3.80 元/千克

8. 制作某新研发的蛋糕 200 块，需要的原料如下：鸡蛋 2800 克，单价 12.5 元/千克；砂糖 1400 克，单价 16 元/千克；低筋面粉 1800 克，单价 5.8 元/千克；香粉 20 克，单价 200 元/千克；蛋糕油 160 克，单价 58 元/千克；色拉油 100 克，单价 12 元/千克。

求：每块该新品蛋糕的制作成本。

 案例分析

南昌 6 家汉堡店，共计被罚 373.2 万！

2020 年 7 月 16 日，央视"3·15"曝光了南昌多家汉堡店，存在使用过期的食品原料加工食品，以及偷工减料等问题！当晚，南昌市市场监管局组成 120 余人的调查组，对南昌多家汉堡店进行立案调查。随后，南昌市市场监督管理局给出了查处情况，并进行了通报。

1. 南昌涉事6家门店,罚款共计91.6万

涉事6家门店均存在使用超出保质期的食品原料生产食品的违法行为。另查明,某门店还存在汉堡制作过程中偷工减料损害消费者权益的违法行为。针对以上违法行为,对6家门店处以没收违法所得和罚款的行政处罚,罚款共计916504.02元。

2. 相关责任人共罚款281.6万

除了对门店的罚款,还公布了对涉事人员随意篡改过期食品标签的处罚情况。通报称:对南昌市××餐饮有限公司故意实施用超过保质期的食品原料生产食品的行为,依据《中华人民共和国食品安全法实施条例》第七十五条的规定,对其法定代表人处以顶格罚款,主要负责人、直接负责的主管人员和其他直接责任人员处以相应罚款,罚款合计2816029.78元。

为节省成本偷工减料,被罚巨款,值得吗?

某汉堡餐饮企业遭巨额罚款,主要是因为被爆在产品上存在偷工减料、篡改过期食品标签的问题!

在产品上"偷工减料",少放一片西红柿或芝士!

"这个汉堡的标准是两片西红柿,但是要记住,我们绝对不能放两片,一个就放一片!"根据"3·15"的曝光,该餐饮企业某门店,在员工制作汉堡的过程中,出现少放一片西红柿或者芝士的现象! 当被问到为什么少放芝士的时候,员工笑脸回答道:"老板抠门!"通过店员的反应就知道给顾客制作产品"缺东少西"已经是寻常事了! 而其食材的成本率多说也就35%,一片西红柿或者一片芝士的成本就更是微乎其微,为了这么一点蝇头小利,让自己的门店遭受此等损失,实在是划不来!

篡改过期食品保质期标签,"手动"延长产品保质期!

除了偷工减料,"3·15"还曝光该门店将过期面包重新修改保质期再销售,将过期的南美风味鸡腿排同样通过修改标签"延长"保质期。餐厅经理表示:"今天过期的面包就换一个标签,延后一天! 有时候我们对当天面包销售量预估错误,那就没办法啊,就要延到下一天!"

不仅如此,该店还售卖不新鲜食材!"这个鸡肉正常来讲半个小时卖不完系统就会显示红灯,要扔掉,但是把这个红灯按成绿的,它不就是新的了嘛!"门店员工略带炫耀地边操作边说。该食品安全问题一经爆出,大家口诛笔伐,现在更是受到巨额罚款,品牌形象一落千丈,可以说"人财两空"!

问题:

在新的餐饮发展形势下,如何通过成本控制来增加餐饮企业的餐饮收入?

第十一章

餐饮卫生安全管理

学习导引

民以食为天,食品的安全和卫生是食品消费的基本要求。没有安全与卫生,其他与食物相关的特性,甚至营养都无从谈起。食品的卫生与安全关乎消费者的健康甚至生命,因而是餐饮经营者的第一要务。

学习重点

通过本章学习,重点掌握以下知识点:
(1)餐饮从业者的卫生安全管理要求;
(2)餐饮安全管理的基本原则;
(3)餐饮卫生管理的基本内容;
(4)餐饮安全管理内容。

卫生安全管理,贯穿餐饮原材料采购、储存,餐饮产品加工生产、服务以及顾客消费的始终,是餐饮企业开展一切活动的首要前提与基础。因此,餐饮卫生安全既有独立、强化管理的必要,又是构成餐饮消费的重要组成部分。

根据餐饮产品生产过程,餐饮卫生安全管理主要包含三个方面的内容:

第一,食品原材料的采购、储存卫生与安全;

第二,餐饮原材料的生产、加工卫生安全管理;

第三,餐饮产品服务过程的安全卫生管理。

关于食品原材料的采购、储存在第七章已经论述。因此,本章重点关注餐饮从业者的卫生安全管理,兼顾餐饮产品生产与服务过程论述。

第一节　餐饮从业者的卫生安全管理

餐饮从业者是指从事餐饮相关业务的企业经营者、生产者与服务人员。餐饮卫生安全管理的执行与贯彻需要相关从业者的支持与配合,因此,餐饮从业者的卫生安全管理就成为首要任务。

《中华人民共和国食品安全法》于2009年2月28日第十一届全国人民代表大会常务委员会第七次会议通过,2015年4月24日第十二届全国人民代表大会常务委员会第十四次会议修订,根据2018年12月29日第十三届全国人民代表大会常务委员会第七次会议《关于修改〈中华人民共和国产品质量法〉等五部法律的决定》第一次修正,根据2021年4月29日第十三届全国人民代表大会常务委员会第二十八次会议《关于修改〈中华人民共和国道路交通安全法〉等八部法律的决定》第二次修正。最新《中华人民共和国食品安全法》从各个方面对餐饮从业者提出了不同要求,以保障餐饮食品的卫生与安全。因此,餐饮从业者的职业道德、个人习惯等都是关系着餐饮食品卫生安全管理的核心因素。

一、高尚的职业道德水平

百业德为先,职业道德是从事一定职业的人在工作和劳动过程中所应遵循的、与特定职业相适应的一系列行为准则。

职业道德有广义和狭义之分。

广义的职业道德是指从业人员在职业活动中应该遵循的行为准则,它涵盖了从业人员与服务对象、职业与职工、职业与职业之间的关系。

狭义的职业道德是指在一定职业活动中应遵循的、体现一定职业特征的、调整一定职业关系的职业行为准则和规范。其包含职业主体与职业服务对象之间的关系、职业团体之间的关系、同一职业团体内部人与人之间的关系,以及职业劳动者、职业团体与国家之间的关系。

养成良好的职业道德是非常重要的,人们常说教育"德、智、体、美、劳"或"德、智、体"。皆以德为先,这绝不是因为这样读来顺口,而是因为"德"确确实实是非常重要的,在人的诸多素质中,自古至今都是放于首位的。因为人们的行为是由他们的思想决定的,一个人品德良好与否,决定了这个人的行为取向。

餐饮职业道德是指从事餐饮行业的人,在职业活动的整个过程中,应该遵守的行为规范和行为准则,如员工守则、操作规程等。

餐饮从业人员的这种职业特性,决定了社会和顾客对餐饮从业人员的道德、文化素质的期望值,例如,丽思·卡尔顿酒店的服务信条就是"我们都是为绅士和淑女服务的绅士、淑女"。这种追求餐饮从业人员道德完美性的趋势,在餐厅内表现为服务员就是餐厅的"道德风景线",在社会上就是餐厅的形象、行业的形象,甚至是城市的形象、国家的形象。

餐饮职业道德的主要内容有以下几个方面。

1.爱祖国,爱人民,爱岗敬业

天下兴亡,匹夫有责。每个中华儿女的赤子情怀都弥足珍贵,所有中国人的爱国行为都不容置疑。但什么样的方式才是更好、更有力、更有效的,这个问题值得我们深思。

从一定意义上看,国家(或社会),就像一台体积庞大、能量巨大、结构复杂、每个零部件都有效发挥作用从而实现整体协调运转的大机器。我们每个人所服务的单位和部门,就是这台大机器上的零部件,每个社会成员及其各自的工作岗位则是螺丝钉;只有这些零部件都质量精良且充分发挥作用,国家(或社会)这台大机器才能实现协调、高效运转,从而释放出无可限量、无坚不摧的能量。也就是说,只有国民素质足够强大,这个国家才是真正不可战胜的;同时,每个人只有尽力把本职工作做好,才能为国家和社会蓄积更多的物质、精神能量,国家才会日益强大起来。

每个人立足本职工作岗位,刻苦钻研本职业务,认真干好本职工作,尽力为社会做出应有的贡献,是我们履行自己的社会责任、忠于国家和表达爱国情感最根本的途径;爱岗敬业,干好本职工作,是我们最有力、最有效、最负责任的爱国之举,是我们最正确的爱国方式。

2. 热情友好,宾客至上

"热情友好,宾客至上"是餐饮服务员最有特色、最根本的职业道德规范,是对"有朋自远方来,不亦乐乎"优秀传统的继承。同时也赋予了时代新内容,即客源是企业的生命之源,唯有热情友好、宾客至上才能宾客盈门。因此,应正确认识社会分工,想宾客所想,急宾客所急,把宾客的合理、正当的需求当作餐饮服务员的第一需要,服务好宾客,树立敬业、乐业思想。

3. 真诚公道,信誉第一

"真诚公道,信誉第一"是处理宾客关系的重要准则。古人云"诚招天下客,誉从信中来"。有了真诚才有宾客,有了宾客才有企业的兴旺,有了企业的兴旺,才会有企业的效益,企业有了持续、不断增长的效益,才有企业员工薪酬与待遇的提高。

4. 文明礼貌,优质服务

"文明礼貌,优质服务"是餐饮从业人员实施职业道德规范最重要的准则。礼貌待客,有良好的服务意识,让被服务宾客时刻感受到真诚友善、服务及时,让他们在物质和精神上的需要都得到满足。文明礼貌、优质服务也是餐饮从业者的基本素质,更是餐厅服务质量的衡量标准。

5. 相互协作,顾全大局

"相互协作,顾全大局"是正确处理同事之间、部门之间、企业之间、行业之间,以及局部利益和整体利益、当前利益和长远利益等相互关系的重要准则。

6. 遵纪守法,廉洁奉公

"遵纪守法,廉洁奉公"是正确处理公私关系(包括个人与集体、个人与社会、个人与国家)的一种行为准则。它是法律规范的需要,更是道德规范的需要。

7. 钻研业务,提高技能

"钻研业务,提高技能"是各种职业道德的共同性规范。它把岗位职责从业务的范畴上升到道德范畴,体现出一种质的飞跃。"工欲善其事,必先利其器。"这里"器"就是服务人员将愿望变成现实,将优质服务变成行动的手段。这手段就是过硬的技能、丰富的知识和精湛的技艺。

二、良好的个人卫生习惯

餐饮从业者的个人卫生习惯包含三个方面的要求。

(1) 个人卫生的"四勤"要求。

① 勤洗手。

② 勤剪指甲。

③ 勤洗澡和理发。

④ 勤换洗工作服。

(2) 工作期间,个人卫生要求。

① 穿戴工作衣帽,工作衣帽保持清洁卫生。

② 不留长指甲,不涂指甲油。

③ 不戴戒指、手镯、手链等饰物。

④ 在工作场合,遵守基本的卫生要求。

(3) 不将私人物品带入工作场所。

三、严格、高效的执行力

严格、高效的执行力包括国家和各类餐饮企业都针对餐饮卫生安全制定了相关的要求,以保障餐饮产品的安全卫生,但这些完备的法律法规和规定,只有认真贯彻执行才能发挥其作用,实现保障餐饮卫生管理的最终目标。

四、不得从事餐饮活动的疾病

若餐饮从业人员有以下疾病者,如痢疾、病毒性肝炎、活动性肺结核、带脓性皮肤病等不应继续从事餐饮活动,或者在该疾病痊愈前不得从事相关活动。这些疾病基本都具有一定的传染性。

第二节 餐饮安全卫生管理原则

餐饮安全卫生管理,在餐饮运营中是和其他管理、考核活动有机结合进行的。安全卫生管理强调规范先行,预防为主,重考核督促,追求责任落实。

(一) 责任明确、程序直观

安全卫生无小事,出了问题可能会威胁生命。进行明确具体的责任界定,将静态、常规的管理落实到具体岗位甚至员工个人身上,明确其责任要求和常规检查、维护等工作任务和标准,养成各岗位人员履行职责的自觉性,是确保安全卫生有序、有效管理的必要措施。

针对餐饮安全卫生隐患多、责任大的重点岗位更要将责任明细化、公开化,让责任岗位及当事人知晓的同时,相关岗位、管理人员也要随时予以监督和提醒。

安全卫生管理的职能要直观化、明了化,方便操作。安全卫生工作相对于服务程序管理、菜品创新管理,其固化和规范化运作程度更高。因此,餐饮管理人员应在酒店筹建及开

张运作初期（或接手管理初期），就建立尽可能完善的操作程序，关注各类程序在实际运营中的适应性与可执行性。

在日常的生产服务运转工作中，还需根据情况对操作程序进行修正和完善，以给员工方便实用的操作指南。程序应力求简洁明了，且能直观形象地说明，方便理解操作，以利于培训、执行和督查。

（二）预案详尽、排查隐患

无论是从积极预防的角度，还是在卫生安全事故发生后，都应积极应对，实事求是，勇于承担责任；还应尽力消除事态的负面影响，尽可能减少事故对企业声誉与实际经营造成的损失，力争在最短时间内恢复良好的生产秩序。

为了更好地应对可能出现的卫生安全事故，餐饮企业应该也必须在卫生、安全方面建立切实可行、积极主动、程序明确、反应快速的相关预案。常规管理应该将预案内容和责任岗位作为餐饮卫生安全不可缺失的管理制度事项，包括有效且正常使用期限内的卫生、消防、安全设施设备，并保障这些设施设备的储存条件合适，摆放规范有序、物品标志清晰。同时，要广泛吸取相关餐饮企业经验教训，例如，建立食物中毒、油锅着火、人员烫伤或割伤等事件的应急处理预案。

餐饮安全卫生隐患是指隐藏在光线不足、人员稀少等场所，使用频率较低且可能产生安全卫生事故的设备设施。

卫生安全主动管理跟预案管理具有类似作用，主动管理还包含对容易疏忽大意构成厨房生产与餐厅服务运转过程中事故隐患的场所、设备设施、工作事项进行排查，以提醒、警示的方式促进各岗位员工在生产服务过程中加以关注和督查，再施以积极防范，力求无患。

（三）督查有力、奖罚分明

餐饮卫生、安全管理，既寄希望于各位员工的主动积极，也少不了管理人员按程序、按标准、分时段的有序督查。

如果员工在卫生安全方面有优秀表现，理应得到精神和物质等方面的及时正向回馈，只有如此才能让员工更加积极地工作，勇于担负责任。

在卫生安全检查督促方面，应做到点面结合、检查有序；同时做到层级分工、监控得法，切实排查隐患，不留后顾。为了引起全员重视，应将检查结果与考核挂钩，力求做到常规要求必达标，发现问题常思考，奖罚制度到个人，按时兑现不拖延。

关于食品安全卫生的管理还涉及食品添加剂方面的知识，因该部分内容庞杂，所以国际和国内在此方面都出台了非常详细的法律法规用以规范，因此，这里不做细说，大家可以参阅最新的《中华人民共和国食品安全法》以及国际上的 HACCP 管理体系认证的相关资料。

第三节　餐饮卫生管理

餐饮卫生管理，是从餐饮生产所需原料采购开始、经过加工生产直到成品销售为止的全过程卫生操作、检查、督导与完善的系列管理工作。

知识活页　　　　　　HACCP 管理体系

一、原料加工阶段的卫生管理

原料的卫生是影响餐饮卫生的起点性因素,因此,从原料的采购进货开始,就要严格控制其卫生质量。

首先,必须从遵守卫生法规的、合法的、正规商业渠道和部门购货。

其次,加强原料验收的卫生检查,对购进有破损或伤残的原料要加强对其卫生指标的查验。原料的储存要关注原料的类别和进货日期,严格分类存放,并坚持先进先用的原则,保证原料的储存质量和环境卫生。

最后,厨房在领用原料时,要认真检查鉴别。罐头原料如果顶部已隆起或罐身接缝处有凹痕,就不能使用。如果罐头食品有异味或里面的食品有泡沫或有非正常的混浊液体,应严禁使用。肉类原料有异味或表面黏滑,严禁使用。果蔬类原料如已部分腐烂应立即丢弃,不允许使用。针对感官上判断有问题的原料,也可送卫生防疫部门进行鉴定,再确定是否取用。

二、菜品生产阶段的卫生管理

生产阶段是餐饮卫生管理的重点和难点。在此阶段,不仅生产过程涉及的环节较多,而且生产设备的种类和设备卫生管理的工作量也很大,因此,厨房生产过程和设备卫生是餐饮卫生管理的重点。

（一）生产过程的卫生控制

厨房生产过程要严格做好卫生控制。

解冻冻结原料时,一是要用正确的方法,二是要尽量缩短解冻时间,三是要避免原料在解冻过程中受到污染。烹调解冻是既方便又安全的一种方法。

开启罐头时首先应清洁表面,再用专用开启刀打开,切忌使用其他工具,避免金属或玻璃碎屑掉入,外包装破碎或有破损的罐头不能使用。

蛋、贝类原料加工去壳时,不能让表面的污物沾染到食物。

容易腐坏的原料,要尽量缩短加工时间,大批量加工应逐步分批从仓库或冷库取出,以免最后加工的原料在自然环境中久放而降低质量,同时,加工后的成品应及时冷藏。

菜品配制须用专用盛器,切忌用餐具作为生料配菜盘。尽量缩短配份后的原料闲置时

间。配制后不能及时烹调的原料要立即冷藏,需要时再取出,切不可将配制后的半成品放置在厨房的高温环境中。

对原料烹调加热是关系食品卫生的重要工序,要充分烹饪以杀灭细菌。如果原料是热的不良导体,要重点考虑原料内部达到的安全温度。另外,成品盛装时餐具要洁净,切忌使用工作抹布擦抹。

冷菜的卫生尤为重要,因为冷菜的装配都是在成品的基础上进行的。在用具上应同生菜制作分开,切忌生熟交叉使用,这些用具要根据规定定期进行消毒处理。操作时要尽量简化手法,装盘不可过早,冷菜装盘后不能立即上桌,应用保鲜纸密封,并进行冷藏。

水果盘的制作和销售与冷菜相似,应在特别重视水果卫生的同时,严格注意切制装盘与出品食用时间,同时还要注意传送途中在保证造型的前提下不受污染。

生产中的剩余产品应及时收藏,并尽早用完。

(二)生产设备的卫生管理

厨房生产设备主要有加热设备、制冷设备以及切割设备等。对各类设备进行消洗、消毒等卫生管理,不仅可以保持整洁、便于操作,而且还可以延长设备使用寿命,减少维修费用和能源消耗,保证食品的卫生和安全。

三、菜点销售服务阶段的卫生管理

在服务人员将菜点送到客人餐桌及分菜的过程中,同样需要重视食品卫生。不管菜品是由传菜员将其传给服务员,服务员端上餐桌,还是陈列于自助餐台上,由顾客随取,都应注意以下几点。

(1)菜点在上桌前都应用菜盖遮挡,以免受灰尘等物的污染。

(2)冷菜在供应前应放在冰箱里,控制上菜时间,尤其是大型宴会上的冷菜。

(3)菜点不要过早装入盘中,要在成熟后和顾客需要时再装盘。

(4)使用适当的用具。食物供应时不可用手接触食物,可使用刀、叉、勺、筷、夹子等用具辅助。

(5)顾客吃剩的食物绝不能再加工烹制。

(6)分菜工具要清洁。每次使用的分菜工具一定要确保清洁,不同口味、色泽的菜肴,其分菜工具不能混用。

(7)养成良好的个人卫生习惯。服务人员应身体健康,卫生习惯良好,在服务顾客过程中,尽量避免在餐桌边及顾客面前咳嗽、打喷嚏以及其他不卫生、不礼貌的行为。

第四节 餐饮安全管理

餐饮安全包括生产服务人员操作及人身安全,也包括餐饮消防安全。管理者要熟知餐饮环境及工作特点,加强员工培训,提高安全防范意识,采取行之有效的措施强化控制管理,预防损伤及安全事故发生,减少各方面的损失。

一、员工损伤与预防

厨房员工损伤,指厨房加工、生产、运输,以及日常运转过程当中出现的烫伤、扭伤、跌伤、割伤等对员工造成的伤害。

(一)烫伤的预防

厨房加热源无论是煤气、液化气、煤,还是柴油、蒸汽等,给厨房员工造成的烫伤事故都占厨房事故的很大比例。一旦烫伤,轻则影响操作,重则需要送医院治疗,伤者更是疼痛难忍。

预防烫伤的措施包括以下几点。

(1)遵守操作程序。

使用任何烹调设备或点燃煤气设施时必须按照产品说明书操作。

(2)通道严禁存放炊具。

凡是有把手的桶及一切炊具,不得放置在繁忙拥挤的走廊通道上。

(3)容器注料要适量。

不要将罐、锅、水壶装得太满。避免食物煮沸过头,以防溅出锅外。

(4)搅拌食物要小心,搅动食物通常使用长柄勺,保持与食物的安全距离。

(5)从炉灶或机箱上取下热锅前,必须事先准备好移放的位置。

(6)使用合格、牢靠的锅具。

不要使用把手松动且容易折断的锅,以免引起锅身倾斜、原料滑出锅或把手断裂。

(7)冷却厨房设备。

在准备清洗厨房设备时要先冷却。

(8)懂得怎样灭火。

如果食物着火了,将盐或小苏打撒在火上,不要用水浇,必须学会使用灭火器和其他安全装置。

(9)使用火柴要谨慎。

要将用过的火柴彻底灭火后妥善保存。

(10)安全使用大油锅。

如准备将大油锅里的热油进行过滤或更换,必须注意安全,一定要随手带抹布。

(11)严禁在工作区域内嬉闹。

不容许在操作间奔跑,更不得拿热的炊具在手里开玩笑。食品服务人员应该接受训练,学会正确倒咖啡和其他热饮料的方法。

(12)张贴警示标志。

需在潮滑或容易发生烫伤事故的地方张贴警示标志,以告诫员工注意。

(13)定期清洗厨房设备。

防止炉灶表面和通风管盖帽处积藏油污。

(二)扭伤、跌伤的预防

厨房、库房、餐务管理人员在搬运重大物品,或登高取物,或清除卫生死角,或在湿滑地面走动时容易造成扭伤和跌伤。

1. 扭伤的预防

扭伤的预防主要是在托举物品时对扭伤所做的预防,具体注意事项如下。

(1)抓紧物品。

(2)背部要挺直,膝盖弯曲。

(3)腿用力,而不能背用力。

(4)要缓缓举起,使举的物品紧靠身体,不要骤然猛举。

(5)如有必要,可以挪动脚步,但千万不要扭转身子。

(6)当心手指和手被挤伤或压伤。

(7)自己不能承担时,必须请人帮忙,绝不要勉强或逞能。

(8)当东西的重量超过20千克时,受伤的可能性会增加,在托举之前应多加小心。

(9)尽可能借助起重或搬运工具。

2. 跌伤的预防

大多数跌伤发生在滑倒或绊倒时而不是从高处摔下,为了预防跌伤,下面几方面必须引起特别注意。

(1)清洁地面。

始终保持地面的清洁和干燥,若有杂物必须及时清除。

(2)清除地面障碍物。

随时清除地面上的盘子、抹布、拖把等杂物,一旦发现地砖松动或翻起,立即重新铺整调换。

(3)小心使用梯子。

从高处搬取物品时需使用结实的梯子,并请同事扶牢。

(4)进出门要小心。

进出门不得跑步,经过旋转门时更要留心。

(5)鞋要合脚。

厨房员工应穿低跟鞋,并注意防滑,不穿薄底、磨损严重的鞋及高跟鞋、拖鞋、凉鞋,要穿脚跟和脚底不外露的鞋,鞋带要系紧以防摔倒。

(6)入口和走道路面需保持干爽。

入口处和走道不得留存水、积雪或冰,要经常清扫,保持干净整洁。

(7)使用防滑地板蜡。

为避免滑倒,可使用防滑地板蜡。

(8)张贴安全告示。

必要时可张贴"小心"或"地面湿滑"等告示。

(9)损坏楼梯的踏板要及时修理或更换。

楼梯的踏板如果破裂或磨损则需及时更换。

(10)保证不经常使用地区的整洁度。

保证楼梯井或其他不经常使用地区的整洁度。

(三)割伤与预防

割伤是厨房加工、切配及冷菜间厨房员工经常遇到的伤害。预防割伤要注意以下几点。

(1)锋利的工具应妥善保管。

当刀具、锅子或其他锋利器具不使用时应随手放在餐具架上或专用的抽屉内。

(2)按安全操作规程使用刀具。

将需切割的物品放在桌上或切制板上,下切时必须抓紧所切食品。

注意切薄片时容易削到手指,当刀斩食物时必须将手指弯曲抓住原料,使刀刃落在原料块上。

清楚刀刃的锋利度,选用的刀具大小要合适,此外,手柄已松动的刀具必须修理或报废。

(3)保持刀刃的锋利。

钝的刀刃比锋利的刀刃更易引发事故。刀刃越钝,使用时所用的力就越大,食品一旦滑动就会发生事故。

(4)各种形状的刀具要分别清洗。

各种形状的锋利刀具集中摆放在一起,分别洗涤,切勿将刀具或其他锋利工具集中沉浸在放满水的洗物池内。

(5)禁止持刀嬉闹。

不得手持刀或其他锋利工具打闹,一旦发现刀具从高处掉下不要用手去接。

(6)使用刀具等要谨慎。

使用刀具或其他锋利刀具要谨慎,要集中注意力。

(7)刀具等摆放要规范。

不得将刀具放在工作台边上,应放在专用刀架上,以免掉到地上或砸到脚上。

(8)厨房应尽量少用玻璃餐具

厨房内尽量少用玻璃餐具,如玻璃餐具破碎,尽快处理碎玻璃,清扫干净,不能用手捡。如果碎玻璃在洗物池内,应先将池水放掉,然后用湿布将碎玻璃捡起。通常是将碎玻璃或碎陶瓷倒入单独的废物箱内。

(9)厨房设备要安装各种必备的防护装置或其他安全设施。

(10)谨慎使用食品研磨机,使用时必须使用专门的填料器。

(11)设备清洗前须将电源切断(拔去插头)。

(12)谨慎做刀口清洁。

擦刀时,力量要适度,从刀口中部分向外擦,动作要慢,要小心,清洁刀口一定要符合规定要求。

(13)使用合适的刀具。

不得用刀代开其他物品,也不得用刀拆纸板盒和纸板箱,必须使用相匹配的工具。

(四)伤口的紧急处理

刀伤是厨房最难避免的伤害。一旦发生刀伤,要视伤口大小、情节轻重,及时采取措施,有些只要进行简单处理即可。

当然,伤口也不全是刀伤,还有其他损伤,以下几种对伤口及时有效处理的方法的掌握十分必要:

(1)割伤、损伤和擦伤。

马上清洁伤口,用肥皂和温水清洗伤口及周围皮肤;用无菌棉垫或干净的纱布覆盖伤口止血,经常更换无菌棉垫、纱布和绷带。

如果伤口在手部,须将手抬高过胸口。

(2)不得用嘴接触伤口。

不得在伤口处吹气,不得用手指、手帕或其他物品接触伤口,不得在伤口上涂防腐剂。

(3)出现下列情况要立即送医院处理。

①大出血(属于紧急情况),出血时间持续4~10分钟;

②伤口有杂物又不易清洗掉;

③伤口是很深的裂口;

④伤口很长或很宽,需要缝合;

⑤筋或腱被切断(特别是手伤);

⑥伤口在脸部或其他引人注目的部位;

⑦伤口部位不能彻底消洗的;

⑧伤口接触不干净的物质;

⑨感染的程度加大(疼痛加剧或伤口红肿增大)。

(4)撞伤部位应用冰袋或冷敷布在受伤处敷25分钟以上,如果皮肤上有破损、创伤,应按刀伤做进一步处理。

(5)水疱的处理。

如水疱没有完全破坏,可用软性肥皂和水清洗,保持干净,防止发炎;如水疱已破,按开放性伤口处理,如感染应就医。

二、电器设备事故与预防

电器设备造成的事故也是餐饮生产中常见的问题。预防电器设备事故,要掌握以下要点。

(1)员工必须熟悉设备,学会正确使用、拆卸和组装各种电器设备的方法。

(2)采取预防性保养,定期由专职电工检测各种电器设备的线路和开关等部件。

(3)所有电器设备都必须有安全的接地线。

(4)遵守操作规程。

操作电器设备时,须严格按照规定。

(5)谨慎接触设备。

湿手或站在湿地上,切勿接触金属插座和电器设备。

(6)定期更新电线包线。

已磨损露出电线的电线包线切勿继续使用,及时更换或使用防油防水的包线。

(7)切断电源清洁设备。

清洁任何电器设备都必须拔去电源插头。

(8)避免电路过载。

未经许可,不得任意加粗保险丝,电路不得超负荷。

三、火灾的预防与灭火

厨房还有一类常见的事故就是火灾,防火措施有以下几种。

1.有充足的灭火设备

有充足的灭火设备,并且厨房每位员工都必须知道灭火器的安放位置并掌握使用方法。

2.安装火灾检测装置

使用许可和可经常测试的火灾检测装置,这些设备可用于防烟、防火焰和防发热。

3.使用自动喷水灭火系统

自动喷水灭火系统是自动控制火灾极为有效的设施。另外,一种安装在通风过滤器下的特效灭火装置也是很有效的,厨房还应考虑其他类型(化学干粉、二氧化碳或特殊化学溶液)的灭火设备,酒店安全部门应统筹安排、设计安装并进行保养和管理。

厨房发生的火灾通常有以下三种类型。

(1)由普通的易燃材料引起(木材、纸张、塑料等)的火灾。

(2)由易燃物质(如汽油和油脂)引起的火灾。

(3)由电器设备引起的火灾。

无论哪种火灾发生时,初期都应积极灭火,使用相应灭火措施,防止火灾蔓延。灭火器必须安放在接近火源且合适的地方,并经常进行检查和保养。

此外,要加强员工的消防演练,使他们学会正确使用灭火装置。

小型火灾通常可用手提式灭火器扑灭,干粉灭火器适用于上述三种火灾。

本章小结

(1)了解餐饮安全卫生管理的重要性。通过对餐饮从业者的安全管理了解餐饮从业者在职业道德方面的具体要求以及如何养成良好的个人卫生习惯。

(2)餐饮安全卫生管理的原则要求餐饮企业与从业者应该责任明确,程序直观,预案详尽,常查隐患,督查有利,奖罚分明。

(3)通过学习餐饮卫生管理,了解原料加工、菜品生产、销售与服务这几个重要部分卫生管理细节。

(4)餐饮安全管理主要包含员工损伤与预防,以及常见电器设备事故与预防。

思考与练习

1.详细阐述餐饮从业者的职业道德建设内容。

2.简述餐饮从业者的良好个人卫生习惯如何养成。

3.试述餐饮安全卫生管理的原则。

4.简述餐饮产品生产过程中卫生管理的内容。

案例分析

"海底捞"后厨竟然是这样的？不少网友评价"太严格"

冬天来了，怎么能少得了火锅？

进入12月，火锅店门前的长龙有增无减。每天中午、晚上，还没到饭点，多个热门商圈里的火锅店就已经座无虚席。相比其他中餐，火锅成为冬日消费者的首选。有数据显示，27.9%的中国消费者每周吃火锅不少于两次，而每个月吃火锅不少于两次的人数占77.0%。

正值火锅季，各家火锅竞争也较为激烈，毫无意外的是，最热门的还是"海底捞"。

不难理解，原汁原味的菌菇锅底、麻辣劲爆的麻辣锅底、鲜香美味的番茄锅底，再加上良好的服务，"海底捞"在一众餐饮品牌中脱颖而出。不过，"海底捞"凭的不只是好的产品选择和服务，食材的新鲜度和用餐环境的卫生也是不可忽视的方面。

据了解，食品安全已经成了消费者在选择火锅餐饮店时非常注重的一点。研究报告数据显示，58%的消费者在选择火锅店时首要关注的是食材新鲜度，有近52%的消费者关心店面卫生状况，这表明餐饮店拥有良好的卫生口碑至关重要。

而消费者选择"海底捞"，也是因为"海底捞"门店在这方面取得了不错的成绩。有数据显示，在各地区推进的量化等级评定工作中，海底捞超过1000多家门店被评为优秀门店，在福州、北海、邢台、烟台、深圳、南宁、宁波等地展开的"随机查""你点我查"等专项工作中了屡获好评，并多次登上地区推行的"红榜"。

归根到底，这也是因为"海底捞"有自己的一套监管流程，在细节上真正做到位。例如，升级自动化设备守护餐具安全；升级智慧化中央厨房；借鉴"5S"可视化管理先进模式，进行库房可视化改造；引入智能菜品库、智能配锅机等新技术，提升食安管理，等等。

还别说，最近在"小红书"上，也有不少网友晒出自己参观"海底捞"后厨的经历，看了一圈大家的反馈之后，才发现"海底捞"不仅是在管理制度、设备等方面做得滴水不漏，连后厨工作人员都一丝不苟。"海底捞"门店会设置一名专职食品安全员，专门负责门店食品安全检查和培训工作，专职食品安全员的工作特点在于管得宽、管得细、管得严，对门店环境、菜品质量甚至员工操作规范均要进行严格、仔细检查，以保证门店食品安全无死角。

只能说，不愧是"海底捞"！安全也近乎"变态"的严格，也难怪消费者会对海底捞多一分信任。

（资料来源：根据相关网络资料整理）

问题：

1. 请根据材料并结合自己关于中餐后厨卫生所见所闻，分析后厨乱象的根源是什么？

2. 请以材料和本章所学知识，为中餐后厨卫生管理出言献策。

参考文献

[1] 徐文燕.餐饮管理[M].2版.上海:格致出版社,2014.
[2] 叶伯平.餐饮企业人力资源管理[M].北京:高等教育出版社,2010.
[3] 乔继玉.餐饮企业人力资源管理指南[M].北京:化学工业出版社,2019.
[4] 刘畅.餐饮企业人力资源管理全流程演练[M].北京:中国铁道出版社,2020.
[5] 肖蔷.谈人力资源管理课程中"课程思政"教育理念的融入[J].课程教育研究,2019(10).
[6] 郭宏亮.餐饮成本核算实务[M].重庆:重庆大学出版社,2018.
[7] 李雯.餐饮管理[M].重庆:重庆大学出版社,2016.
[8] 马开良,叶伯平,葛焱.酒店餐饮管理[M].北京:清华大学出版社,2013.
[9] 邹益民,陈业玮,陈俊.酒店餐饮管理[M].武汉:华中科技大学出版社,2017.
[10] 顾伟强.食品安全与操作规范[M].重庆:重庆大学出版社,2015.
[11] 杨勇,程绍珊.餐饮新营销经营管理全指导[M].天津:天津人民出版社,2022.
[12] 容莉.餐饮管理与经营全案:互联网思维创新餐饮管理和运营模式[M].北京:化学工业出版社,2021.
[13] 李勇平.餐饮服务与管理[M].6版.沈阳:东北财经大学出版社,2021.
[14] 李艳,康桂敏,谭玉林.餐饮服务与管理实务[M].镇江:江苏大学出版社,2021.
[15] 杜建华.酒店餐饮服务与管理[M].北京:旅游教育出版社,2021.
[16] 王常红,厉小励,秦承敏.餐饮服务与督导管理[M].沈阳:东北财经大学出版社,2021.
[17] 孙宗虎.餐饮企业运营与管理全案[M].北京:人民邮电出版社,2021.
[18] 刘致良.餐饮经营管理[M].北京:高等教育出版社,2021.
[19] 鲁煊,文歧福.现代厨房管理实务[M].北京:机械工业出版社,2021.
[20] 北京首都旅游集团有限责任公司.餐饮服务管理(中级)[M].北京:中国旅游出版社,2021.
[21] 陈静,谭波.餐饮服务与管理[M].青岛:中国海洋大学出版社,2021.
[22] 张丽萍,段喜莲.餐饮管理综合实训[M].桂林:广西师范大学出版社,2020.
[23] 杨相平,胡晓涛.现代餐饮运营与管理实务[M].成都:电子科学技术大学出版社,2020.

[24] 王晓均.酒店餐饮精细化管理从入门到精通[M].北京:中国铁道出版社,2020.

[25] 魏芬.餐饮服务与管理[M].合肥:安徽大学出版社,2020.

[26] 蔡洪胜.酒店餐饮服务与管理[M].北京:清华大学出版社,2020.

[27] 方辉.餐饮成本管理与控制实战宝典[M].北京:化学工业出版社,2020.

[28] 黄文波.餐饮管理[M].天津:南开大学出版社,2019.

[29] 徐宝良.餐饮管理实用必备全书[M].北京:企业管理出版社,2019.

[30] 张恒,张远.酒店餐饮管理实务教程[M].北京:中国旅游出版社,2019.

[31] 黄松,李燕林.餐饮服务与管理[M].北京:中国旅游出版社,2019.

[32] 王峭.餐饮服务与管理[M].北京:北京邮电大学出版社,2019.

[33] 吕尤,柳旭.餐饮服务与管理[M].北京:首都经济贸易大学出版社,2019.

[34] 蔡杰.餐饮服务与管理[M].上海:华东师范大学出版社,2019.

[35] 崔梦萧,陈海凤.餐饮服务与管理[M].北京:中国人民大学出版社,2019.

[36] 郑菊花.餐饮服务与管理[M].北京:清华大学出版社,2019.

[37] 贝凤岩,冯丹,姜玲玲.餐饮服务与管理[M].北京:北京邮电大学出版社,2019.

[38] 马飒,左晓丽,段迎豪.餐饮服务与管理[M].石家庄:河北科学技术出版社,2019.

[39] 武永成.餐饮运营与管理的理论及实践[M].上海:上海交通大学出版社,2019.

[40] 李双双,庞卫权,初英娜.餐饮经营管理[M].2版.北京:中国旅游出版社,2019.

[41] 陆影.餐饮连锁经营管理实务[M].大连:东北财经大学出版社,2019.

[42] 苏金香.餐饮服务与管理基础知识及实务[M].成都:西南交通大学出版社,2019.

[43] 樊平,李琦.餐饮服务与管理[M].2版.北京:高等教育出版社,2019.

[44] 陈敬华.餐饮生产流程管理[M].北京:中国人民大学出版社,2019.

[45] 马双,陈阳.餐饮管理案例集[M].北京:旅游教育出版社,2018.

[46] 王瑛,王向东.餐饮管理[M].成都:西南财经大学出版社,2018.

[47] 蔡万坤,蔡华程.餐饮管理[M].5版.北京:高等教育出版社,2018.

[48] 赵涛,李金水.餐饮企业管理制度与表格规范大全全新修订版[M].4版.北京:台海出版社,2018.

[49] 仪小杉,郑燕萍,王宏兰.餐饮服务与管理[M].厦门:厦门大学出版社,2018.

[50] 于梁洪.餐饮企业运营与管理[M].北京:高等教育出版社,2018.

[51] 饶雪梅,鞠红霞.餐饮服务与管理[M].北京:高等教育出版社,2018.

[52] 王佳薇,刘莹,袁天翔.餐饮服务与管理[M].长春:吉林科学技术出版社,2018.

[53] 樊春元.餐饮企业运营管理全程指南[M].北京:化学工业出版社,2018.

[54] 张丹花,茅蓉.餐饮服务与管理[M].上海:上海交通大学出版社,2018.

[55] 李虹,王焕宇,程玉贤.餐饮管理[M].2版.北京:中国旅游出版社,2017.

[56] 肖晓.餐饮管理实训教程[M].北京:经济管理出版社,2017.

[57] 何丽萍.餐饮服务与管理[M].北京:北京理工大学出版社,2017.

[58] 丹尼斯·丽丽卡普,约翰·卡曾斯.餐饮服务管理[M].8版.北京:中国轻工业出版社,2017.

[59] 何奇彦,韩燕妮.餐饮服务与管理[M].北京:北京理工大学出版社,2017.

[60] 马开良.餐饮服务与经营管理[M].3版.北京:旅游教育出版社,2017.

[61] 江丽容.餐饮服务与管理实务[M].北京:高等教育出版社,2017.

[62] 樊平,李琦.餐饮服务与管理[M].北京:高等教育出版社,2017.

[63] 欧荔,陈鹭洁,李荔娜.餐饮服务与管理[M].上海:上海交通大学出版社,2017.

[64] 王多惠.餐饮服务与管理[M].北京:教育科学出版社,2017.

[65] 国家食品药品监督管理总局高级研修学院.餐饮服务单位食品安全管理人员培训教材[M].2版.天津:天津科学技术出版社,2014.

[66] 李晓冬.餐饮服务与管理[M].北京:中国人民大学出版社,2017.

[67] 匡家庆.餐饮管理[M].2版.北京:旅游教育出版社,2016.?

[68] 王天佑.饭店餐饮管理[M].4版.北京:北京交通大学出版社,2021.

[69] 蒋丁新.饭店管理[M].4版.北京:高等教育出版社,2020.?

[70] 任康磊.人力管理实操[M].北京:人民邮电出版社,2020.

[71] 加里·德斯勒.人力资源管理[M].14版.北京:人民邮电出版社,2017.

[72] 岳文赫.人力资源管理实操从入门到精通[M].南昌:江西人民出版社,2021.

[73] 刘仕祥.人力资源从新手到高手[M].北京:台海出版社,2021.

[74] 范围,白永亮.人力资源管理理论与实务[M].北京:首都经济贸易大学出版社,2022.

[75] 周亚庆,黄浏英.酒店人力资源管理[M].2版.北京:清华大学出版社,2019.

[76] 魏洁文,姜国华.酒店人力资源管理实务[M].2版.北京:中国人民大学出版社,2021.

[77] 孔秋英.创新现代酒店人力人员管理[M].广州:广东旅游出版社,2017.

[78] 王文燕,石宝生,张俊枝.星级酒店人力资源管理大全[M].广州:广东经济出版社,2018.

[79] 张兰.酒店人力资源管理实务[M].北京:中国劳动社会保障出版社,2020.

[80] 汪晓梅.酒店人力资源管理[M].北京:中国轻工业出版社,2020.

[81] 游富相.酒店人力资源管理[M].杭州:浙江大学出版社,2018.

[82] 罗旭华.酒店人力资源管理[M].北京:机械工业大学出版社,2022.

[83] 赵伟丽,孙亮.酒店人力资源管理[M].北京:北京大学出版社,2018.

[84] 韩晓莹.酒店及旅游业人力资源管理[M].杭州:浙江大学出版社,2019.

[85] 方向红,陆勤,苏炜.酒店人力资源管理实务[M].北京:中国旅游出版社,2021.

[86] 李志刚.酒店人力资源管理[M].重庆:重庆大学出版社,2016.

[87] 褚倍.酒店人力资源管理——理论、实践与工具[M].武汉:华中科技大学出版社,2017.

[88] 张馨元.酒店人力资源管理实务[M].成都:西南财经大学出版社,2019.

[89] 刘颖.酒店人力资源管理[M].北京:北京理工大学出版社,2018.

[90] 王诺斯,付冰.酒店人力资源管理实训教程[M].北京:中国铁道出版社,2016.

[91] 彭剑锋.人力资源管理概论[M].3版.上海:复旦大学出版社,2018.

[92] 刘昕.人力资源管理[M].4版.北京:中国人民大学出版社,2022.

[93] 李燕萍,李锡元.人力资源管理[M].2版.北京:中国人民大学出版社,2012.

[94] 孙宗虎.人力资源管理职位工作手册[M].4版.北京:人民邮电出版社,2022.

[95] 吕帅.人力资源管理合规实战入门[M].北京:人民邮电出版社,2022.

[96] 陈维政.人力资源管理[M].北京:高等教育出版社,2020.

[97] 任康磊.人力资源量化数据管理与数据分析[M].北京:人民邮电出版社,2020.

[98] 杨娟,郭梅.人力资源管理从入门到精通[M].北京:化学工业出版社,2022.

[99] 任康磊.薪酬管理实操从入门到精通[M].北京:人民邮电出版社,2020.

[100] 林德荣,郭晓琳.旅游消费者行为[M].重庆:重庆大学出版社,2019.

[101] 张黎明.市场营销学[M].成都:四川大学出版社,2019.

[102] Chuck Yim Gee,A·J.Singh.国际饭店——发展与管理[M].王俞,谷慧敏,译.北京:中国旅游出版社,2017.

[103] Wolfgang Schaefer,J.P.Kuehlwein.品牌思维——世界一线品牌的7大不败奥秘[M].李逊楠,译.苏州:古吴轩出版社,2017.

[104] 胡宇橙,李烨.酒店营销管理[M].重庆:重庆大学出版社,2016.

[105] 郭国庆,姚亚男.服务营销学[M].北京:高等教育出版社,2012.

[106] 奚晏平.世界著名酒店集团比较研究[M].北京:中国旅游出版社,2012.

[107] 杨月坤.企业文化[M].北京:清华大学出版社,2011.

教学支持说明

高等院校应用型人才培养"十四五"规划旅游管理类系列教材系华中科技大学出版社"十四五"期间重点教材。

为了改善教学效果,提高教材的使用效率,满足高校授课教师的教学需求,本套教材备有与纸质教材配套的教学课件(PPT电子教案)和拓展资源(案例库、习题库视频等)。

为保证本教学课件及相关教学资料仅为教材使用者所得,我们将向使用本套教材的高校授课教师免费赠送教学课件或者相关教学资料,烦请授课教师通过电话、邮件或加入旅游专家俱乐部QQ群等方式与我们联系,获取"教学课件资源申请表"文档并认真准确填写后发给我们,我们的联系方式如下:

地址:湖北省武汉市东湖新技术开发区华工科技园华工园六路

邮编:430223

电话:027-81321911

传真:027-81321917

E-mail:lyzjjlb@163.com

旅游专家俱乐部QQ群号:758712998

旅游专家俱乐部QQ群二维码:

群名称:旅游专家俱乐部5群
群　号:758712998

教学课件资源申请表

填表时间：_____年___月___日

1. 以下内容请教师按实际情况写，★为必填项。 2. 根据个人情况如实填写，相关内容可以酌情调整提交。						
★姓名		★性别	□男 □女	出生年月	★职务	
					★职称	□教授 □副教授 □讲师 □助教
★学校				★院/系		
★教研室				★专业		
★办公电话			家庭电话		★移动电话	
★E-mail （请填写清晰）					★QQ号/微信号	
★联系地址					★邮编	
★现在主授课程情况		学生人数		教材所属出版社	教材满意度	
课程一					□满意 □一般 □不满意	
课程二					□满意 □一般 □不满意	
课程三					□满意 □一般 □不满意	
其 他					□满意 □一般 □不满意	
教 材 出 版 信 息						
方向一		□准备写	□写作中	□已成稿	□已出版待修订	□有讲义
方向二		□准备写	□写作中	□已成稿	□已出版待修订	□有讲义
方向三		□准备写	□写作中	□已成稿	□已出版待修订	□有讲义
请教师认真填写表格下列内容，提供索取课件配套教材的相关信息，我社根据每位教师填表信息的完整性、授课情况与索取课件的相关性，以及教材使用的情况赠送教材的配套课件及相关教学资源。						
ISBN（书号）	书名		作者	索取课件简要说明		学生人数（如选作教材）
				□教学 □参考		
				□教学 □参考		
★您对与课件配套的纸质教材的意见和建议，希望提供哪些配套教学资源：